KB207623

백날 지워봐라, 우리가 사라지나

백날 지워봐라, 우리가 사라지나

광장에 선 '딸'들의 이야기

최 나 현
양 소 영
김 세 희
지 음

오월의봄

이 책에 쏟아진 찬사

글들을 읽는 내내 감격했다. 나와 비슷하면서도 다른 광장의 이야기들. 우리는 늘, 어디서든 존재했다. 누가 뭐라 해도 끊임없이 말하고 생각하고 행동하면서, 누가 먼저랄 것 없이 돌보고 응원하며 연대해 투쟁해왔다. 모든 소외와 폭력과 혐오에 맞서, 당당히 어깨 걸고 서 있는 우리의 '몸'을 그 누가 지울 수 있겠는가? 유구한 차별 속에서도 절대 굽히지 않은 그 강인한 '영혼'을 누가 목 조를 수 있겠는가? 흩어지고 휘발되는 시간의 흐름 속에 여성들의 목소리를 경청하며 기록하는 여성들이 있고 그 여성들에게 말을 건네는 여성들이 있는 한, 우리는 역사의 면면을 장식하는 변화의 불꽃으로, 결국 세상을 바꿔낸 거대한 파도로 영원히 기억될 것이다.

— 김후주, 여성 농업인·트위터 '향연'

"유관순의 후예!"를 외치면서 여자들은 언제나 광장에 있었다고 목소리를 높여왔지만, 정작 응원봉 하나하나에 담긴 이런저런 사연들을 충분히 듣지 못했다. 이 책이 우리 앞으로 데려오는 건 그 귀하고도 다채로운 이야기들이며, 그로부터 생기를 얻는 우리의 민주주의다. 고등학생, 성노동자, 남태령 이후 '한화오션' 문제에 관심을 가지게 된 한화팬, "TK의 딸", 트랜스젠더 페미니스트, 포고령 5항이 지워버린 간호사, 기간제 교사, 민주노총

'누구나노조지회' 조합원, 덕후…… 우리는 그들이 하나의 정체성에 정박한 존재가 아니라 끊임없이 '진화'하는 존재임을 깨닫게 된다. 두려워하면서도 끝까지 깃발을 흔드는 자들, 그 위대한 '포켓몬'들을 이 책과 함께 만나보시기를.

— 손희정, 문화평론가·《다시, 쓰는, 세계》 저자

2024년 12월 3일을 기점으로 우리의 일상은 사라졌다. 지워지고 억압받고 침묵하는 삶에 익숙했던 여성들은 가장 먼저 광장에 나왔다. 광화문, 남태령, 혜화역, 서면 등의 거리에서 우리는 똑똑히 볼 수 있었다. 현대사의 계보를 직접 쓰고 있는 여성들을. 파생된 다양한 연대의 물결을 타고 파도가 된 여성들의 목소리를. 이곳 집회에서 저곳 집회를 누볐던 이들의 진심과 함께 진동하던 이야기가 이 책에 있다. 그들이 나눈 수만 개의 촛불과 깃발과 손난로와 무지개에 어린 희망이, 이 책에 단단히 뿌리내려 있다. 작은 목소리가 스크럼을 짜고 거대한 스피커가 될 때까지 광장의 시간은 멈추지 않을 것이다. 그리하여 백날 지워졌던 여성들은 결코 사라질 수 없을 것이다. 끝내 살아질 뿐이다.

— 안온, 《일인칭 가난》 저자

일러두기

· 괄호 ( )와 각주는 저자가 내용의 이해를 돕기 위해
  덧붙이거나 보충 설명한 부분이다.
· 구어, 신조어, 비속어를 비롯해 그 밖에 맞춤법이나 외래어
  표기법에 맞지 않는 표현일지라도, 구술자의 입말이나
  고유한 어투를 살리기 위해 유지한 부분이 있다.

우리의
목소리를
읽어라

12·3 계엄의 밤이 지나고 젊은 여성들이 탄핵 광장으로
쏟아져 나왔다. 많은 이가 '의외'라는 반응을 보였고, 언론은
미지의 세계를 발견한 양 선두에 선 '2030 여성'들을 앞다퉈
호명했다. 뉴스와 시사 프로그램 진행자들은 '여성이 왜 이렇
게 적극적으로 광장에 나오는지' 하루에도 수십 번씩 분석했
다. 때론 감탄에 감탄을 더하며 여성을 칭송했다. 젊은 여성이
정치 뉴스에서 이토록 자주 언급된 적이 있었을까. 한 언론인
은 '응원봉 부대'의 출현을 정치의 세대 교체로 받아들이고 감
격의 눈물을 글썽이기까지 했다.

하지만 젊은 여성을 향한 이 추앙의 물결에 정작 여성의
자리는 없었다. '정치'의 남성중심성은 여성의 정치 행위에 대
해 말하는 그 순간에도 또다시 남성의 입을 빌렸다. 심지어 적
어도 한 세대쯤은 차이 나는 남성들이 마주 앉아 '2030 여성'

의 정치적 각성을 논했다. 그 모습을 보고 있자면 뻔뻔하다는 말밖에 나오지 않았다. 굳이 이렇게 비유하고 싶지 않지만, '아빠'가 '딸'의 사정을 얼마나 알 수 있는가. 그러니 대답하는 사람이 모두 달라도, 그들이 하는 말은 다르지 않았다. 감탄사에 가까운 칭찬 몇 마디, 거기에 슬쩍 버무려진 알맹이 없는 답변.

때로 그들의 '논평'은 여성들의 참여를 손쉽게 지워버렸다. 탄핵 정국 내내 '내란 특강'으로 활약한 한 정치평론가가 그러했다. 그도 같은 질문을 받았다. "2030 여성은 왜 광장에 나오나요?" 별안간 그는 이렇게 대답했다. "(2030 남성은) 물리적인 힘이 필요한 상황처럼 보이면 나왔어요, 제가 보기에는. 예컨대, 계엄군이 시위대를 막 짓밟고 이러면 남자들도 나왔습니다. …… 장갑차 막은 사람들은 남자들이 대부분이에요." 남성은 건장하고 용기가 있으니, 국가폭력에 대항할 일이 생기면 앞서리라는 이야기였다.

"물리적인 힘"이라는 그의 표현은 일순간 가슴을 차갑게 만들었다. 국회의사당 앞 장갑차로 달려갔던 무리에는 분명 여성이 있었다. 총부리를 잡은 안귀령 대변인의 모습도 떠올랐다. 그는 국회의사당의 그 누구보다 용맹한 심장을 지닌 자였다. 남태령에서 경찰이 농민과 트랙터를 향해 움직이자, 젊고 어린 여성들은 경찰을 막으려 벌떼처럼 달려들었다. 어느 여성은 한강진에서 '몸빵'을 했다.

그의 말과 달리 집회 현장에는 이미 물리적인 힘이 필요하다. 한 탄핵 집회 자원봉사자는 후원자가 보낸 김밥 100줄을

백날 지워봐라, 우리가 사라지나

들고 나르느라 무척 힘들었다고 말했다. 김밥 100줄의 무게를 정확히 알 길은 없다. 한 시민이 김밥 60줄을 주문하자, 가게 사장님은 김밥 무게를 우습게 보지 말라며 30줄만 사가라 했단다. 그렇다면 김밥 100줄은 얼마나 무거울까. 또 기수의 일은 얼마나 고된가. 깃발을 세 시간쯤 흔들면 어깨가 묵직해진다. 여성들은 현장에서 밤낮없이 힘을 쓰고 있다. 그의 '물리적인 힘' 발언은 탄핵 정국 광장에서 힘쓰는 여성의 모습을 지운다.

＊
＊＊

'2030 여성이 왜 광장에 나오는지'는 우리 '2030 여성'의 발화를 통해 온전해질 수 있다. '2030 여성'이 그려온 삶의 궤적과 경험 속에서 오롯이 이야기될 수 있다. 지난 10여 년간 이들은 한국사회에 페미니즘과 성평등을 강력히 요구하며 스스로 진지를 구축했다. 강남역 여성혐오 살인사건에 분개하며 거대한 추모 물결을 일으켰고, 낙태죄 폐지를 위해 검은 옷을 입었으며, 불법촬영물 편파 수사를 규탄하기 위해 혜화역에 집결했다. 여성 창작자에 대한 '페미' 낙인과 사상 검증, N번방과 딥페이크 성착취물, 여성 아이돌을 죽음으로 몰아간 집단 공격, 노동시장의 성차별적 채용 등 일일이 열거할 수도 없는 많은 사건이 여성들의 삶을 박살 냈지만, 이들은 상처를 봉합할 줄 알았다. 이들은 필요한 때마다 함께 싸우는 법을 배웠다.

저항은 치유에 특효약이었다. 서로의 처지를 서로가 가장 잘 아는 만큼, 우리 각자가 지닌 작은 힘들에 의지하며 앞으로 나아갔다.

제도 정치의 장에서도 여성들은 두각을 드러냈다. 이들은 '젠더'를 유권자의 투표 선택에 향배를 가르는 결정적 균열 지점으로 만들었다. 제20대 대통령 선거에서 이들이 보여준 막판 결집은 정치인이 페미니즘 이슈에 기민하게 반응하는 것이 중요함을 선명히 보여주었다. 비록 대선에서 원하던 결과를 얻지는 못했지만, 대선 직후 민주당에 대거 입당하고 심상정 후보에게 '벼락 후원금'을 쏟아내면서 세력을 과시했다. 이들은 양당 정치의 틀 바깥에 있는 정치적 의제에도 관심이 많다. 성소수자, 장애, 비정규직 이슈 등에 대한 높은 관심으로 차별금지법 찬성 여론을 이끌고 있으며, 동물권과 기후정의를 위한 일상적 실천에도 적극적으로 참여한다. 가족주의와 연령주의를 타파하는 삶의 형태도 꿈꾸고 있다. 감히 말하건대, 이들은 탄핵 정국 이후 '사회대개혁'으로 실현될 새로운 진보의 기본값을 일상에서 체화하고 있는 집단이다.

언론과 학계 등 여기저기 여성에 대한 이야기가 넘쳐났지만, 정작 여성들의 얼굴은 또렷해지지 않았다. 여성의 목소리가 없는 자리에서 일방적으로 치켜세워지는 일만으로는 충분치 않기 때문이다. 지금 가장 필요한 것은 여성 자신이 스스로에 대해 직접 말할 수 있는 시공간이다. 여성 개개인의 삶이 광장으로 연결되는 과정에 대한 구체적인 이야기다. 그래서 나

백날 지워봐라, 우리가 사라지나

와 친구들, 그러니까 '2030 여성'인 우리가 직접 나서 여성들에게 묻기로 했다. 그리고 들은 것을 적기로 했다. 우리는 스스로 마이크를 만들어 우리가 만난 여성들에게 쥐여주었다.

인터뷰를 거듭하면서 속이 시원해졌다. 사람들의 말에는 '우리'가 살아온 삶과 '우리'가 바라본 사회가 녹아 있었다. 세월호와 이태원에서 많은 또래를 잃었던 이들은 12·3 이후 "가만히 있을 수 없었다"고 말한다. 남태령과 한강진에서 밤을 새우던 그 절박함 안에는 '성차별주의자 대통령 윤석열'을 견뎌온 시간이 담겨 있었다. 개개인의 삶이 장애인 이동권 집회, 갖가지의 노동 투쟁 현장과 어떻게 공명하는지도 알 수 있었다. '서울이 아닌' 도시의 집회 현장도 마음껏 그려볼 수 있었다. '응원봉 부대'라는 표현에 갇혔던 형형색색 불빛도, 응원봉을 직접 쥔 사람의 말을 통해 다시 색채를 가지게 됐다.

*
**

이 인터뷰집에는 총 13명의 '딸'들이 함께했다. 고등학생 신분으로 시국선언을 한 10대부터 30대 중반까지 골고루 섞여 있다. 이들 중 우리에게 자신이 퀴어임을 밝힌 사람은 네 명이다. 지역별로는 경기, 경남, 대구, 부산, 서울, 인천, 충남에 거주하는 이들이 참여했다. 우리는《오마이뉴스》연재 기획 때부터 서울 거주자를 제한적으로 인터뷰했고, 비수도권 출신인 사람을 우선하여 섭외했다. 우리에게는 '여성'이 지워지는 문제만큼 '비수도권 여성'의 경험이 세상에 제대로 기재되지 않는 문제 역시 중요해서였다. 더불어 인터뷰이 중 서울 4년제 대학 졸업자는 단 한 명이며, 고등학교를 갓 졸업한 세 사람 역시 비수도권 대학에 진학했다는 점을 덧붙이고 싶다. '인서울'의 목소리가 세상 전부인 양 눈감고 싶지 않아서였다. 무명의 우리와 함께해준 이들에게 깊은 감사를 전한다.

인터뷰집 제작 방식은 여럿이지만, 이 책에서는 총 11편의 인터뷰 중 한 편을 제외하고 모두 구술 채록의 형태로 정리했다. 인터뷰이가 스스로 이야기를 풀어나가는 형식으로 쓰는 것이 '여성이 직접 목소리를 낸다'는 이 프로젝트의 의미를 가장 잘 구현할 수 있겠다는 판단 때문이었다. 이는 사람들 각자의 광장 경험과 내밀한 삶의 이야기를 가능한 한 풍성하게 기록하는 방법이기도 하다. 이를 위해 날 것의 녹취록을 읽기 좋은 형태로 가공하는 작업을 최우선으로 삼았다. 인터뷰이의 말과 그 내용의 의미를 가장 잘 드러낼 수 있는 방식으로 녹취록에 담긴 단어와 문장을 서로 잇고 다듬어 한 편의 글을 완성했다. 이후 인터뷰이가 내용을 읽고 사실관계가 다르지 않은지, 개인정보 보호와 관련된 문제는 없는지를 확인해주었다. 여기에 덧붙여 각 인터뷰의 도입부에 해당 인터뷰(이)를 소개하는 짤막한 앞글을 배치해 본문에 미처 담지 못한 뒷이야기나 인터뷰 후기 등을 풀어냈다.

이 책의 제목인 "백날 지워봐라, 우리가 사라지나"는 제대로 기록되지 못하는 여성의 목소리를 담아보겠다는 의지의 표명이다. 김세희가 제안한 이 아이디어에 우리는 이견 없이 환호했다. 부제는 "광장에 선 '딸'들의 이야기"다. 사실 부제에 고민이 많았다. '여성'이 들어가야 할 자리에 구태여 '딸'을 쓰는 위험성을 알아서다. 그렇지만 우리는 '딸'이라는 표현을 가져오기로 했다. 청년 여성들의 '세계를 깨부수는' 경험은 많은 경우 딸의 위치에서 시작되기 마련이며, 바로 그 힘으로 딸들은 낡은 세계를 부수고 자기의 새로운 세계를 지어 올린다. 다양한 청년 여성들이 이 가부장적 호명 너머에서 무엇을 하고 있는지, 역설적이지만 바로 그 표현이 더 잘 드러내줄 수 있을 거라고 생각한다.

어쩌면 우리는 그저 우리의 갈증을 해소하기 위해 이 작업을 시작했는지도 모른다. 페미니즘을 배우고, 페미니스트로 사는 일은 언제나 '어느 사회든 여성의 목소리는 충분히 기록되지 않는다'는 깨달음의 연속이었다. 우리의 초보 페미니스트 시절은 우리와 닮은 '언니'들이 이전에 없었는지, 우리와 닮은 '친구'들이 주변에 없는지 찾아다니는 일들로 채워져 있었다. 그만큼 계보와 관계에 목말라서다. 탄핵 광장에 선 여성들의 이야기가 제대로 적히지 않는 것 같다는 문제의식은 이러한 경험에서 비롯된 것이다. 우리는 이 책을 쓰며 우리의 목마름을 채울 수 있었다. 이 책이 우리와 닮은 당신들에게도 그렇게 가닿을 수 있다면 더 바랄 것이 없겠다.

양소영, 김세희와 함께 최나현 씀

차례

연대는
아름다운
침범

구술: 이민지
기록: 최나현

"민지씨는 그냥…… '우리'야."

민지씨의 녹취록을 읽은 우리는 앞다퉈 이렇게 말했다. 그가 보낸 지난 10여 년이 우리의 시간과 크게 다르지 않아서다. 민지씨의 녹취록에는 지금 '2030 여성'이라 불리는 사람이라면 누구나 한 번은 경험했을 이야기들이 가득 담겨 있다.

민지씨는 '강남역 여성혐오 살인사건'을 삶이 바뀐 순간으로 기억한다. 그날, 이름 붙일 수 없던 불쾌함이 '여성혐오'라는 말로 또렷해졌기 때문이다. 이후 무작정 찾아 들었던 페미니즘 강의들은 여고에서 느낀 답답함, 여대에서 만난 자유로움, 채용 면접이 안겨준 좌절을 하나하나 설명해주었다. 나 역시 그 무렵 페미니즘 독서모임에 참여하며 엉켜 있던 삶의 실타래를 조금씩 풀 수 있었다. 그렇게 우리는 다른 하늘 아래서 같은 이야기를 함께 써내려갔다.

민지씨는 무엇이든 친구들과 함께한다. 우리가 그를 가깝게 여긴 또 다른 이유다. 민지씨에게는 트위터에서 사귄 '덕질' 친구들이 있다. 인연을 맺은 지도 벌써 10년, 민지씨는 이들이 언제든 편하게 만날 수 있는 '실친'(실제 친구)이라며 한껏 든든해했다. 나는 그가 그리는 세밀한 풍경 속에 언제나 '친구'들이 함께인 것을 들으며 나의 친구들을 떠올렸다.

이상하게도 나는, 민지씨가 무엇이든 쉽게 제안할 수 있는 공동체에 속해 있다는 사실에 안심했다. 아마도 인터뷰이로 만난 여성들이 자신의 '외로움'에 대해 말하는 것을 자주 들어서였을 것이다. 물론 민지씨처럼 페미니스트로서 친구들과 함께 광장에 나가는 사람도 분명 있었다. 그러나 많은 경우 인터뷰이들은 크나큰 낙차를 경험하고 있었다. 광장에서 강한 연대감을 느끼면서도, 자신의 '진짜' 주변에는 그 이야기를 나눌 사람이 없다며 쓸쓸함을 토로했다. 우리의 인터뷰 후일담에서는 여자들이 경험하는 이 기이한 고립감을 해석하는 일이 큰 몫을 차지했다.

동시에 우리는 이 작업을 진행하면서, 여자들이 스스로 만든 공동체가 우리처럼 별종인 여자들을 자유롭게 뛰어놀 수 있게 한다는 것을 새삼스럽게 이해했다. 민지씨를 포함한 '우리'는 지난 몇 년간, 운 좋게 얻은 이 공동체 안에서 자유롭게 대화하고 무엇이든 행동해보면서 자랐다. 여기서 얻은 일종의 자신감, 그리고 강한 소속감은 우리의 든든한 뒷배였다. 만약 누군가 '여성에게 왜 공동체가 필요하냐'고 질문한다면, 나는 민지씨의 인터뷰를 자신 있게 보여줄 것이다.

당연하게도 민지씨와 나는 서로 다른 부분도 많다. 그는 부드럽고 유연하다. 나는 그가 자신과 의견이 선명히 다른 친구에게 "찰싹 붙어서" 설득했다고 표현하는 데서 몹시 부러움을 느꼈다. 나는 '다름' 앞에서 쉽게 몸이 굳는 사람이어서다. 그래서 민지씨가 설득의 고수 같은 면모를 보일 때 내게도 그와 같은 강함이 생기길 소망했다. 그는 탄핵 광장을 계기로 노동 투쟁 현장에 참여하면서 '연대는 좋은 의미의 침범'이라는 것을 배웠다고 했다. 하지만 내가 볼 때는 이미 민지씨 자신이 침범도, 침투도 두려워하지 않는 강한 사람이었다.

1992년생 이민지의 목소리가 담긴 이 글에서는 세상을 좀 더 나은 곳으로 만들기 위해 부지런히 움직이는 그의 모습을 담고자 했다. 그는 낯선 이를 제대로 바라보고, 타인을 이해하기 위한 단서들을 적극적으로 껴안으며 성큼 자랐다. 그는 모두가 연결됨으로써 더욱 강해진다는 간결하고도 깊은 메시지를 자신의 경험으로 증명한다. 그의 밝고 경쾌한 목소리가 모두에게 들리기를 바라며 이 글을 정리했다.[*]

그날 밤을 잊을 수가 없어요

윤석열이 대통령이 된 이후에 뜨개질을 시작했어요. 제가 원래도 스트레스 받으면 손으로 뭔가를 계속 만드는 습관이 있긴 했어요. 비즈 팔찌를 만든다거나 지우개로 도장을 파는 식으로. 저 사람이 대통령이라는 사실만으로도 정신을 공격 당한다는 느낌이 드니까 그때부터는 더 몰두할 게 있어야겠더라고요. '이 분노를 생산력으로 바꾸자' 하며 거의 2년간은 밤마다 뜨개질을 했어요. 그날도 집에서 여름에 쓸 만한 모자를 뜨고 있었어요. 아주 이르게 여름 준비를 하고 있었던 거죠(웃음). 그러니까 그날 저는 평소랑 똑같이, 완전히 평범하게 밤을 보내는 중이었어요.

---

[*]　민지씨와의 1차 인터뷰를 진행해준 윤슬기에게 감사함을 전한다.

근데 갑자기 친구한테서 빨리 뉴스 보라는 메시지가 왔어요. 뭔가 큰일이 났나 해서 "왜? 윤석열이 또 뭐 이상한 말 했어?" 하고 별생각 없이 뉴스를 켰어요. 근데 대통령이 혼자 뭐를 줄줄줄줄 읊다가 갑자기 비상계엄을 선포한다고 말하더라고요. 순간, 등줄기가 진짜 막 저릿해졌어요. 그때부터 계속 뉴스를 켜놨던 것 같아요. 실시간 뉴스를 보면서 '국회의사당으로 가야지' 생각은 했는데, 좀 무서운 거예요. 혼자서 간다는 생각도 당연히 못했고. 그래서 그날 밤엔 친구들이랑 계속 메시지 하면서 밤새 지켜봤던 것 같아요.

그러다 저도 모르게 잠이 들었는데, 눈을 떠보니 10시였어요. 출근 시간이 8시니까 완전 지각인 거죠. 급하게 팀장님께 연락해서 "죄송해요, 반반차를 써야 할 것 같아요" 했더니 팀장님도 늦게 일어나셨다고 하시더라고요. 나중에 회사에서 보자고. 회사에 나가보니 다른 사람들도 대부분 뉴스 보느라 밤을 꼬박 새운 것 같았어요. 아니면 자느라 뉴스를 못 봤다가 일어나서 경악한 사람들이거나. 12월 3일은 정말 잊을 수가 없어요.

이후에 바로 여의도 집회로 갔어요. 제가 단톡방이 하나 있어요. 트위터에서 만난 십년지기 '덕질' 친구들 단톡방이거든요. 걔네랑 매일 그 단톡방에서 수다 떨고, "어디 놀러 갈래?" 하고 글 올리면 "나 갈래" 하고, "뭐 먹으러 갈래? 오늘 되는 사람?" 이렇게 얘기하면서 약속 잡는 방이에요. 진짜 그냥 수다방이죠. 트위터에서 여의도 집회 정보를 보고 그 단톡방에 공유하면서 "갈래?" 하고 물어보니까 다들 흔쾌히 간다고 했어요. 요즘은 그 방이 거의 "오늘 광화문 갈 사람?", "한강진 갈 사람?" 하면 "나!" 하고 손드는 방이 돼버렸어요.

달라진 시위 현장을 느껴요

12월 7일에 탄핵 소추안 투표가 불성립됐잖아요. 국민의힘 국회의원들 대부분이 자리를 비우고 투표를 안 했죠. 그래서 아직도 기억하는데 그날 '페미당당'(페미니스트 문화예술 활동단체) 심미섭 활동가의 자유발언에 사람들 반응이 좋지 않았어요. 사실 저는 밖에서 "저 페미니스트예요"라고 말하는 거 되게 어려워하거든요. 그래서 그분이 그렇게 말하는 게 너무 멋져 보였고, 이 시국이랑도 잘 맞는다고 생각했어요. 성차별이 심화된 데에는 윤석열 정부의 혐오 정치 탓이 크잖아요. 그래서 제 주변에 있는 여성분들은 다 좋아했는데 야유하는 사람들도 있었어요. 주변에서 '윤석열이랑 상관이 없는데 이런 얘기를 왜 하냐'는 반응이 있었거든요. 그리고 '잘 모르는데 나와서 떠든다'고 하는 사람들도 있었어요. 제 친구는 그거 보고 엄청나게 화냈고요.

심미섭님에 대한 반응이 너무 좋지 않은 게 충격적이더라요. 그전에 남성 노동자분이 말씀하셨을 때는 굉장한 호응을 얻었었거든요. 반면에 자신을 페미니스트라고 밝히는 여성의 발언을 듣고 자리를 뜨는 분을 보면서 생각이 많아졌어요. '페미니스트는 이런 자리에서 발언하는 것만으로도 이런 대접을 받는구나' 싶었죠. 여기는 내가 있을 자리가 아닌 것 같다는 생각이 들더라고요.

그러면서 박근혜 탄핵 집회 때가 생각났어요. 제가 거기는 한두 번 정도 나가다가 말았어요. 박근혜가 여성이니까, 여성에 대한 비하적인 표현을 사용하며 조롱하는 사람들이 많았는데, 그 꼴을 보니 도저히 나가기가 싫더라고요. 박근혜 얼굴을 미용 필러 넣은 것처럼 빵빵하게 만들어서 사진으로 크게 뽑아 오거나, 음란한 캐리커처를 피켓에 그려오는 일도 많았어요. 특히 무슨 무슨 '년' 이런 얘기들은 저도 많이 들었던 말이거든요. 제가 여고를 나왔는데, 남자 선생님 중에 '골 빈 년', '대가리에 든 거 없는 년' 이런 식으로 욕하는 분이 있었어요. '넌 나중에 취집이나 해라' 이런 말도 예사였고요. 박근혜가 여성이라서 받는 공격은 제가 너무 잘 아는 것들이기도 해서, 그런 걸 보면 진절머리 치게 돼요. 그래서 이번에도 그런 게 또 반복되는 걸까 싶었죠.

그런데 시간이 지나면서 분위기가 달라지더라고요. 자신이 페미니스트라고 말하거나, 차별에 맞서겠다고 말하는 사람들이 점차 많아지는 걸 봤어요. 아무래도 여성이 시위에서 차지하는 비중도 크고, 역할도 커지다 보니 상황이 달라질 수밖에 없지 않았나 싶어요. 여성들이 말하는 주제가 거의 페미니즘, 차별, 정체성에 대한 이야기잖아요. 한강진 집회에서도 비숫한 일이 있었어요. 어떤 노인분이 김건희에 대한 여성혐오 발언을 한 거예요. 그랬더니 남성 사회자분이 바로 마이크를 뺏어서 끄셨어요. 자유발언자가 윤석열을 비난하면서 '돈 많은 여자, 이상한 여자를 골라 결혼해서 더 심해졌다'느니, '그 여자가 쥴리'라느니 뭐 그런 얘기를 하려 했거든요. 그 찰나에 사회자가 단호하게 끊고 주의를 줬어요. "우리 이 시위에서는 여성혐오, 노인혐오, 장애인혐오, 성소수자혐오 등등은 절대 금합니다. 만약 그런 발언을 하시면 바로 마이크를 끄겠습니다." 적어도 이번 탄핵 광장에서는 많이 바뀐 것 같아요. 집회에 가면 갈수록 '오길 잘했다', '연대의 힘이 느껴진다'는 생각이 들었어요. 2030 여성들이 말할 때마다 호응이 커지니까 저도 생각이 많이 바뀌고 더 안도감을 느꼈던 것 같아요.

근데 탄핵 광장이 안전하다고 말하려면 동덕여대 시위 얘기도 같이 해야 돼요, 둘이 분위기가 너무 달라서. 제 친구가 저보다 먼저 동덕여대 집회에 갔다 왔는데, 2018년 혜화역 시위(다음 카페 '불편한 용기'를 중심으로 열린 불법촬영 편파수사 규탄 시위)가 생각난다고 하더라고요. 탄핵 집회 갈 때는 추워서 마스크를 쓰는 건데, 혜화역 시위 같은 데서는 얼굴을 가리려고 쓰잖아요. 혹시 누군가가 나를 찍을지도 모른다, 누군가가 나를 공격할지도 모른다는 생각이 드니까. 그래서 현장에서 여성들이 제일 많이 한 말이 '사진 찍지 말라'는 말이었고, 그 말을 무시하면 더 크게 소리치고 그랬잖아요.

그런 페미니스트 집회에서는 참가자들이 되게 긴장한 상

태로 있게 되는 거죠. 동덕여대 시위도 그랬대요. 혜화역 시위 때처럼 긴장하고, 불안하고, 두려워하는 기색이 많았고, 공격받을지도 모른다는 예민함이 엄청나게 느껴졌다고 하더라고요. 친구도 너무 긴장해서 시위 다녀온 뒤에 손발이 저릴 정도였대요. 탄핵 집회는 안 그렇잖아요. 즐겁잖아요. 동덕여대 시위랑 탄핵 집회 분위기가 천지 차이라고 하니까, 여성끼리 모였을 때랑 남녀노소 다 모였을 때 시위의 성격과 분위기 자체가 완전히 다르구나 싶었어요.

나 남태령에 있어도 되겠다

광화문 탄핵 집회를 마치고 친구랑 밥 먹으면서 남태령 이야기를 잠깐 했었어요. 덕질하는 다른 친구한테서 "나 지금 남태령이야. 사람이 많이 없어서 그러는데 너 와줄 수 있어?"라는 연락이 왔었거든요. 그땐 사실 저랑 별로 관계없는 일이라고 생각했어요. 남태령이라는 곳을 알지도 못하는데, 이 늦은 시간에 모르는 곳에 가면 좀 그렇지 않을까 하고 안 갔거든요. 그래서 확실하게는 대답을 안 했었어요. 같이 밥 먹던 친구랑 "야 남태령에 뭐가 있대, 너 집에 갈 때 어떡해?" 그냥 이 정도로만 얘기하고 헤어졌거든요. 근데 그 친구한테서 전화가 왔어요. "나 남태령인데, 여기 시위해서 집에 못 갈 것 같아. 버스가 오는지 안 오는지 모르겠어." 그래서 일단 시위하는 곳에

가 있으라고 했어요. 그래도 사람이 좀 있을 테니까, 여자들이 있을 테니까. 근데 여자 혼자 있으면 아무래도 좀 걱정되잖아요. 혼자 놔두면 안 되겠단 걱정에 바로 택시 타고 갔어요. 농민분들을 생각해서 간 건 아니었고 친구가 걱정돼서 간 거였어요. 그냥 무작정 간 거예요.

경찰이 차량을 막아서 남태령역까지는 못 갔어요. 어딘지도 모르겠는데 기사님이 막혀서 더 못 가니까 내리라고 해서 내렸어요. 둘러보니 가로등 하나 달랑 켜져 있고, 스산하고, 주변엔 뭐가 하나도 없었어요. 인도에 경찰만 쫙 서 있더라고요. 나한테 달려들 것 같다는 느낌이 들었어요. 그 와중에 수방사를 지났어요. 집회 장소에 가려면 무조건 그 길을 지나야 했거든요. 두려움에 떨면서 지나가고 있는데, 건물 끝쪽에서 어떤 아저씨가 〈다시 만난 세계〉를 틀어놓고 1인시위를 하고 있었어요. 순간 저도 모르게 그 노래를 따라 불렀어요. 너무 무서워서 그랬나봐요. 그런데 제 앞에서 걸어가던 여자분도 저처럼 노래를 크게 따라 부르시는 거예요. 그걸 보고 '우리 목적지가 같구나', '저 사람도 나처럼 되게 무섭구나' 하는 생각이 들었죠. 무서운데 기쁘기도 해서 눈물이 났어요. 안심이 되더라고요. 나중에는 그 사람이랑 같이 큰 소리로 노래를 부르면서 막 뛰어갔어요. 서로 약간의 간격을 두고 나란히 집회 현장까지 간 거예요.

도착하니까 여자들이 엄청 많았어요. 순간 '여기 여자 되게 많다, 살았다'는 생각이 들었어요. 진짜 딱 보는 순간에 '나

살았다' 이런 느낌이라고 해야 하나? 그 여자분이랑 좀 떨어져서 따로 걸어갈 때는 그분이나 저나 무서움에 발걸음이 진짜 빨라졌었거든요. 근데 딱 집회 현장 도착하고 다들 '와' 하는 거 보니까…… 이걸 어떻게 설명해야 할지 모르겠어요. 집회 장소의 불빛을 보고 느낀 안도감은 도저히 말로 표현할 수가 없어요.

마침 남태령에 와줄 수 있냐고 연락했던 친구가 저를 딱 발견하고는 왜 이제 왔냐고 하더라고요. 자기가 말할 땐 안 왔다고 원망하길래 "지영이 수원 살잖아, 수원 사는 애가 혼자 집에 가면 좀 그렇잖아" 하면서 용서를 구했죠. 사실은 광화문 근처에서 밥도 먹었고, 친구랑 둘이서 매화수도 세 병 마시고, 집에 가려고 하다가 다시 새로운 곳으로 이동을 하려니까 마음이 좀 게을러져서 못 갔던 건데…… 어쨌든 자리 잡고 앉아 있다가 밤을 새우게 됐죠.

원래 밤샐 작정은 아니었는데, 농민분들이 많이 무섭다고 말씀하시는 거 보고 그냥 여기 쭉 있어야겠다고 생각하게 된 거예요. 저희한테 "이제 곧 차가 끊기는데 더 남아달라고 말씀드릴 수도 없고, 그렇다고 가셔도 된다고 말하기도 두렵다. 그래도 가실 분이 계시면 편하게 가셔라"라고 말씀하셨어요. 그때 저희 외삼촌이 떠오르더라고요. 농사를 지으시거든요. 이분들이 내 삼촌이라고 생각하니까 마음이 '쿵' 하는 거예요. 게다가 거기 도착하고 나서 경찰 진압 영상을 봤거든요. 친구가 영상을 보여주는데, 경찰이 트랙터 유리를 깨고 할아버지를 끄집어내서 바닥에 막 내팽개치고 그러는 거예요. 농민분들은 대부분 나이가 많으시잖아요. 경찰이 시민을 그렇게 폭행하면 안 되는데…… 우리가 오기 전에도 계속 그렇게 강압적으로 하려 했다더라고요. 그래서 '우리가 떠나면 또 뭔 일이 나겠구나', '사람이 많이 빠지면 일이 생기겠구나' 싶어서 있을 수 있는 만큼 있어야겠다는 생각을 했어요. 우리가 없으면 경찰이 농민분들을 언제든지 진압할 수 있으니까요.

근데 사실 우리가 얼마나 힘이 있겠어요? 힘은 방패를 든 경찰이 더 세겠죠. 우리는 뭐 가진 것도 하나도 없는데. 응원봉 하나 들고 있는데 얼마나 제압당하기가 쉽겠어요? 당장은 저희 인원이 많다고 해도, 경찰은 언제든지 더 많은 인원을 투입할 수 있는데. 근데 이상하게도 왜인지는 모르겠지만 마음이 너무 편하고 그래도 뭔가 할 수 있을 것 같다는 생각이…… 근거 없는 자신감이라고 해야 할까요? 당연히 처음엔 많이 무서웠는데, 저와 또래인 여성분들이 서로 옹기종기 다 모여 있는 걸 보니까 이상하게 무서움이 사라지는 거예요. 너무너무 안도감이 들고 마음이 편해져서 여기 있어도 되겠다 싶었어요.

그런 거 뭐, 문제 있어?

남태령을 떠올리면 유난히 소소한 일들이 기억에 많이 남아요. 제 앞줄에 '선택받은 아이들'이라고 디지몬 어드벤처 캐릭터로 된 깃발을 든 분이 계셨었어요. 그분이 진짜 쉬지 않고 내내 깃발을 휘두르셨거든요. 그래서 그 옆에 계신 분이 깃발을 대신 들어주겠다고 했던 것 같아요. 물론 기수분이 거절하시긴 했지만⋯⋯ 또 그분이 〈디지몬 어드벤처〉 OST를 틀어달라고 하셨어요. 처음에는 혼자 되게 작게 외치셨거든요. 아무도 들어주는 사람이 없었는데, 저 포함해서 주변 사람들이 "디지몬 노래 틀어주세요" 하고 합창을 했어요. 끝내 틀어주시는 않았지만 그래도 좋았어요. 모르는 사람들이랑 같이 막 외치는 게 재밌잖아요. 친구하고 '선택받은 아이들' 같은 기분이 든다는 이야기를 하면서 웃었던 기억이 나요.

그런데 그날 남태령에 있던 사람들은 정말 '선택받은 아이들' 아닐까요? 남태령 자유발언이 유명하잖아요. 현장에서 모든 사람이 자신의 정체성을 계속 계속 얘기했고, 듣는 사람들도 다 너무나 환영했어요. 마치 모두가 이 순간을 기다려왔다는 느낌으로요. 너무 좋았어요. 제가 바라던 세상 같았거든요. 무엇이든 나의 전부를 당당하게 얘기할 수 있는 그런 세상요. 사실 젠더퀴어니 뭐니 다른 데서 말하면 이상한 사람 취급받잖아요. 너무 이상한 이야기가 돼버리니까. 근데 거기서는 모든 말이 너무 당연했어요.

자유발언자 중에 원래는 중국 국적을 갖고 있다가 지금은 한국인으로 사는 이주민 자녀분도 계셨어요. 그분이 만약에 여기가 아니고 다른 데서 그 말씀을 하셨으면 환영받을 수 있었을까 하는 생각이 문득 들더라고요. '간첩', '짱깨' 같은 말로 조롱하거나 색안경을 낀 사람들이 대다수였을 것 같거든요. 근데 거기서는 너무 너무 너무 자연스럽게 '그런 거 뭐, 무슨 문제 있어?' 그런 느낌이어서 좋았어요. 진짜 차별을 요만큼도 못 느꼈어요. 어떤 시스젠더 남성분은 "이제 여기선 제가 소수자입니다"라고 말씀하셨거든요. 그렇게 말하는데 그런 게 되게 유쾌하고 재미있고 너무 편한 자리였어요. 남태령의 밤이 힘들지 않았던 게, 그런 발언이 많아서였던 것 같아요.

남태령 상황이 사실은 나빴잖아요. 경찰 버스가 빠진다고 했다가 안 빠지고, 난방버스도 경찰 버스에 막혀서 못 들어오고. 그런데 전 왜인지 모르겠지만 그냥 '될 것 같다'는 생각이 들었어요. 어차피 사람들은 계속 모일 거고, 우리가 조금만 버티면 이 벽은 금방 빠질 거라고, 언젠간 반드시 빠질 거라고 생각했어요. 경찰도 계속 그렇게 있을 순 없을 테니까. 그리고 남태령 상황을 유튜브 라이브로 보고 있던 사람들이 많았거든요. 유튜브 채팅창에 "제가 갈게요", "아침에 갈게요" 이렇게 말하는 사람들이 많았어요. 그걸 믿었던 것 같아요. 아침에 이 사람들이 오면 뭔가 많이 바뀔 거라고요. 동료 시민에 대한 믿음이 있어서 덜 무서웠던 것 같아요. 오히려 저는 너무 준비 없이 나와서 추운 게 가장 무서웠어요.

내가 현장에 있다는 게 중요해요

남태령에서 연대의 힘을 딱 느꼈어요. 그전에는 사실 연대라는 걸 말로 하긴 했지만 제가 몸소 깨달은 적은 없었던 것 같아요. 이번 기회로 연대가 뭔지, 그게 얼마나 큰 용기가 되어주는지 새롭게 알았거든요. 강남역 사건 추모 시위나 혜화역 시위에 나가봤었지만, 거기서는 참가자들이 느끼는 긴장과 불안이 되게 컸어요. 물론 옆에 있는 사람들을 보면서 '나랑 똑같은 생각을 하는 사람들이 있다'는 걸 느꼈지만, 연대감보다는 개개인의 비장함이 더 컸던 것 같아요. 한이 좀 더 컸다고 할까요. 한의 정서가 나쁘다고는 생각 안 하고요. 당연한 건데, 어쨌든 남태령이랑은 좀 성격이 다르죠. 그때는 서로 마음의 여유가 없었던 것 같아요.

저는 겁도 되게 많고요. 눈에 띄는 그런 거 사실 좀 싫어해요, 튀는 사람 되기 싫어서. 그런데 이번엔 나도 목소리를 내도 되는 사람이고, 용감한 사람이라는 걸 크게 느꼈어요. 페미니스트 집회에 가면 사진 찍혀서 욕 먹을까봐 다들 얼굴 가리잖아요. 일베 같은 데서 여성이 울고 있는 모습을 클로즈업해서 찍어 올리는 경우가 있기도 했고요. 저도 그런 게 많이 무서웠어요. 근데 남태령 이후로 '그런 건 두려워하지 않아도 되는구나', '이제 다른 시위에서도 마스크를 쓰지 않아도 되겠구나' 그런 생각이 들었어요. 인터넷에서 여성들 욕하고 떠드는 사람들은 정말 아무것도 아니지만, 여기 있는 사람들은 내 옆에 실재하고 소리를 내줄 수 있으니까요. 내 눈으로 직접 본 여기 있는 사람들 때문에라도 더 목소리를 내고 뭔가를 해야겠다는 다짐을 했던 것 같아요.

남태령 다녀오고 나서 한강진도 제가 주도해서 친구들이랑 가고 밤도 샜어요. 그때 극우 세력이 되게 많았거든요. 욕하시는 분들도 많고 위협하는 사람들도 되게 많았어요. 경찰들도 위협적이었고. 근데 이상하게 하나도 무섭지가 않은 거예요. 왜 그랬는지 모르겠는데 별거 아닌 것같이 느껴지더라고요. 예전 같았으면 극우 세력이나 경찰의 존재감이 되게 크게 느껴졌을 것 같은데 그렇지 않았어요.

저 집회 나가는 거 회사에도 얘기했고요, 친구들한테도 얘기하고, 부모님한테도 말씀드렸어요. 대단히 자랑하려고 그런 건 아니었고, '나 이런 경험했는데, 너희도 해보면 어때? 한번 해봐' 그런 이유가 컸어요. 다들 연대의 힘을 느껴봤으면 좋겠어서요. 왜냐하면 제가 큰 힘을 느꼈잖아요. 위로도 많이 받고. 거기 있으면서 좋은 영향을 많이 받았으니까 제 친구들도 그런 걸 느껴보면 어떨까 했어요. 몸으로 느끼는 것보다 더 좋은 경험은 없으니까. 아직도 시위 나가는 거나 목소리를 내는 걸 두려워하는 친구들이 많이 있는데, 그 친구들이 용기를 내주길 바랐어요. '겁 많은 나도 하는데 너도 할 수 있지 않을까' 이런 마음이었죠.

민주노총이 불러서 왔는데요

이번 시위를 거치면서 노동조합에 대한 생각이 많이 달라졌어요. TV에서는 주로 노조가 파업하는 모습을 보여주거나, 되게 폭력적인 장면을 많이 보여주잖아요. 그래서인지 노조는 좀 무섭고 폭력적인 부분이 있는 사람들 아닌가라고 생각했었어요. 또 다른 한편으로는 운동권의 중년 남성들이 여성 시민들을 함께 활동하는 사람이 아닌 '어린 여자' 정도로만 본다는 생각을 갖고 있었던 것도 사실이에요. 집회 초반에만 해도 민주노총을 되게 부정적으로 보는 여성들이 많았어요.

그런데 집회 때마다 민주노총이 꾸준히 연대를 해주더라고요. 이번에 "민주노총이 길을 열겠습니다"라는 말이 화제가 되기도 했잖아요. 그러면서 조금씩 제 마음이 열렸던 것 같아요. 한강진 민주노총 철야 집회도 그래서 갔어요. '이 사람들에게 연대를 받았으니 나도 연대를 돌려주어야겠다. 내가 할 수 있는 건 역시 자리를 지켜주는 거겠지'라는 생각으로. 어쨌든 이 사람들도 동료 시민이니까 도움이 필요할 때 서로서로 돕는 거 아니겠나 싶어서요. '이게 도움이 될지는 모르겠지만'이라는 마음으로 한강진에 갔고, 밤새 남아 있으면서 노조분들이랑도 이야기를 나눌 기회가 있었죠.

저희가 터무니없이 너무 작은 깔개를 가지고 갔더니 노조원 중 한 분이 돗자리를 빌려주셨어요. 여기 앉으라고, 집에 갈 때 돌려달라고 하시면서. 그래서 "저희 아마 집에 안 갈 것 같

백날 지워봐라, 우리가 사라지나

은데요"라고 하니까 놀라시더라고요. 놀라시길래 저는 "왜요? 일찍 가실 거예요?" 했죠. 그러면서 짧게 이야기를 나눴어요. 제가 좀 재미있는 피켓을 가져갔었거든요. 화이트보드에 "민주노총이 불러서 왔는데요"라고 쓰고 시중에 판매하는 '단결 쥐순이' 인형을 달았어요. 집회하다가 그걸 잠깐 내려놨는데, 노조원분들이 전부 모이셔서 피켓이랑 인형을 사진으로 찍어 가시는 거예요. 이런 인형이 나오냐고 물어보시길래 "얘가 쥐 순이에요. 얘도 노조원이에요" 이렇게 설명드렸어요. 그랬더니 무척 좋아하시면서 "그동안 우리 되게 외롭게 투쟁했거든요"라고 하시더라고요. 그래서 제가 "이제 같이해요"라는 식으로 말씀드렸는데, 순간 그분들도 이전과 시선이 달라졌다는 생각을 하셨는지 되게 얼떨떨해하셨어요. 어떤 연대감을 느끼시는 것 같았어요.

민주노총 노조원분들이 피켓을 좋아하실 줄 몰라서 신기했어요. 전 정말 아무 생각 없이 가져간 거였거든요. 제가 유머나 밈 같은 걸 되게 좋아해서, 친구들이랑 즐기려고요. 피켓을 써두면 재미있고 힘도 나잖아요. 그리고 깃발은 하나 만들면 그걸 계속 써야 하는데, 피켓은 여러 개 만들어 가지고 나갈 수 있으니까. 원래 야구팬들이 이런 거 많이 해요. 야구장에 가면 스케치북에 선수들이랑 관련된 재밌는 문구를 써서 튀어보려고 하는 사람들이 많거든요. 저도 야구 보러 갈 때 스케치북 같은 거 가져가서 뭐 써서 들고 있어요. 전광판에 잡힌 적은 한 번도 없지만. 집회 피켓도 그런 야구팬의 마음으로 만든 거죠.

한화이글스를 당당하게 좋아하고 싶잖아요

제가 한화이글스 팬이에요. 남태령을 다녀온 이후였어요. 트위터에서 야구 소식 보려고 한화를 검색하다가 한화오션 상황을 알게 됐어요. 한화오션에서 파업투쟁을 벌인 하청노동자 몇 분에 대해 손해배상 소송과 형사고소를 했대요. 470억 원을 물어내라고. 또 검찰은 노동자들한테 20년 이상의 징역형을 내리고, 벌금형으로도 3000만 원을 넘게 구형했다고 하고요. 그래서 노동자들이 한화빌딩 앞에서 투쟁하고 있고, 11월 말부터는 단식농성에 들어갔어요.

한화오션 소식을 알기 전까지는 시위에 갈 때 한화이글스 유니폼을 입고 나가서 쓰레기를 주웠어요. 기아타이거즈 팬인 친구랑 같이요. 일본 야구선수 오타니 쇼헤이가 전에 인터뷰에서 "다른 사람이 무심코 버린 운을 줍는다는 생각으로 야구장에 떨어진 쓰레기를 줍는다"고 말한 적이 있어요. 그거 본 뒤로 비시즌에 한화이글스를 응원하는 마음으로 쓰레기를 주웠거든요. 심지어 대만 여행 가서도 유니폼 입고 쓰레기를 주웠어요. 근데 한화오션 일을 알고 나서는 집회 나갈 때 유니폼을 안 입기 시작했어요. 한화이글스 응원봉도 안 가지고 나가고요. 이 일 해결되기 전까지는 집회 때 한화 표식이 있는 건들고 나가지 말자고 혼자 다짐했어요. 진짜 부끄러웠어요. 한화이글스를 좋아한다고 말하면서 한화의 불의를 알고도 외면하면 당당하게 좋아하기 어렵잖아요. 이걸 못 본 척하면 계속해서 양심의 가책을 느낄 것 같았어요. 이런 시위 다니면서, 인권에 관심이 많다고 말하면서 이런 걸 눈감고 모르는 척하는 건 스스로 용납이 안 되더라고요. 제가 할 수 있는 걸 조금씩이라도 하자 싶었죠.

처음엔 후원금을 좀 보냈어요. 저 혼자 생각날 때마다 1만 원, 3만 원, 5만 원 이런 식으로요. 어디선가 입금이 되면 이리저리 계산해보고 '이번 달에 이만큼 남으니까 쪼개서 보내야지' 나름 계획하는 거예요. 저 혼자만 하면 액수가 적으니까 다른 야구팬 친구들한테도 제안했어요. "얘들아, 이런 일이 있는데 혹시 후원할래? 야구 아니어도 우리 같은 노동자로서 내 일이라고 생각하면 엄청 고통스럽잖아." 근데 각자 이름으로 후원하고 싶을 수도 있고, 아니면 입금자명에 이글스팬, 타이거즈팬 이런 식으로 각자 찍고 싶을 수도 있으니까 "입금 시간 맞춰서 똑같은 금액 보낼래?" 했더니 친구들이 흔쾌히 그러자고 해서 같이 보냈어요. 또 노동자분들이 판매하는 김을 사서 친구들한테 보냈어요. 판매 수익금으로 활동 비용을 충당하시기도 한다고 하더라고요. 이제는 친구들한테 "혹시 탄원서 써줄 수 있어?" 하면 친구들이 바로 "이미 했지" 그래요.

1월 17일엔 한화빌딩에서 여의도까지 걸어가는 행진에 참여했어요. '비정규직이제그만'이라는 단체를 중심으로 1박 2일 '민주주의 대행진'을 하고 여의도 국민의힘 당사 앞에서 문화제를 했거든요. 원래 출근하는 날인데 반차를 쓰고 갔죠. 양말이랑 내의랑 네잎클로버 쿠키 챙겨 가서 거통고(전국금속노조 경남지부 거제통영고성조선하청지회) 조합원분들한테 드렸어요. 제가 네잎클로버를 신봉하는 사람이거든요. 복을 가져다 준다는 의미가 있으니까. 또 제 친구 중에 게임팀인 한화생명e스포츠를 좋아하는 애가 있는데, 걔도 같이 갔어요. 걔도 걔 나름대로 한화를 응원하기가 힘들어져서요. 둘이서 여의도까지 걸어가는 동안 '왜 우리가 한화 때문에 이러고 있어야 하냐'고 푸념을 했어요. "그래도 나오니까 마음 편하지?" 친구한테 이렇게 물어보니까 친구도 그렇다고, 나오길 잘한 것 같다고 하더라고요. 사실 이렇게 걷는다고 해서 달라지는 건 없지만, 나하나 때문에 바뀌는 건 없지만, 마음이 좀 편안해졌어요. 그 이후로도 한 번씩 한화오션 투쟁문화제 나가고, 친구랑 같이 겸사겸사 세종호텔 고공농성장도 가보고 그렇게 하고 있어요.

연대는 좋은 의미의 침범 아닐까요

제가 그런 델 가본 적이 거의 없어요. 그래서 지회 단위 행사에 가기 전에는 너무 떨리기도 하고, 무섭기도 하고, 친구랑 '우리가 껴도 되는 자리가 맞을까' 이런 이야기를 나눴었어요. 저희는 좀 방구석에서 하는 스타일들이고, 거기는 특별히 더 열심히 하시는 분들이잖아요. 나가긴 나가더라도, 거기서도 우리끼리만 조용히 있다가 가고 이런 식이었던 것 같아요. 근데 점점 하다 보니까 막 서로 물품들을 나눠 들기도 하고, 그분

백날 지워봐라, 우리가 사라지나

들도 뭔가를 끊임없이 나눠주셨어요. 같이 구호 외치는 것도 그렇게 어렵지 않았고요. '나도 이런 데 가도 되는구나', '나도 연대할 수 있구나' 그런 생각이 들더라고요.

처음엔 좀 조심스러워서 노조원분들께 "제가 와서 뭔가를 드리고 이야기 나눠도 괜찮을까요?"라고 여쭤봤어요. 왜냐하면 또 이런 거 받길 원하지 않는 분들도 계실 수 있잖아요. 엄청 고민을 많이 했어요. 그랬더니 "그럼요, 이렇게 말씀 전해주시고 하는 것만으로도 엄청 큰 연대가 돼요. 다들 되게 힘많이 얻고 있어요"라고 하시더라고요. 그리고 김진숙 민주노총 지도위원님이 '작은 표시라도 해주면, 그게 그 사람들한테 하루를 살아가는 힘을 준다'고, '희망버스 때 느꼈다'고, '그 사람의 하루를 특별하게 만들어주면 더 나아갈 힘이 생긴다'고 뭐 그런 식의 말씀을 하셨거든요. 저한테는 그 말이 엄청 큰 울림이 있었어요. 그래서 그냥 그렇게 생각날 때마다 뭐라도 조금씩 하고 있어요. 관심을 갖는 게 중요하니까.

현장에 나가서 활동가분들 만나면서 연대라는 것 자체가 모르는 사람이 나에게 좋은 의미로 침범을 하는 거라는 생각을 하게 됐어요. 사실 우리 세대는 서로에게 되게 친절하거든요. 근데 선이 있잖아요. 어떤 퍼스널 스페이스(타인과 일정한 거리를 유지할 수 있는 심리적·물리적 공간)를 엄청 중요하게 생각하는 세대여서, 저도 자꾸 그런 걸 고민했던 것 같아요. 평소에 '내가 도움을 주면 이 사람이 불편해하지 않을까', '혹시 내가 이 사람이 원하지 않는 행동을 하는 거 아닐까', '선을 넘었나' 이런 걱정을 하면서 지내는 거죠. 그랬는데 활동 현장에서는 또 다른 걸 느껴요. 그래서 연대가 더 크게 느껴지는 것일 수도 있고요. 왜냐하면 어쨌든 선을 허무는 거니까.

저 잘 몰라요, 근데 배우려고 노력해요

지금까지 탄핵 집회를 한 번도 빠지지 않고 나갔어요. 지난주 토요일까지 다 나갔고, 제가 지금 본가로 이사를 와서 충청도에서 지내고 있거든요. 그래서 토요일마다 무조건 KTX 타고 서울에 가서 시위를 해요. 안 가면 불안해서요. 지금 광장에서 나오는 의제들이 탄핵 말고도 되게 많잖아요. 근데 이게 한 명이 빠지면 점점 사그라들 걸 아니까, 할 수 있는 만큼 해서 지키고 싶어요. 사람들이 하고자 하는 '사회대개혁'을 저도 같이 이어가고 싶어요. 저랑 늘 같이 가는 친구도 그 얘기를 많이 하거든요. '탄핵이 돼서 윤석열 꼴 안 보는 것도 좋지만, 세상이 바뀌어야지. 우리가 계속 나가야 세상이 바뀌고 윤석열도 내려올 거 아니냐'고. 저도 같은 생각이에요. 그 생각으로 계속 나가는 거예요. 다른 시위들도 나가고.

앞으로의 사회에서는 만연한 혐오와 차별을 좀 덜 보고 싶어요. 지금 당장 무수한 혐오와 차별이 있잖아요. 같이 연대하는 사람들 사이에도 그런 것들이 있고요. 사실 광장에서도 혐오 발언이 나오고 있거든요. 그런 것들이 사라지면 좋겠어요. 2월 8일 토요일 집회에서 일본인 활동가분이 자유발언을 하러 나오셨는데, 그때 혐오를 몸으로 느꼈어요. 주변에 막 욕하는 사람들이 있었거든요. 저랑 친구들이 환호하는데, 제 주변에 앉은 젊은 여성분들은 자유발언자가 일본인이란 사실에 엄청나게 격분하며 욕을 하더라고요. 옆에서 욕설이 들리길래 처음에는 잘못 들은 줄 알았어요. 이 광장에서도 이런 비난이 아무렇지도 않게 정의라는 이름으로 행해지는구나 싶었죠. 연대하는 사람들한테는 크게 의미가 없고, 흘려들어도 괜찮은 말일 수 있겠지만, 결국 그것들이 다 쌓이고 쌓여서 다시 거대한 혐오가 되는 거라 보고 있기 너무 힘들어요. 이후에 사회가 바뀌지 않으면 지금이랑 별반 다르지 않거나, 누군가를 혐오하는 게 지금과 또 다른 방식의 정의가 될 수도 있다고 생각하니 무서웠어요.

우리가 극우 노인에 대해서도 되게 쉽게 말을 하잖아요. '어차피 저 사람들 죽으면 사라질 표'라는 식으로요. 그 말 속에 노인의 삶에 대한 이해가 있나 싶어요. 물론 극우의 행동을 정당화할 순 없죠, 저도 극우 싫어해요. 하지만 모든 사람이 그걸 자기의 신념이나 정의라고 믿고 그러는 건 아닐 거예요. 우리가 생각하는 것 이상으로 빈곤한 노인이 많고, 광장에 나가서 일당을 받는 게 현실적으로 그분들 생활에 도움이 되잖아요. 그런데 우리가 너무 아무렇지 않게 막말을 하고 있지 않나, 그런 멸시가 점점 정당해져서 트랜스젠더 혐오, 외국인 혐오까지 되어가는 건 아닐까 싶었어요.

실은 저도 예전엔 정말 '여자만 챙겨야 해' 이런 주장을 하는 사람이었고 트랜스젠더에 대한 선입견이 컸었어요. 저한테 처음 페미니즘을 가르쳐준 친구랑도 한동안 이 문제로 엄청나게 싸웠었고요. 그런데 어느 순간 제가 가진 생각이 여성혐오와 크게 다르지 않다는 걸 느꼈어요. 또, 다른 사람들이 트랜스젠더에 대해 함부로 말하는 걸 보면서 마음이 지친다는 생각도 들었고요. 우리가 여성혐오에 맞서기 위해 목소리를 내는 거였는데, 그 와중에 또 누군가를 배제한다는 게 괴롭더라고요. 그러다 2022년에 퀴어 축제에 처음 가봤어요. 친구가 가보라고 권했거든요. 그때 '이런 세상도 있구나', '사실 나와 크게 다르지 않은 사람들인데 무엇 때문에 그렇게 혐오를 했을까' 그런 생각이 들더라고요. 그렇게 넓어졌었던 것 같아요. 나가면 나갈수록 세계가 확장되는 느낌이 있었어요.

제 친구 중에도 트랜스젠더에 대해 여전히 잘 모르는 친구가 있어요. 바로 얼마 전에, 친구가 갑자기 "생물학적 여자가 아닌 사람이 여자 화장실에 들어와서 나 해코지하면 어떡해" 이런 말을 하더라고요. 트위터에서 다시 한창 트랜스젠더에 대한 공격이 있고 난 이후였어요. 그때 제가 다른 친구랑 같이 걔한테 찰싹 붙어서 설명을 했어요. 왜 없는 범죄를 미리 만들어내는 거냐고 둘이서 막 열을 냈죠. 그러니까 갑자기 친구가 "그래 알았어, 나 몰라서 그런 거니까 너네가 알려줘. 나 논바이너리가 뭔지도 몰라" 하더라고요. 사실 지금도 트랜스젠더를 왜 차별하면 안 되냐고 질문하면 이론적으로는 설명 못해요. 근데 이렇게 친구들이랑 몸으로 부딪치면서 배우는 것 같아요. 서로 얘기 많이 하려고 노력해요. "야, 만약 내가 이상한 소리 하면 내 뺨 때리면서 정신 차리라고 해줘" 이런 대화를 저희끼리 진짜 많이 하거든요.

저는 세상이 여전히 소수자들에게 차갑다고 생각해요. 그래서 '차별 없는 광장' 안에서의 연대가 되게 중요한 것 같고요. 여기서 경험한 연대가 앞으로 좀 더 확장성을 갖지 않을까 싶은 거죠. 저만 봐도 광장을 통해서 민주노총에 대한 생각, 트랜스젠더에 대한 생각이 달라졌잖아요. 그리고 다른 세대의 사람들도 광장에 나오는 이 젊은 여자들이 뭔가 의지를 갖고 목소리 높이는 걸 보고 있고, 우리가 하는 말에 계속 귀를 기울이고 있잖아요. 여자들이 하는 말의 의미를 정확히는 모르더라도 일단 계속 들어보려고 하는 것 같아요. 그래서 이런 연대가 점점 더 확장되고 커지지 않을까, 앞으로의 세상이 달라지지 않을까 하는 기대를 저는 좀 하고 있어요.

물론 당연히 힘들겠죠. 여전히 싸우는 사람들도 많고. 근데 확장성을 갖는다는 건 변함없는 것 같아요. 남태령이 계속해서 화두가 되고, 관련 이야기들이 나오고 있는 것만 보더라도 그렇지 않나요? 그전에는 중요한 문제로 생각조차 안 했던 여성 문제, 퀴어 문제가 사람들 입에 오르내린다는 것도 의미심장하고요. 그래서 전 앞으로 달라질 거라 믿어요. 그래서 '나는 어떻게 도움이 될 수 있을까', '내 역할은 뭘까' 이런 생각을 요즘에 진짜 많이 해요.

TK의
콘크리트는
TK의
딸이 부순다

구술: 김소결
기록: 김세희

"TK의 콘크리트는 TK의 딸이 부순다." 이 단 한 줄이 우리를 그에게로 이끌었다. 탄핵 찬성 집회에 조금이라도 관심이 있거나 참여해본 사람이라면 이 문구를 한 번쯤은 봤을 것이다. '엄마아빠표 상쇄 연합', '빨간나라 파란공주 연합' 등 대구의 또 다른 '딸'들이 손수 제작한 깃발들과 함께 집회 분위기를 뜨겁게 달군 주인공. '보수의 심장'으로 알려진 대구에서 피어난 그의 목소리는 경상도 여자인 내 마음도 울렸다. TK의 딸은 TK와 다르다는 그 뜨겁고 간절한 외침들이 어디서부터 시작되었는지, 그 안에 어떤 삶이 숨겨져 있는지 알고 싶어졌다. 그 질문의 끝에서 우리는 소결을 만났다.

소결은 '감정'에 앞서 '전략'을 고민하는 사람이었다. 국민의힘이 가장 뼈아파할 메시지는 무엇일지, 어떤 장면이 가장 강하게 역사에 남을지를 먼저 생각했다. 보수 진영에 불리한 이슈만 생기면 정치인들이 서문시장으로 달려온다는 것도 너무나 잘 알고 있었다. 그만큼 대구는 '단단한 지지층'으로 인식되는 지역이었다. 그래서 그는 '바로 그 대구'에서 균열이 생기고 있음을 또렷이 보여주자고 결심했다. 지지 기반의 균열이 어떤 정치적 상징성을 갖는지 그 누구보다 잘 알기에 가능한 전략이었다.

그의 의도는 적중했다. 그가 쓴 대자보 문구는 빠르게 퍼져나갔고, 이후 박정희 더불어민주당 대구 북구갑 지역위원장이 이를 챌린지로 확장시키면서 JTBC 뉴스에도 출연하게 됐다. 어렵게 참여한 서울 집회에서도 기회를 놓치는 법이 없었다. 광화문에서는 경북 출신인 더불어민주당 서영교 의원을 만나 '영남을 잊지 말아달라'는 간곡한 메시지를 전하며 대자보를 들고 함께 사진을 찍었다. 확실히 그는 최소한의 자원으로 최대한의 정치적 효과를 뽑아내는 법을 아는 사람이었다.

그 누구보다 앞서가는 소결이었지만, 정작 그 곁은 허전해 보였다. '빨갱이 짓'이라는 낙인이 두려워 가족에게도 친구에게도 솔직한 마음을 털어놓기 어려웠고, 가장 사랑하는 이들에게서 상처받는 것도 드문 일이 아니었다. 매번 상처받으면서도, 침묵하는 편이 더 아플 거라는 걸 그는 잘 알고 있었다. 그래서 펜으로, 발언으로, 행동으로 말하기 시작했다. 그 외침은 멀리까지 닿았다. 강남의 딸, 제주의 딸, 부산의 딸…… 곳곳의 딸들이 그녀에게 연대의 메시지를 보내왔다. 나도 그녀의 단단한 말들에 반해 어느새 그녀 곁에서 함께 종알거리고 있다.

하지만 그녀의 외침이 언제나 환영받았던 건 아니다. 거리에서 시위에 반대하는 자동차 클랙슨 소리를 들을 때면 한동안 마음이 무너졌다. 자신이 자라온 골목골목, 추억이 밴 시장, 정이 뚝뚝 묻어나는 동네를 부정적으로 이야기하는 게 쉽지 않다고 했다. 그런데도 그녀는 늘 조금씩 나아갔다. "언니, 나 생각이 바뀌었어. 이런 부분을 인정해야 결국 다음으로 나아갈 수 있는 것 같아."

탄핵 정국을 함께 지나며, 소결과 나는 서로의 믿을 구석이 되었다. 어떤 이야기를 해도 존중하고 존중받을 수 있는 관계. 말이 길어져도, 울분이 섞여도, 끝까지 들어줄 사람. 우리는 그렇게 서로에게 기대며 걸어왔다. 소결의 인터뷰가, 이 책이 독자들에게도 기댈 구석이 되길 바란다. 말해도 괜찮고, 달라도 괜찮고, 잠깐 주저앉아도 된다고. 애정하는 친구가 된 소결에게 이 지면을 빌려 꼭 전하고 싶은 말이 있다. 너의 목소리는 틀리지 않았어. 그런 네가 진심으로 자랑스러워. 네 목소리는 분명 너와 닮은 누군가에게 닿을 거고, 그 만남이 우리에게 버틸 힘이 되어줄 거야.

TK에서 태어나 국민의힘만 보고 컸지만

계엄 터지고 나서 계속 이런 생각이 들었어요. '아, 국민의힘은 정말 끝까지 가는구나.' 계엄도 별것 아닌 것처럼 굴고, 국민들 뜻을 무시하면서도 당당한 그 얼굴들을 보니까 피가 거꾸로 솟았어요. 어떻게 하면 국민의힘에 한 방 먹일 수 있을까. 또 서문시장 와서 사진 찍고 가겠지. 선거철마다 그 짓. 사과할 일 생겨도 와서 악수하고 가면 끝이에요. 그러면 대구 사람들이 또 찍어줄 거라고 생각하는 거죠. 그 오만함에 흠집을 내고 싶었어요. 그때 떠오른 게 바로 '대구', 'TK', '콘크리트', 그리고 '딸'이라는 단어들이었어요. 늘 '보수의 심장'이라고 불리는 이 땅에서, 가장 보잘것없는 존재로 취급받던 '딸'이 이제는 균열을 내는 존재가 되면 좋겠다는 생각이 들었어요. 그래서 고민하다가 "TK의 콘크리트는 TK의 딸에 의해 부서질 것이다"라는 문장을 생각해낸 거예요. 사실 '딸들이 부순다'라고 능동태로 쓰려다가 결국에는 수동태로 썼어요. 아무도 없는데 저 혼자만 앞에 나서는 게 아닐까 싶어서 겁이 났어요.

그런데 TK의 딸 챌린지에서는 제가 삼킨 단어가 당당하게 능동태로 바뀌어 있었어요. "TK의 딸들이 부순다." 딱 그렇게 공유되고 있었죠. 제가 감히 말하지 못한 그 문장을, 누군가는 거리낌 없이 말해준 거예요. 그게 너무 감동이었어요. 특히 기억에 남는 건 그런 말들이에요. "전라도의 딸이 연대합니다", "강원도의 딸이 연대합니다", "PK의 딸이 연대합니다", "제주의 딸이 연대합니다"…… 그런 말들이 계속 파도처럼 쏟아졌어요. 이건 단순한 응원이 아니라, 저처럼 말하기를 망설이면서도 피켓을 들고 거리에 선 누군가가 자기 같은 사람을 알아보는 방식이었어요. 혼자가 아니라는 걸 강렬하게 느꼈죠. 그 말들이 뒤에서 등을 떠밀어주는 기분이었어요.

사실 저는 12월 7일 시위에 내내 있지도 못했어요. 알바 때문에 금방 가봐야 해서 30분 정도 있었나? 제가 만든 문구지만, 제가 퍼뜨린 게 아니에요. 제가 돌아선 뒤에도 그 말이 혼자 걸어나가고 있었던 거예요. 그게 너무 신기했고, 더없이 감사했어요. 피켓 들고 서 있으면서 "카메라에 한 번만 찍히면 좋겠다……" 그런 마음이었거든요(웃음). 처음에는 여성분 세 명이 사진을 찍어가신 정도였어요. 이 말이 어디까지 닿을 수 있을지 모르겠지만, 국민의힘 의원들이 한 명이라도 이 문장을 보면 좋겠다는 바람이었는데…… 알바 끝나고 휴대폰을 열어보니 2030 페미니스트 단톡방에 제 피켓 사진이 떠 있더라고요. "인터넷에서 본 글귀 공유합니다. 우리 파이팅^^" 이런 말과 함께요. 순간 심장이 벌렁거렸어요. 그 말이 퍼지고 있구나 싶어서요. 너무 신나서 진짜 소리 지를 뻔했어요.

대구에서 딸로 산다는 건

더 나은 세상을 만들고 싶다는 제 마음은, 늘 '당장 너한테 이익이 되냐'는 말에 가로막혀요. 이익이 안 되면 가치도 없는 일이 되는 거죠. 집회에 나가고 싶다는 이야기를 하면 '북한 애들이랑 많이 해라' 같은 말이 돌아와요. 단지 평등하게 살고 싶다는 말이 왜 그쪽으로 연결되는 건지 정말 이해가 안 돼요. 말이 너무 자주 왜곡되니까, 점점 말하는 게 두려워지기도 해요. 가족들한테 대자보 쓴 걸로 뉴스에 출연하게 됐다는 소식을 알렸을 때도 같이 기뻐해주기는커녕 "좌파 언론에서 또 너 같은 애들 부르나보네"라는 말이 돌아왔어요. 제가 뭘 하든 모욕하듯 말하는 일상이 오랫동안 반복돼왔어요. 집에서는 언제 어디서 터질지 모르는 지뢰를 피해 다녀야 하고, '노조', '정치', '경제' 같은 단어만 나와도 마음을 졸여야 해요. 어떨 때는 꼭 진보정당 대변인으로 살고 있는 느낌이 들기도 해요.

저희 가족은 시위를 늘 '데모'라고 불러요. 그런 데 나가면

'잡혀간다'는 말을 어릴 때부터 수도 없이 들어왔어요. 그래서 지금도 집회 현장이 가까워지면 심장이 터질 듯이 뛰고, 다녀온 날엔 어김없이 악몽을 꿔요. 시위하다 체포돼서 국가기관에 구금되고, 심문을 받는 꿈이요. 가끔은 이명박이 나와서 저를 취조하고, 이승만의 명령을 받은 누군가가 저를 고문하기도 해요. 엉뚱한 꿈이지만 계속해서 반복돼요. 그만큼 체포와 구금은 저한테 오랜 두려움이었어요.

제가 시위하다 실제로 체포되는 일이 벌어진다면 가족들은 아마 저를 구해주긴 하겠지만, 동시에 '그러게 왜 그런 짓을 했냐'고 비난할 거예요. 그게 제일 무서워요. 누가 나를 다치게 하는 것보다, 가족이 내 편에 서주지 않을 거라는 걸 이미 알고 있는 마음이요. 다른 TK 딸들도 저랑 크게 다르지 않을 거예요, 아마. 그 답답함을 말로 꺼내놓기까지 용기가 필요했어요. 하지만 꺼내놓고 보니, 저만 그런 게 아니더라고요. 그래서 제 문장이 이렇게까지 반향을 일으킨 게 아닐까 싶어요.

집회의 아이돌이 된 느낌이었어요

12월 9일 시위에는 새로 쓴 두 번째 대자보를 들고 나갔어요. 사람들이 그렇게까지 공감해줬는데도, 이상하게 '여긴 안 바뀐다'는 말이 머릿속에서 지워지지 않았어요. 아니라고 크게 소리치고 싶었어요. 그래서 곧바로 두 번째 대자보를 썼죠. 그때는 '나'가 아니라 '우리'를 주어로 했어요. 이 싸움은 혼자서 할 수 있는 게 아니라는 걸 알았거든요. 함께 있다는 걸 느끼고 싶었고, 함께하자는 말을 하고 싶었어요. 대구에서 시위하는 게 얼마나 외로운지, 저는 잘 알아요. 이런 데서 깃발이나 응원봉을 들고 나간다는 게 어떤 마음인지. 그래서 우린 혼자가 아니라는 메시지를 전하고 싶었어요. 같이 버티자고, 같이 힘내자고, 끝까지 함께 가자고요.

대구는 진보적인 정치관을 가진 여성이 살기 힘든 동네예요. 진보적인 이야기를 꺼냈다는 이유만으로 "북한 가서 살아라"는 말을 들어야 하거든요. 그래서 그런 사람들은 일찍이 대구를 떠나요. 솔직히 저도, 기회만 되면 떠나고 싶었어요. 하지만 그런 기회가 누구나에게나 주어지는 건 아니거든요. 저도 그 기회를 만들지 못한 한 명이고. 그래서 더 외로웠고, 그래서 더 말하고 싶었어요. "다 자라 독립할 때까지 견디는 게 TK 딸들의 특기이자 전문이거든요"라는 문장은 그 경험 위에서 쓴 거였어요. 여러 마음이 담겨 있는 말이었죠. 보수적인 집안에서 자란 딸들한테 공감을 얻고 싶었고, 우리의 자조적인 결의를 보여주고 싶었어요. TK가 독한 만큼 우리도 질기다고요.

저는 집회에 갈 때마다 떨리는 마음을 부여잡고 가요. 버스 정류장에 서 있으면 사람들이 글을 자세히 읽어볼까봐 무섭거든요. 그럼 누군가에게 해코지 당할 수도 있잖아요. 12월 9일에도 혹시 누가 저를 알아볼까봐 그냥 택시를 탔어요. 피켓 앞뒤 양면이 다 대자보 문구였거든요. 제가 사는 동네가 시내랑 멀어서 동성로까지는 버스를 타야 했는데…… 사람들이 제 글을 자세히 읽어볼까봐 너무 무서웠어요.

그런데 집회에서 깜짝 놀랄 일이 벌어졌어요. 줄 끝쪽으로 걸어가는데, 앉아 있던 분들이 저를 보고 "고맙습니다! 고맙습니다!" 하고 인사해주시는 거예요. 그분들이 인터넷에서 제 대자보를 본 거였어요. 그날은 거의 3보 1사진 수준이었어요. 조심조심 꺼냈던 말들이, 이렇게까지 환대를 받을 줄 몰랐죠. 행진 끝나고 길가에 피켓 들고 서 있었는데, 시민분들이 다가오셔서 제 글 보고 울었다는 말씀을 해주셨어요. 제 글 보고 집회에 나왔다는 분들도 계셨고요. 그날 그렇게 낯선 사람들과 여러 번 와락 끌어안았어요. 누가 저 모르게 초콜릿도 주고 가셨더라고요. 데뷔해본 적은 없지만, 진짜 아이돌이 된 기분이었어요.

민주당 박정희 지역위원장도 그날 제 대자보를 본 뒤로 'TK의 콘크리트는 TK 딸이 부순다' 챌린지를 시작했어요. 이 챌린지가 급속히 확산되면서 JTBC랑 인터뷰도 하게 됐죠. 춥기도 했고 신원이 드러날까봐 패딩 입고, 모자 쓰고, 장갑까지 끼고 했어요. 그 시기에 영천의 한 고등학생이 국민의힘 이만희 의원 사무실에 탄핵 표결 찬성을 요청하는 내용의 포스트잇을 붙였다가 재물손괴죄로 신고당한 일이 있었거든요. 그래서 더 무서웠어요. 인터뷰 도중에 기자님께서 "이 문장을 보고 울컥했다"고 말씀해주셔서 위로를 받긴 했어요. 저도 저 스스로에 대한 의심이 있는 상황에서 누군가가 그런 말을 해주니까 힘이 되더라고요.

사실 저는 제가 쓴 글이 그렇게까지 퍼질 수 있다는 게 믿기지 않았거든요. 그전까진 그냥 평범한 피켓이라고 생각했어요. 근데 JTBC 뉴스에서 저를 '대자보 작성자'라고 부르시더라고요. 그 뒤로 저도 얼떨결에 '대자보'라고 부르게 됐어요. 정치에 관심 없었다던 어떤 분이 "이 글귀, 어떤 심정으로 한 자 한 자 썼을까" 곱씹게 된다며 챌린지에 참여하시겠다고 한 것도 기억나요. 뉴스랑 사람들의 반응을 보면서 정말 많이 감동받았어요.

대구는 여전히 과거의 유령과 싸우고 있어요

탄핵 국면이 한창이던 12월에 대구에선 또 다른 일이 벌어지고 있었어요. 12월 23일 동대구역 앞 박정희 광장에서 박정희 동상 제막식이 예정돼 있어서, 그걸 막기 위한 건립 반대 긴급행동이 조직된 거예요. 대구시가 2024년 3월부터 동상 건립을 추진해왔는데 마침 그때 완성이 된 거죠. 모든 사람들이 탄핵 시위에 집중하는 분위기였지만, 저한테는 이 시위도 너무 중요했어요. 박정희 동상이 여전히 대구 보수 정치의 강력한 상징이다 보니 그 중요성을 간과할 수가 없었던 거죠. 이걸 그대로 두는 건, 대구라는 지역이 여전히 과거라는 유령에 사로잡혀 있다는 걸 인정하는 일밖에 안 되니까. 탄핵 정국에도 대구는 '박정희'를 부르짖고 있었던 거예요. 그런 의미에서 동상 건립에 반대한다는 건 보수 정치를 정면으로 비판하는 일이자 지난 수십 년간 이어진 침묵에 균열을 내는 일이었어요.

집회는 작고 조용했어요. 기자회견 사진을 찍고 돌아가며 짧게 발언하는 자리였는데, 경찰이 공간 대부분을 차지하고 있어서 저희 쪽은 밀려나 있을 수밖에 없었어요. 그러다 마이크가 저한테 와서 얼떨결에 대자보를 들고 발언을 하게 됐어요. 동대구역 맞은편엔 성조기를 들고 있는 극우 집회 무리들이 가득했고, 우리 쪽은 경찰들이 짜놓은 스크럼(시위나 집회 현장에서 경찰 등의 강제 해산에 대응하기 위해 양옆에 있는 사람과 팔짱을 끼면서 몸을 밀착시키는 행위) 밖에서 고립된 채로 미니언즈처럼 구호를 외치고 있었어요. 제가 경찰한테 "저 사람들은 뭐예요? 왜 저 사람들만 안쪽으로 들어가요?"라고 물었더니 경찰이 아무 대답 없이 저를 쏘아보기만 했어요. '너는 시민이 아니다'라고 말하는 듯한 눈빛으로. 딱 '빨갱이' 취급하는 듯한 시선이었어요.

그날 박정희 동상 제막식에 홍준표 시장도 참석했어요. 박정희의 정치 유산을 지금도 가장 적극적으로 계승하고 있는 인물 중 하나니까요. 누군가 "홍준표다!" 하고 외치자 사람들이 그쪽으로 몰렸고, 스크럼 바깥에서 "준표야 명태규이(명태균)가 기다린다!"며 구호를 외치는 어르신도 있었어요. 지금의 대구가 여전히 과거의 유령과 싸우고 있다는 걸 너무나 또렷하게 보여주는 장면들이었죠. 박정희라는 이름 아래 쌓인 권위, 침묵, 성찰 없는 지지 같은 것들이요.

대구의 한계를 인정하며 나아가야겠죠

　12월 말쯤 되니 슬슬 '대구는 원래 저래' 하는 여론이 퍼지기 시작했어요. 우리가 이렇게 계속해서 발언하고 행동하고 있는데도, 사람들은 여전히 '변하지 않는 대구'라는 말로 다 덮어버렸어요. 우리 존재 자체를 부정당하는 기분이었어요. 근데 딱 그 타이밍에 대구 서문시장 상인들이 탄핵 관련해서 발언한 인터뷰가 방송을 탔어요. 대부분 '윤석열이 계엄령을 선포한 건 야당의 무차별 탄핵 때문이다'라는 식의 말들이 쏟아졌죠. 그 뒤로 알게 모르게 '우리 같은 대구 사람은 소수니까' 하는 분위기가 생겼는데, 그게 너무 열받아서 혼자 '기죽지 말자'는 취지의 발언을 준비하고 있었어요. 그러던 중에 민주노총에서 저한테 발언 요청을 해주셔서 바로 수락했죠. 이때부터 진짜 줄기차게 알바를 빼기 시작했어요. 처음 쓴 발언문은 8000자 정도였는데, 민주노총에서는 딱 5분만 해달라고 하더라고요. 읽어보니 최소 10분이 넘는 분량이라 "진짜 잘할게요, 제발 늘려주세요" 하면서 빌다시피 했어요.

　실제로는 15분 가까이 발언을 했어요. 행진을 마치고 대구시청 앞 트럭 위에 올라갔죠. 목 안 쉬게 하려고 행진할 때 구호도 살살 외쳤거든요? 근데 발언 시작하자마자 10초 만에 너무 화가 나서 고래고래 소리 지르다가 결국 목이 가버렸어요. 국민의힘을 비판하는 내용이었는데, 말하다 보니 화가 나서 흥분한 거예요. 발언 마치고서는 국민의힘 당기를 찢는 퍼포먼스도 함께했어요. 사실 저한테는 앞에 나서는 것보다 뒤에서 조용히 움직이는 게 더 편하거든요. 그래도 대구의 사기가 꺾이는 걸 보고만 있을 순 없었어요. 나중에 보니 발언 영상이 조회 수 69만을 기록해서 깜짝 놀라긴 했어요. 재밌는 사실은, 대자보나 피켓에 대한 호응은 젊은 층에서 많이 나온 반면 이 발언 영상에 댓글을 단 사람들은 주로 중장년층이었다는 거예요. 예상치 못한 응원이었고, 그래서 더 용기를 얻었어요.

탄핵안이 가결됐을 땐 4만 명이 모였던 광장인데, 2월이 되니 사람이 확 빠졌어요. 참여자들 사이에 피로감이 쌓이고 있다는 걸 느낄 수 있었죠. 그 시기에 전국을 돌며 시위에 참여하는 트친(트위터 친구)이 저 만나러 대구까지 와줘서 같이 시위에 나간 적이 있어요. 그런데 트친이 "사람들이 힘 빠진 게 너무 느껴진다"는 말부터 꺼내더라고요.

대구는 특유의 냉소적인 분위기가 있거든요. 집회에 나온 사람들만 열심히 구호를 외치고, 그 외의 유동 인구는 마치 아무 일도 없는 듯 지나가요. '못 가서 미안해요', '응원합니다' 같은 말도 거의 없고, 오히려 행진 중에 대오를 끊고 횡단보도를 건너가는 사람들, 클랙슨을 울리는 차량들, 집회를 '시끄러운 소음' 정도로 대하는 분위기가 지배적이죠. 그런 풍경에 트친이 되게 놀라더라고요. 저는 이미 익숙해져 있었지만, 그날은

백날 지워봐라, 우리가 사라지나

괜히 부끄럽고 속상했어요. '멀리서 온 사람한테 이 꼴을 보여주는구나' 싶어서요.

시위 끝나고 트친이랑 막창을 먹으러 갔는데, 식당 사장님이 우리 깃발을 보고 "밑에 깃발 뭐예요?" 하고 물어보셨어요. 트친이 대구 분위기를 의식해서 "태극기예요"라고 답하니까 사장님이 애국심이 대단하다면서 애매한 표정을 지으셨어요. 정확히 어떤 뜻이었는지는 모르겠지만, 참 씁쓸했어요. 서울이었다면 그냥 '탄핵 찬성 깃발'이라고 말했을 텐데. 대구에서는 그 말이 누군가를 자극하거나 오해를 부를 수 있다는 걸알기에, 진심을 감추는 쪽을 택해야 했어요. 그런 사소한 눈치싸움에조차 마음이 무거워지는 거죠. 이곳에선 말 한마디도정치적일 수 있다는 걸, 너무 자주 체감하게 돼요. 말 한마디,표정 하나에도 맥락을 읽어야 하는 곳. 대구에서 목소리를 낸다는 건, 언제나 침묵 속을 걷는 일이에요. 그렇지만 대구의 이런 한계도 인정해야 그다음으로 나아갈 수 있는 거겠죠.

서부지법 폭동에
다시 펜을 들 수밖에 없었어요

1월 19일에 극우단체가 폭동을 일으켜 서부지법의 외벽과 창문을 때려 부쉈잖아요. 그 사건 이후로 소위 진보 스피커라고 하는 사람들이 하나같이 마치 처음 보는 현상이라도 되는 듯 놀라워하더라고요. 하지만 여성들은 이 공포를 오래전부터 알고 있었거든요. 폭동을 일으킨 주축이 젊은 남성들이라는 사실을요. 그래서 저는 그런 반응이 더 어이없었어요. 그동안 여성에 대한 폭력 때문에 여자들이 죽고 있다고 페미니스트들이 얼마나 경고해왔나요. 그들이 갑자기 하늘에서 떨어졌을 리 없잖아요. 이준석 같은 사람이 쌓아온 여성혐오, 페미혐오 정서 위에 자란 거죠. 이 모든 걸 진작 알았으면서도 모른 척해온 것처럼 느껴져서, 또다시 대자보를 쓰기로 했어요.

서울에 살았다면 폭동 바로 다음 날 당장 피켓을 들었을 텐데, 대구에선 집회가 열릴 때까지 기다려야 했죠. 알바를 또 뺄 수는 없어서, 시간을 한 시간 늦추는 선에서 참여했어요. 이전엔 '탄핵' 피켓이라 떨렸다면, 이번엔 '페미니즘' 피켓이라 더 떨렸어요. 덩치 큰 남학생들이 제가 든 피켓을 힐끗힐끗 읽고 지나갈 때마다 손이 덜덜 떨리더라고요.

서부지법 현장 사진을 보는데 '머리가 짧다'는 이유로 편의점 여성 직원을 폭행했던 예전 사건 하나가 떠올랐어요. '페미니스트는 맞아야 한다'며 당당히 말하던 그 폭력성. 이번 폭동과 다를 게 없었어요. 저는 그게 본질이라고 생각해요. 그들은 갑자기 등장한 존재가 아니에요. 오랫동안 '기준에서 벗어난 존재는 맞아야 하고, 제거돼야 한다'는 정서를 내면화한 채 자라난 세대였어요. 그 대상이 여성이었다가, 이제는 법원이 된 것뿐이죠. 이 지경까지 온 건 여성혐오 범죄를 반복적으로 방관해온 결과예요. 미온적인 수사, 가벼운 처벌, 사법부의 침묵이 이런 식의 폭력을 길러낸 거죠. 단지 그 칼이 누구를 향하느냐만 바뀌었을 뿐, 폭력의 구조는 그대로였어요.

응원봉을 들고 평화 시위를 이어가는 여성들과 서부지법을 부순 극우 남성들이 저한테는 너무 극명하게 대비됐어요. 이번 탄핵 정국에서 2030 여성들이 강력한 정치적 주체로 등장했고, 그 사실을 누구도 부정할 수 없게 되었잖아요. 그 배경엔 우리가 지난 수년간 계속 쌓아온 정치적 결집의 경험이 있다고 생각해요. 강남역 추모 시위, 낙태죄 폐지를 위한 검은 시위, 미투운동, 혜화역 시위…… 이 모든 순간들이 지금을 만든 거죠. 저도 혜화역 시위에 나갔었거든요.

하지만 여성들이 엄연한 정치적 주체로 조명된 적은 거의 없었죠. 그래서 지금 이 변화가 더 의미 있지 않나 싶어요. 저는 이런 부분을 아주 기쁘게 바라보고 있어요. 더 이상 정치권이 우리를 무시할 수 없다는 확신이 생겼거든요. 그래서 인터뷰에도 적극적으로 응하고, 기록 작업에도 참여하고 있어요. 우리가 이 시대의 중요한 목소리라는 걸 분명히 남기고 싶어서요. 탄핵 이후의 세상은, 여성들이 그만 죽는 세상이었으면 좋겠어요. 모르는 남자에게 칼 맞아 죽고, 남편이나 남자친구에게 맞아 죽고, 불법촬영이나 딥페이크 영상 때문에 삶을 잃는 일이 더는 없었으면 좋겠어요. 이런 이야기를 하면 과장이라고 조롱하는 사람도 있겠지만, 우리는 알잖아요. 과장이 아니라 매일같이 맞닥뜨리는 현실이라는 걸요.

영남을 잊지 말아주세요

지금까지 서울 집회에 두 번 나갔어요. 1월 4일 한강진 집회랑 3월 15일 광화문 집회 이렇게요. TK의 연대를 서울에 알리고 싶어서 간 거예요. 서울 집회에서는 언제나 수도권의 목소리가 중심이잖아요. 그 안에서 우리가 있다는 걸, TK도 함께한다는 걸 보여주고 싶었어요. 특히 한강진 집회에 나가게 된 건 남태령에 못 갔다는 부채감 때문이었어요. 사실 한 달에 75만 원 버는 입장에서 서울 한 번 다녀오면 월급 대부분이 깨지니까 망설일 수밖에 없거든요. 그런데 1월 4일 오전에 한남동 관저 근처에서 민주노총 조합원이 연행됐다는 소식을 듣고 '제2의 남태령이다' 싶어서 바로 기차표를 끊었어요. 서울 갔다가 대구로 복귀해서 알바까지 나간다는 무리한 계획도 세워봤지만, 결국엔 대타를 구했죠.

무거운 피켓을 들고 서울까지 왔는데 가만히 있을 순 없었어요. 대구의 연대를 발언으로 꼭 전하고 싶었거든요. 그런데 발언 대기가 자꾸 밀리더라고요. 그 와중에 자신을 '강남의 딸'로 소개하며 다가온 분이 고생 많았다는 이야기를 건네시면서 저를 꼬옥 안아주셨어요. 서로 구구절절 긴말하지 않아도 다 통하는 느낌이었죠. 그 포옹이 저한테 참 오래 남았어요. 제가 지나갈 때마다 "TK 화이팅!"을 외쳐준 분들도 계셨는데, 그 말에 또 한번 울컥했어요.

3월 15일에 다시 광화문에 나간 건 이번만큼은 꼭 영남의

백날 지워봐라, 우리가 사라지나

존재를 서울에 알려야겠다는 생각이 들어서였어요. 손에 쥐여진 돈도, 남아 있는 체력도 없었지만, 그날만큼은 어떻게든 서울에 가야 했어요. 탄핵 소추안이 가결된 뒤로 대구 광장에서는 계속해서 사람들이 빠졌거든요. 그걸 보니까 결국 여기까지인가 싶어 저도 힘이 빠지더라고요. 그런데 3월 7일에 윤석열 구속 취소 뉴스를 본 뒤로 그동안 쌓였던 허탈함과 분노가 한꺼번에 터져나왔어요. 또다시 '이대로 물러설 순 없다'는 마음이 생겨서 광화문에 나가기로 다짐했어요. 서울 집회에는 늘 영남의 목소리가 없었던 것 같아요. '영남은 안 바뀐다'는 말이 귀에 박혀버린 나머지, 우리가 들려줄 수 있는 목소리조차 지워진 느낌이었어요. 우리가 여전히 버티고 있다는 걸, 보이지 않지만 함께하고 있다는 걸, 누군가는 기억해줬으면 했어요.

마침 또 제가 민주당 당원이라 대구시당 버스를 타고 가는 방법이 있었어요. 마감되기 직전에 간신히 신청해서 타고 오긴 했지만. 알바를 또 빼먹는 게 너무 눈치 보여서 제 사비를 얹어 대타 알바까지 구했어요. 전날 밤 12시까지 알바하고, 집에 와서 씻고 누우니까 새벽 3시더라고요. 딱 두 시간 반 자고 일어났어요. 피곤한 건 둘째 치고, 그날은 마음이 너무 바빠서 눕자마자 일어난 기분이었어요. '오늘만큼은 보여줘야 한다, 들려줘야 한다' 그 마음 하나 붙잡고 광화문으로 향했어요. 몸은 무거웠지만 마음만큼은 아주 또렷했죠.

그렇게 어렵게 서울까지 온 거라 피켓 들고 여기저기 돌아다니고 싶었는데, 사람이 너무 많아서 무리였어요. 피켓이 상할까 걱정도 됐고, 너무 많은 인파에 치이다 보니 초조해졌어요. 그래도 뜻밖의 수확이 있긴 했어요. 트친이랑 연락이 돼서 트친이 있는 1열 쪽에 갔더니 거기 민주당 서영교 의원님이 계시는 거예요. 제 피켓을 보시고는 직접 들고 사진을 찍으셨어요. 제가 "영남을 잊지 말아주세요" 했더니, "나 경북 상주 출신이잖아~" 하시는데 진짜 멋있었어요. 뭔가…… 그 짧은 순간에 제가 TK의 딸로 할 수 있는 일을 다했다는 느낌이 들었어요. 같은 영남 출신이 피켓을 알아봐주고 응답해준 그 순간, 영남의 목소리가 서울까지 닿았다는 확신이 들었어요.

집회 끝나고 나오는 길에도 많은 시민분들이 제 대구 깃발을 보고 박수를 쳐주셨어요. 서울역 가는 버스를 타기 전에 만난 서울 할아버지 두 분은 "대구 개딸들이냐"며 신기해하면서 사진을 찍어 가시기도 했어요. 집회에서 만나 친구 먹기로 한 당원들이랑 기념 사진도 찍고요. 차마 웃지 못할 일도 있었는데, 어떤 극우 어르신이 대구시당 깃발을 국힘 깃발로 착각하고 '윤석열 탄핵 반대' 깃발을 흔들며 다가오시는 거예요. 순간 저희끼리 눈 마주치고, "윤석열을 사형하라! 사형하라! 사형하라!" 하고 크게 외쳐서 그분을 물러나게 했어요. 농담 같지만 그 상황에선 그게 우리가 할 수 있는 저항이었어요.

하루 종일 피켓을 들고 다니느라 지칠 대로 지쳐서 집에 도착했는데, 저를 보는 엄마 눈빛이 싸늘했어요. 거의 하루 종일 나가 있다가 늦게 들어간 거였거든요. 집회 끝나고 내려가고 있다는 연락 한 통 못한 게 너무 슬펐어요. 평소엔 외출할 때 엄마가 어디 가냐고 물어보고 저도 어디 간다고 꼭 이야기하는데, 그날은 그냥 다 묵묵부답이었거든요. 같은 집에 살지만 전혀 다른 세계에 있는 사람처럼 느껴졌어요. 며칠 전엔 치맥 하는데 아빠가 진지하게 이런 말을 하더라고요. "대구에서 데모하면 죽도 밥도 안 된다. 서울 가서 살든가, 전라도 가서 데모해라." 그래서 광화문 다녀온 김에 아빠한테 교통비를 뜯어냈죠. 이 나이에 옥바라지는 못해주니까 제발 조심하라면서 순순히 주셨어요.

제가 쓴 대자보가
식민지역사박물관에 보관된대요

민족문제연구소와 식민지역사박물관에서 올해 기획전시 〈민주주의와 깃발〉을 준비한다는 소식을 들었어요. 계엄령을 막아내고 민주주의를 지켜낸 역사를 기록하는 전시라고 하더라고요. 그래서 저도 기증 신청을 했어요. 택배로 보내기엔 혹시라도 피켓이 부러질 수 있어서 직접 대구로 와서 수령하시기로 했는데요. 탄핵 정국 동안 서울 갔다 대구 갔다 하면서 같이 고생한 피켓이 이렇게 전시될 수 있다는 게 의미 있게 느껴졌어요. 나중에 누군가 전시를 보면서 '대구가 원래 이렇게 보수적인 동네였다고?' 하고 놀라길 바라는 마음이에요. 그땐 대구가 지금보다 좀 더 나아져 있길 바라고요. 이 피켓들이 그냥 '물건'이 아니라, 대구에서 목소리를 낸 흔적이자 증거로 오래 남았으면 좋겠어요.

요즘은 광장에서 한발 물러나, 다른 방식으로 운동을 이어가려 하고 있어요. 4월 1일에는 생명평화아시아랑 프리드리히 에버트 재단이 공동주최한 〈위기 속 민주주의, 어디로 가야 하는가?〉라는 토론회에 패널로 다녀왔어요. 교수, 언론인, 활동가들 사이에 껴서 한 자리를 차지했는데, 처음에는 완전 기죽어 있었어요. 감사하게도 경북대에서 오신 한 여자 교수님이 다가와서 제 대자보 사진을 걸어둔 프사를 보여주시더라고요. 그거 보고 뭔가 뿌듯하고 묘하게 힘도 좀 났어요.

그 자리에서 영남 패권주의 이야기를 했어요. 영남의 극우가 그냥 툭 튀어나온 게 아니거든요. 박정희 시절까지 거슬러 올라가는 아주 오래된 기반을 가지고 있어요. 제가 볼 땐 세 가지 요소가 이 패권주의를 떠받치고 있는 것 같아요. 강자와의 동일시, 경제성장에 대한 경험, 상위 신분이라는 위치성. 박정희가 영남 출신의 절대권력자였잖아요. '우리가 남이가' 하면서 끌어주고, 밀어주고, 공직도 영남 출신 위주로 채웠고요. 그러면서 경부고속도로도 뚫고, 산업 기반도 영남에 집중됐죠. 호남은 계속해서 소외됐고요.

그걸 겪은 사람들이 '우리가 좀 더 위에 있다'는 정서를 공유하게 된 거예요. 물론 실제로 그 이득을 본 사람들은 소수였겠지만, '영남'이라는 정체성으로 함께 묶이다 보니 대부분의

백날 지워봐라, 우리가 사라지나

사람들이 '우리는 강자 편'이라고 믿게 되는 것 같아요. 그러니 자기 삶에 해로운 정당에 종교처럼 표를 주는 일이 벌어지는 거죠. 정말이지 영남의 극우는 이런 지역 정치의 뿌리와 맞닿아 있어요.

'탈대구' 안 하고 여기 남아 있는 게 맞나? 요즘 저를 계속 맴도는 질문이에요. 솔직히 떠나는 게 맞고, 그게 더 쉬울 것 같은데, 또 대구는 싫든 좋든 제 뿌리의 한 갈래잖아요. 여길 완전히 외면하고 탈출한다는 게, 제 일부를 부정하는 느낌이 들기도 해요. 그래서 떠나고 싶은데 떠나지 못하고, 남고 싶은데 확신은 없고, 이도 저도 아닌 상태로 머물러 있는 중이에요.

우리는 보수의 텃밭이 아니다!

알량한 권력과 이익을 지키기에 급급한 집단을 민의의
대변인으로 인정할 수 없다

계엄 해제 표결에 불참한 TK 지역구 의원 23인
오늘 탄핵 소추 표결에 반대할 TK 지역구 의원들
당신들의 이름을 잊지 않겠다.

수치도 양심도 모르는 당신들을 대신하여

당신들의 몫까지 부끄러움과 죄스러움을 느껴온 TK의
딸이 말한다

보수의 심장은 늙어죽을 것이다, 보수의 미래는 없다
내 아버지의 표는 내 표로 상쇄될 것이다
내 어머니의 지지는 내 목소리에 묻힐 것이다
내 자매와 동료와 친구들이 함께할 것이다

TK의 콘크리트는 TK의 딸들에 의해 부서질 것이다
몇 년이 걸려도 반드시 부서질 것이다

—2024년 12월 7일에 작성한 첫 번째 대자보

참 뻔뻔하다. 왜? '어차피' 뽑아줄 것 같아서?
몇 달 후 서문시장에서 무릎 꿇을 계획인가?
선거철 아니면 관심도 없으면서 심장이라 하지 마라

수치를 모르는 자들아 차분히 기다려라
죽어야 바뀐다면 죽을 때까지 내 표로 상쇄해주겠다
탄핵이 끝나도 너희가 소멸할 때까지 멈추지 않는다

백날 지워봐라, 우리가 사라지나

보수 지역 딸들아 매국노도 당당하다 기죽지 마라
외로운 자매들아 우리 표가 하나라고 지치지 마라
TK가 독한 만큼 여기 있는 우리가 더 질기다
다 자라 독립할 때까지 견디는 건 우리의 특기이자
전문이 아니냐

모든 게 막막하게 느껴지면 새해의 일출을 보라
한 달 후, 내년, 내후년, 한 해의 먼동이 틀 때마다
우리보다 진보한 우리의 동생들이 투표장에 올 것이다

두고봐라. 우리는 타협도 없고 회유도 안 통한다
내란동조 매국정당 소멸할 때까지 멈추지 않는다
TK의 콘크리트는 TK의 딸들에 의해 부서질 것이다!
몇 년이 걸려도 반드시 부서질 것이다!

—2024년 12월 9일에 작성한 두 번째 대자보

서부지법 폭동은 낯선일이 아니다!

'페미니스트 맞아야 된다'라며 편의점 직원을 폭행했던
여성혐오자를 기억하라!

그들이 세운 자의적인 기준을 벗어나면 해고돼야
마땅하고, 맞아야 마땅하고, 죽어야 마땅하다 굳게 믿는
반페미니즘적 세계관을 우리는 오랫동안 경고했다.

모르는 건가 모른 척하는 건가.
서부지법 폭동은 폭력의 주체는 그대로고 폭력의 대상만
'페미'에서 '법원'으로 바뀐 사건이다. 증오 범죄에 대한
미온적 수사와 가벼운 처벌이 오늘날 사법부를 침범하는
파시스트를 키웠다.

'앞날이 창창해서' 눈감아주고 증오 범죄를 '우발적'
범죄라 부르더니 칼날이 너희를 향하자 뒤늦게 두려운가!
대체 언제까지 선해善解할 작정인가.
'젠더갈등'이 아니라 '여성혐오'다.
혐오를 묵인하지 말라
여성을 죽이는 폭력이 다음엔 너희를 향할 것이다

—2025년 1월 25일에 작성한 세 번째 대자보

백날 지워봐라, 우리가 사라지나

사람을 죽이는 배에서 사람을 살리는 배로

구술: 최혜수
기록: 양소영

혜수씨는 우리의 첫 인터뷰이이자 마지막 인터뷰이다. 첫 번째 인터뷰와 두 번째 인터뷰 사이에 그는 많은 투쟁 현장을 누볐다. 나현이 서울 집회에 참석했을 때도, 통영의 집회 현장에 연대차 들렀을 때도, 미리 약속하지 않았지만 현장에서 혜수씨를 만났다고 했다. 둘은 동지가 되었다.

혜수씨는 여느 대학생들과 다르지 않았다. 윤석열이 계엄을 선포한 12월 3일에도 '내일부터는 갓생 산다'는 일념하에 '새로운 나'를 기대하며 잠자리에 누웠다. 그런 그의 다짐은 조금 다른 방향으로 실현되었다. 취업에 필요한 스펙을 쌓는 것이 아니라, 투쟁하는 삶을 살게 된 것이다. 그날 이후 혜수씨는 정말 그날의 다짐처럼 '다른 사람'이 되었다.

두 번째 인터뷰를 진행한 당일까지도 우리는 긴장을 늦출수 없었다. 많은 인터뷰이들이 '시위 일정' 때문에 우리와의 인터뷰 약속을 미뤘기 때문이다. 몇 시간이 늦춰지기도 했고, 날짜가 미뤄지는 일도 다반사였다. 인터뷰 전날까지도 혜수씨는 서울에서 시위에 참여하고 있는 모습을 SNS에 게시했다. 우리는 혜수씨가 도대체 언제 버스든 기차든 비행기든 타고 부산에 도착할 것인지 가슴을 졸여야 했다. 인터뷰 당일, 다행히 혜수씨로부터 새벽 4시에 집에 도착했다는 연락이 왔다. 충분히 휴식을 취하고 인터뷰 장소까지 나올 수 있을지도 걱정이었는데, '10분 정도 늦을 것 같다'는 그의 메시지 덕택에 가슴을 쓸어내렸다.

택시 기사님의 엄청난 운전 실력으로 오히려 약속 시간보다 빨리 인터뷰 장소에 도착한 혜수씨는 명함을 꺼냈다. 금속노조 조합원 명함이었다. 우리는 서로 명함을 교환하고, 인터뷰를 시작했다. 혜수씨는 그날만 세 개의 인터뷰 일정이 있다고 했다. 우리와 만나기로 한 오후 3시 전에 이미 인터뷰 하나를 마친 참이었다. 혜수씨는 조합원으로서 인터뷰할 때 훨씬 더 조심스러워진다고 말했다. 자신이 무언가를 잘못 말했다가 노조가 욕을 먹는 상황이 발생할까봐 두렵다는 것이었다.

하지만 걱정된다고 말하는 그의 모습이 어쩐지 전보다 훨씬 행복해 보였다. 투쟁 현장에서의 불합리함을 토로하는 와중에도, 그 이야기를 하며 눈물을 글썽일 때조차 편안한 표정이었다. 그동안 얼마나 많은 시위에 참여했냐는 내 질문에 혜수씨는 스마트폰의 달력 어플을 꺼내 보여주며 거의 매주 서울 또는 다른 지역 집회에 참석한 이야기를 풀어놓았다. 그러면서 중간중간 "이때는 정말 안 가려고 했는데……"라는 말을 빼놓지 않았다. 혜수씨는 여전히 '이제는 서울에 가지 않겠다'고 말했고, 나는 그 말을 믿지 않았다.

아니나 다를까, 내가 이 글을 쓰고 있는 2025년 2월 28일에도 혜수씨는 서울에 있다. 오늘 오전, 재직 중이던 학교에서 발생한 성폭력 사건을 공익 제보했다는 이유로 부당하게 해임된 지혜복 교사의 복직 투쟁에 연대하는 시민들이 경찰서에 연행되었다. 관련 기사들이 뜨기 시작했고, 혜수씨의 소식도 들려왔다. 놀랍지 않게, 그 역시 연행된 연대 시민 23명 틈에 끼어 있었다. 혜수씨는 동지와 함께 경찰 버스 안에서 셀카를 찍어 인증샷을 올렸다.

첫 번째 인터뷰 때만 해도 경찰이 캡사이신 희석액을 뿌릴까봐 고글, 우유, 식염수 등을 챙겨서 집회 현장에 나갔다며 연신 "두려웠다"는 말을 반복하던 혜수씨는 이제 경찰이나 사측 용역들과 거리낌 없이 몸싸움을 하고, 경찰에 연행될 때조차 '잼투'(재미있는 투쟁)라는 코멘트를 붙인다. 이쯤 되면 두려움보다 연대의 기쁨을 더 크게 느끼는 게 분명하다.

낄해야 죽기밖에 더 하겠어?

제가 아직도 생생히 기억하는 게, 계엄이 터졌을 때 방 청소를 다 해놓고 밥까지 먹은 상태였거든요. 밥 다 먹고 내일부터는 정말 새롭게 살아보겠다고 다짐했어요. 대외 활동도 하고, 내가 하고 싶은 거 똑바로 준비하면서 새 삶을 살겠다고요. 근데 우연히 트위터에 들어갔다가 계엄령이 선포됐다는 걸 알게 됐어요. 관련 뉴스 링크, 생방송 링크가 자꾸 올라오더라고요. 국회의원들은 담 넘고 있고, 경찰들은 막고 있고. 이런 상황이 너무 충격적이어서 뉴스를 계속 틀어놨어요.

계엄이 부산까지 쭉 퍼지려면 시간이 걸리겠지만 그래도 혹시 모른다는 생각에 집 근처 성당을 알아뒀어요. 그 정도로 엄청 겁이 났던 것 같아요. 왜냐하면 계엄이라는 게…… 이번에는 평화적으로 끝났다는 느낌이 들지만, 역사적으로는 계엄이 터지면 폭력적인 유혈 사태가 동반되곤 했잖아요. 그런 광경이 떠올라서 계엄령이 해제되기 전까지는 너무 무서웠어요. 그래서 아직도 새벽 2~3시까지는 잠을 잘 못 자요. 뉴스에 큰일이 터졌다고 얘기가 나올까봐. 오늘도 새벽 4시에 잤어요.

부산은 많이 보수적인 지역이니까 지금도 집회 가면 욕 엄청 듣거든요. 박수영 의원 사무실에서 시위*할 때도 누가 계속 욕을 하면서 지나다녀요. 시끄럽게 뭐 하는 짓이냐면서, 시끄러워서 잠을 못 잔다면서 경찰들한테 시비 걸고, 지나다니는 사람들 밀치고. 그렇게 욕을 먹는 지역인데 '계엄이 끝났다'는 말이 들리면, 그냥 자연스럽게 일상으로 돌아갈 확률이 높잖아요. 이 체제에 적응하려는 사람이 있다는 게 싫었어요. 그리고 그 사람이 내 옆집에 있을 수도 있고, 내 앞집에 있을 수도 있고, 나를 가르치던 교수님일 수도 있고, 아니면 지나가다

---

* 2024년 12월 28일 국민의힘 부산시당위원장을 맡고 있는 박수영 의원 지역구 사무실 앞에서 항의 시위가 열렸다. 5000여 명의 부산 시민들이 국민의힘에 내란에 대한 입장을 밝힐 것을 요구하며 9시간 넘게 시위를 이어간 것이다. 시위는 박 의원 사무실 안팎에서 진행됐으며, 오전 11시경 40~60여 명의 시민이 그의 사무실을 방문해 입장 표명을 요구한 것이 그 시작이었다. 시민들의 이런 요구에 박 의원이 '헌법재판소의 결정이 있기 전까지는 무죄 추정의 원칙을 적용해야 한다'는 입장을 밝히자 실랑이가 벌어졌고, 이에 박 의원은 경찰에 신고해 시위대를 진압하고자 했다. 이 소식이 부산 서면에서 오후 4시부터 열린 '윤석열 구속 파면 부산시민대회'에 참여한 시민들에게 전해지자, 집회를 일찍 마무리한 시민 수천 명이 박 의원 사무실로 행진했다. 부산 시민들은 "이곳이 부산의 남태령"이라며 날이 어두워진 이후에도 규탄 집회를 이어갔다.

보던 남학생일 수도 있잖아요. 그러니까 계엄군보다, 저한테 벌어질 일보다, 제 주변에 그걸 '어쩔 수 없지' 하고 넘기는 사람이 있다는 게 더 무서웠던 것 같아요.

제가 처음 서울 집회에 나간 게 12월 6일이에요. 그때 그런 기사가 떴어요. 경찰이 집회 대응용으로 캡사이신 희석액 888리터를 구매했고,** 살수차도 동원한다고. 이 얘기가 뜨자마자 고글을 샀어요. 스키 고글. 원래는 토요일 날 서울에 가려고 표를 다 예매해놨어요. 근데 금요일 날 점심쯤, 12시 조금 넘었나? 수업 중이었는데, 트위터에 2차 계엄 얘기가 나오는 거예요. 걱정이 돼서 다시 제일 빠른 표를 끊었어요.

가만히 있는 것보단 그냥 거기 가서 뭐라도 하면 덜 부끄러우니까요. 무서운 것보다 부끄러운 사람이 되는 게 더 싫었던 것 같아요. 서울 올라가는 길에 짐을 싸면서 편의점에서 우유랑 식염수를 샀어요. 경찰이 캡사이신 뿌리면 식염수랑 우유로 눈 닦으려고. 신분증은 일부러 안 챙겼어요. 장기 기증 증서, 그거 있으면 혹시나 큰일이 생겼을 때 신원 확인은 되니까 그것만 챙긴 거죠. 제가 원래 이동할 때 엄마 카드를 쓰는데 그것도 일부러 두고 딱 교통카드만 가져갔어요. 계엄 터지고 제

** 해당 기사는 2024년 2월에 발행된 기사로, 탄핵 정국이 시작되던 12월에 발행된 기사가 아님에도 SNS에 빠르게 확산되었다. 경찰이 캡사이신 등을 이용하여 집회에 대응할 수 있다는 불안감이 시민들 사이에 조성된 것으로 보인다. 〈[단독] 경찰, 집회 대응용 캡사이신 희석액 888L 대량 구매〉,《동아일보》, 2024. 2. 23.

일 먼저 한 게 교통카드 만드는 거였거든요. 집회 이동용으로만 쓰는 교통카드. 고글은 도착하지도 않았는데 2차 계엄이니 뭐니 이러니까 일단 우유라도 들고 갔어요. 방석이랑 핫팩도 급하게 챙기고.

안 움직일 수가 없었어요. 트위터에서 민주당 박선원 의원의 말을 옮겨놓은 글을 봤어요. '우리 다 국회 앞으로 모이자. 해봤자 옆구리에 대검이나 좀 찍히겠지. 죽어도 국회 앞에서 죽자. 다른 곳에서 죽으면 영영 못 찾는다' 뭐 이런 말씀을 하셨던 걸로 기억해요. 그거랑 비슷한 마음가짐이었던 것 같아요. '죽더라도 국회 앞에서 죽자. 더 큰 소란을 만들고 싶다.' 그러다 보니 어느 순간 무서운 마음이 사라졌던 것 같아요. 무섭긴 한데 끽해야 죽기밖에 더 하겠어.

미안한데, 나 남태령까지 가야 해

12월 21일 토요일에 광화문에서 집회가 있었잖아요. 거기 참석하려고 첫차 타고 부산에서 올라갔어요. 그때 헌법재판소 앞에도 갔어요. 탄핵안은 가결됐지만, 어쨌든 헌재에서 판결이 나야 하잖아요. 헌재 압박하려면 그 집회가 중요하다고 해서 '어떡해, 그럼 가야지' 이런 생각으로 갔어요. 그 집회만 잘 즐기고 돌아가려고 했는데, 집회가 7시에 끝난다는 거예요. 막차도 딱 7시라 급하게 취소하고 숙소를 잡았죠. 그때 트위터에 '남태령이 막혔는데 경찰들이 순하다' 이런 말이 돌았어요. 그래서 처음에는 안 가도 되겠구나 싶었는데, 상황이 점점 심각해지는 거예요. 위험하다는 이야기가 계속 나오고⋯⋯

솔직히 광화문에서 내내 깃발 들고 움직여서 너무 피곤했어요. 그래서 진짜 안 가려고 했거든요? 근데 숙소에서 남태령까지 걸어서 40~50분 정도 걸리더라고요. 안 가자니 너무 죄책감이 들었어요. 코앞에서 이런 일이 벌어지는데 가만히 있어도 되나 싶어서. 결국 택시를 잡아서 남태령으로 갔어요. 사실 양곡법 이런 건 잘 몰랐어요. 근데 트랙터에서 끌어내려지는 농민분들 영상을 보고 어떻게 가만히 있을 수 있겠어요.

도착했을 때가 저녁 8시쯤? 해가 다 졌을 때였어요. 도착하니까 후원 물품들이 조금씩 들어오고 있더라고요. 그래서 금방 끝날 수도 있겠다는 생각이 들었죠. 근데 나아질 기미가 안 보이더라고요. 그러니 뭐 어쩌겠어⋯⋯ 숙소 비용이 좀 아깝긴 했는데 패딩도 있고 핫팩도 있으니까 버티기로 했어요. 탄핵안 가결되던 12월 14일에 친구들이랑 여의도에서 철야했는데, 그때는 민주당에서 만들어준 여성 쉼터에서 좀 잤어요. 남태령에는 그마저도 없어서 그냥 아스팔트 바닥에 누워 있었어요. 그러다 너무 추워진다 싶으면 농민분들이 타고 오신 버스에 들어가서 눕고 그랬어요. 많이 다른 경험이었죠.

남태령 때 허리가 엄청 아팠어요. 계속 서 있으니까. 어디 주저앉기는 가능해도 일자로 드러눕는 게 안 되잖아요. 거기다가 그날 입었던 패딩이 제 게 아니었거든요. 6년지기 친구

롱패딩을 빌려서 나갔어요. 그날 눈 내린다길래 걱정돼서요. 친구한테 빌릴 때까지만 해도 남태령까지 갈 줄 몰랐고, 광화문 집회만 갈 생각이었죠. 결국 친구한테 전화해서 "미안한데 나 남태령까지 가야 될 것 같아. 네 패딩 꼭 세탁해서 돌려줄게"라고 얘기했어요.

남태령에서는 정치 이야기보다 평범한 이야기들을 많이 했어요. 어디 사냐, 밥은 먹었냐, 이런 이야기들이요. 특히 막차 끊겼다는 소식에 경기도민들이 탄식하던 게 기억이 나요. 농민분들이랑도 "식사는 하셨어요? 오는 데 얼마나 걸리셨어요?" 이런 거 묻고, "저 본가가 진주예요" 이런 이야기도 하고요. 엄청 웃고 떠들고, 졸리면 다 같이 체조하고, 노래 배우고, 춤추고 이러면서 시간을 보냈던 것 같아요.

남태령의 밤은 끝나지 않을 것만 같았어요. 심지어 그날이 동지였잖아요. 밤이 정말 너무 길었어요. 아침 7시쯤에 버스에 들어가서 한 시간 정도 자고 나오니까 해가 떠 있더라고요. 정말 끝이 나는구나 싶었죠. 해가 뜨니까 좀 살 만해지고 긴장도 풀려서, 첫차 다니기 시작한 역사에 내려가서 대합실에 누워 있다가 대자로 뻗었어요. 친구들이 첫차 타고 와줬거든요. 너무 고맙더라고요. 한 명은 강원도에서 오고, 한 명은 경기도에서 오고. 전국 각지에 흩어져 있었는데 남태령 소식 듣고 새벽 4시에 차 타고 와준 친구도 있고. 정말 고마웠어요. 남태령에 다녀와서는 정말 말 그대로 믿음이 생긴 것 같아요. '우리가 이긴다. 쪽수로도 밀리지 않을 거고 끈기로는 우리가 더더욱 밀리지 않을 거다' 하는.

내가 나서지 말아야 할 이유는 뭔데?

제가 초등학교 6학년 때 세월호 참사가 일어났어요. 그때
모든 학교에서 수학여행이 취소됐는데 저희는 갔다 왔거든요.
심지어 저희 배 타고 다녀왔어요. 그게 가능했던 이유가, 교장
선생님이 학부모들을 설득하셨어요. 그때 하신 말씀이 "이건
어른들이 잘못해서 생긴 사고고 어른들이 책임져야 할 일이니
아이들이 피해를 봐선 안 된다. 교직원들이 책임지고 제대로
인솔하면 되니까 학부모님들이 동의해주셨으면 좋겠다"는 거
였어요. 그러시고는 학부모들한테 동의서를 돌렸는데, 위험하
지 않겠냐고 말이 많았어요. 사실 그분 말이 맞긴 하잖아요. 그
래서 저희 부모님도 조심하라고만 하시고 보내주셨어요.

저희도 걱정은 좀 됐거든요. 그렇지만 수학여행 가는 거
니까 신나기도 했어요. 도착해서 별도 보고 바다도 보고 그랬
어요. 선생님들이 인원 파악에 엄청 신경 쓰시고 애들 통제도
최대한 열심히 하셔서 안전하게 다녀올 수 있었죠. 어쩌면 어
른들이 잘하면 애들이 다치지 않는다는 걸 보여주고 싶으셨던
게 아닌가 싶어요. 아직도 기억나는데 교장 선생님이 정말 좋
은 분이셨어요. "교장실에 언제든지 찾아와도 좋다. 무슨 일이
생기면 언제든지 나한테 뛰어와라" 그렇게 말씀하시는 분이

었거든요. 그런 좋은 어른들이 있어서 제가 잘 클 수 있었던 것 같아요. 아니면 저도 엄청 보수적이었겠죠.

세월호 때는 좋은 어른을 봤다면, 이태원 참사 때는 어른들한테 엄청 실망했어요. 10월 29일이 제 생일이에요. 오전에 애들이랑 놀고 오후에 집에 들어와서 누워 있는데 이태원 소식이 하나 둘씩 올라오는 거예요. 그러고 나서 TV에 뉴스가 나왔는데 엄마가 "저거 다 놀러 나간 애들이 문제지" 이런 말을 했어요. 그때 너무 놀랐어요. 이태원에 사람이 몰리는 건 늘 있는 일인데. 작년에도 사람이 몰렸고, 재작년에도 사람이 몰렸고, 매년 사람이 몰려서 다들 아는 거고, 경찰이 항상 통제를 했으니까 지금까지 사고가 없었던 걸 텐데, 그때만 사고가 난 거잖아요. 그럼 조치가 부족했다는 거겠죠. 데이터가 누적돼 있으니까 여기를 관리해야 된다는 걸 모두가 아는 상황에서 아무도 나서지 않았다는 책임 소재가 명확한데, 그 책임을 왜 피해자한테 물어요? 말이 안 되는 얘기잖아요. 그 사람들이 무슨 잘못이 있어요?

이걸 다 아는데 '놀러 간 사람이 잘못이다'라는 말에 어떻게 화를 안 내겠어요? 그래서 부모님한테 얘기했어요. 말도 안 되는 소리라고. 그냥 놀러 간 건데 통제 안 한 사람들이 잘못이지 어떻게 저게 간 사람 잘못이냐고. 부모님은 당연히 꿈쩍도 안 하셨죠. 그래서 점점 부모님이랑 정치 성향이 안 맞는다는 걸 깨닫게 됐어요. '나는 빨간 나라(국민의힘을 지지하는 환경)에 태어난 좌파구나', '나는 보수 사이에서 피어난 진보구나'

생각하고 소통을 포기했죠.

사실 가족들은 저 서울에 집회 다니는 것도 몰라요. 돈이 없어서 지원받으려고 엄마한테 솔직하게 털어놓았다가 정말 농담이 아니라 30분 내내 욕을 들었어요. '다들 안 나서는데 네가 왜 나서냐', '나는 계엄을 내리는 놈이나 가서 집회하고 있는 사람이나 다 비슷비슷하게 보인다'면서 엄청 욕을 하시더라고요. 처음에는 울면서 얘기하다가 결국 화가 나서 전화를 끊었어요.

그래서 남태령에서 그런 발언을 했어요. '사람들 다 여기 있다, 내가 안 나서야 될 이유는 뭐냐.' 결국 엄마한테 한 말이었죠. 발언하고 내려왔는데 저희 아빠 나이대 정도 되시는 분이 웃으면서 다가오셨어요. 심지어 저희 아빠랑 되게 닮으셨더라고요. 광주 출신인데, 발언 내용에 감동받았다고, 너무 고맙다면서 우시는 거예요. 그러고 가셨는데 처음에는 얼떨떨했어요. '나는 그냥 엄마한테 하고 싶은 말을 한 건데 왜 우시는 거지?' 옆에서 친구가 하는 말이 광주 사람이면 감동받을 수밖에 없다는 거예요.

광주 시민들도 5·18 때 고립되어 있었잖아요. 남태령에서도 경찰이 차벽으로 막아둬서 사람들이 고립되어 있었고요. 그런데 제가 '난 제일 앞에 서 있을 거고, 제일 늦게 빠질 거다'라고 했거든요. 그 고립된 곳에서 같이 있겠다는 말에 힘이 나셨겠구나 싶었어요. 저 스스로도 그 발언을 하고 속이 진짜 시원했어요. '이걸 우리 엄마가 꼭 들어야 되는데, 나 진짜 말 잘

했는데' 이런 생각이 들었죠. 원래 집회에서 발언 같은 거 안 했었는데 그때 이후로 이제는 발언할 일 있으면 나가서 하고 그래요.

무지개 조선소 할 사람?

저 그동안 집회 진짜 많이 갔어요. 지난번 첫 번째 인터뷰 끝나고는 윤석열 체포하라고 철야 집회 했을 때, 그때 한강진에 3박 4일 내내 있었고요. 그다음 주에 이번엔 진짜 체포된다고 해서 그때도 가서 봤어요. 그리고 1월 중순에 1박 2일로 '민주주의 대행진'이라는 걸 했거든요? 거기도 갔어요. 분명히 돈 없어서 서울 못 가겠다고 생각했는데 어떻게 돈이 생겨서 거길 갔는지 모르겠어요.

민주주의 대행진에 참여했던 사람들이 모여 있는 단톡방에서 '무지개 조선소 할 사람?' 이런 얘기가 나오기도 했어요. 그게 뭐냐면, 거통고(전국금속노동조합 경남지부 거제통영고성조선하청지회)에서 연대를 의미하는 배를 만드는 프로젝트였어요. 탄핵 집회에서 일종의 표어처럼 자리 잡은 게, 12월 7일 여의도 집회에서 경찰들이 길을 막고 있을 때 민주노총 양경수 위원장이 했던 "민주노총이 길을 열겠습니다"라는 말이잖아요. 그 이후로 민주노총이나 노조들의 투쟁에 대한 사람들의 관심이 높아졌죠. 그리고 탄핵 집회에서 자유발언을 통해

백날 지워봐라, 우리가 사라지나

자신의 퀴어 정체성을 말하는 사람들도 많았고요. 노조에 연대하는 사람들 중에도 퀴어가 많았던 것 같아요.

그런 연대 시민들에게 고마움을 표하기 위해 거통고에서 2025년 새해맞이 문화제를 열었어요. 거제에서 12월 31일부터 1월 1일까지 1박 2일로 진행되는 일정이었는데, 1박이다 보니 숙소가 필요하잖아요. 그때 거통고에서 '성중립 숙소'를 마련해줬어요. 처음에는 성중립 숙소를 마련할 생각을 못 하셨대요. 그런데 어떤 동지가 전화해서 성중립 숙소를 만들어달라고 요청했고, 처음에는 당황하셨다고 했어요. 그렇지만 조합원 동지들은 연대 시민들이 불편하지 않았으면 하는 마음이 제일 컸기 때문에, 특정 성별로 지정된 숙소가 누군가에게는 불편할 수 있다는 말에 성중립 숙소를 만드셨다고 해요. 노조에서 음식을 준비할 때 채식 옵션에 대해서도 고려하듯이, 이제 성중립 숙소도 사전에 고려하게 될 것 같다고 하시더라고요.

거통고에서도 탄핵 광장이 보여준 다양성을 정말 중요하게 생각하세요. 그래서 거통고 투쟁을 알리는 배를 만들자는 의견이 나왔을 때, '무지개 조선소'를 지어서 다양성의 가치를 담은 '연대투쟁호'를 만들어보자고 이야기가 됐나봐요. 거통고 지회장님이 먼저 아이디어를 내신 것 같아요. 저는 당연히 조그마한 배에 롤러로 도색 같은 거 하나보다 생각해서 제가 예쁘게 색칠할 수 있다고 했어요. 그 뒤에 갑자기 제가 디자인 총괄을 맡게 돼서 좀 당황스럽긴 했지만요. 배는 노동조합에서 업체 선정해서 그 업체에 제작을 맡긴 걸로 알아요. 그래서 사실상 만들어져 있는 상태였고요. 근데 막상 도면을 받아보니까 가로 길이가 '3200'이라고 쓰여 있었어요. 조그마한 배인 줄 알았는데, 실제로는 3미터나 됐던 거죠. 다들 놀라서 웅성웅성했어요.

언 물감을 녹여가며 연대투쟁호를 만들었죠

우선 지회장 동지한테 배에 어떤 걸 넣고 싶으신지 여쭤봤어요. 왜냐면 클라이언트가 이런 거 해달라고 얘기를 해야 디자인을 짤 수 있으니까요. 그랬더니 제일 먼저 얘기하신 게 무지개였어요. 무지개랑 파도 같은, 바다를 연상하는 그림이 들어가면 좋겠다고 하시길래 "그럼 아예 무지개 파도를 넣을까요?" 약간 그런 식으로 회의 자체는 무난하게 진행됐어요.

그런 전체적인 디자인 요소 이외에는 대부분 연대나 노동조합을 상징하는 무언가를 넣으려고 했어요. 그래서 응원봉이 들어가게 된 거예요. 원래 남태령의 상징이라고 할 수 있는 트랙터를 넣을까 했는데, 그건 그리기가 너무 힘들어서 좀 더 간단한 디자인인 응원봉을 넣게 됐어요. 또 노조를 상징하는 걸로는 원래 여러 노조들의 마스코트를 다 집어넣으려고 했어요. 근데 그런 방식으로 하면 저희가 빼먹는 노조가 있을 수도 있잖아요. 아니면 새로 생기는 노조가 있을 수도 있는데, 그 노조 쪽에서 소외된다고 느끼거나 서운해할 수도 있고요. 그래서 '금방이'(금속노조 마스코트 캐릭터로, '금'속노조는 노동자들의 '방'패라는 의미)랑 '민총이'(민주노총 마스코트 캐릭터)만 집어넣고 나머지는 다 꿀벌로 대체하자 해서 그때 또 꿀벌 디자인을 급하게 만들었어요.

연대투쟁호가 제작 업체에서 무지개 조선소로 배송됐을 때는 정말 '나무로 된 배'였거든요. 완전 쌩 나무요. 흰색으로 바탕을 칠하고, 거기에 스케치를 하고, 그 위에 다시 채색을 해야 했어요. 디자인과 학생인 동지 한 분이 많이 도와주셔서 예쁘게 완성된 것 같아요. 연대투쟁호 디자인은 1월 23일인가 24일쯤에 시작했어요. 그때는 다른 연대 시민분들이 오셔서 흰색으로 밑바탕 페인트 칠하는 걸 해주셨어요. 많이 오신 날은 40명 가까이 오셨다고 하더라고요.

원래 연대투쟁호 마감 기일이 2월 1일이었는데 2월 8일로 일주일 연기됐어요. 만드는 데 생각보다 시간이 많이 걸렸거든요. 날씨가 추운 거, 야외에서 작업하는 거, 이 두 가지가 문제였어요. 날씨가 정말 최악이었던 게, 폭설만 두 번 내렸어요. 저는 진주나 부산에서만 지냈으니까 눈을 잘 못 보잖아요. 눈 많이 내리는 지역 사람들이 눈을 '하늘에서 내리는 쓰레기'라고 하는 이유를 이번에 알게 된 것 같아요. 저희가 짜서 쓰는 물감을 썼는데 추우니까 물감이 튜브 안에서 얼더라고요. 그래도 그건 뜨거운 물로 녹일 수 있어서 큰 문제는 아니었는데, 물감을 칠하려고 붓을 배에 가져가는 순간 물감이 얼어버리는 거예요. 결정이 생기니까 응어리가 지기도 했고요. 뜨거운 물을 계속 가져와서 붓을 녹여서 칠하고, 최대한 빨리 칠하고, 또 녹이고, 빨리 색칠하고…… 그걸 무한 반복해야 했어요.

　우여곡절 끝에 물감을 다 칠하고, 2월 8일 진수식에 맞춰 6일에 바니시를 칠하고 7일에는 좀 쉬려고 했어요. 그동안 너무 고생했으니까. 다행히 6일 오전에는 눈이 안 왔거든요. 그래서 오전에 마무리 작업 예쁘게 해놓고, 점심 먹고 와서 바니시 칠하면 되겠다고 생각하고 있는데 갑자기 또 눈이 내리는 거예요. 그냥 짧게 내리는 게 아니라 폭설이요. 그래도 일단 칠해보자 하고 색칠 다 끝난 곳에다 바니시를 칠해봤어요. 그랬더니 바니시를 따라서 물감도 쭉 다 밀리더라고요. 아마 추위에 물감이 덜 말라서 그런 일이 생긴 것 같아요. 그래서 지금도 배 군데군데에 밀린 흔적이 있어요. 그나마 다행이었던 게 스프레이 바니시가 있었어요. 그걸 일차적으로 칠하고, 7일에 붓으로 한 번 더 칠하자고 이야기가 됐어요. 물론 일정이 딱딱 지켜지지는 않았지만, 그래도 어떻게 기한 맞춰서 연대투쟁호를 완성했네요.

　연대투쟁호를 만들면서 세월호 생각이 많이 났어요. 세월호는 사람을 죽이는 배였는데, 저는 어떻게 보면 사람을 살리는 배를 만들고 있는 거였으니까. 세월호를 상징하는 것 중 하나가 노란 나비잖아요. 광장 돌아다니다 보면 노란색 나비를 달고 계시는 분들이 있어요. 그래서 그 나비를 꼭 연대투쟁호에 그려 넣고 싶었어요. 그런데 물감은 자꾸 얼지, 그 와중에 바니시를 잘못 칠해서 물감이 다 밀리고…… 그래도 세월호 생각을 안 하려야 안 할 수가 없었어요. 제가 원래 배를 무척 좋아하는데, 배에서 그런 큰 사고가 일어났다는 게 어린 나이에도 마음이 아팠거든요. 지금도 집회 나가면 세월호 참사 유족분들이 주먹밥을 나눠주시곤 하는데, 그런 풍경을 보면 아직도 슬퍼요.

배랑 사랑에 빠지지 않을 수 없었어요

저희 외할아버지가 미국 왔다 갔다 하는 컨테이너선의 요리사셨어요. 그래서 엄마가 항구 쪽에만 가면 할아버지 이야기를 많이 해주셨거든요. 초등학교 저학년일 때 삼촌 차를 타고 항구 쪽으로 지나간 적이 있었어요. 그 볼록 튀어나온 뱃머리 부분 있잖아요. 그 부분이 항구로 들어오고 있었어요. 차보다 훨씬 크고 옆에 있는 아파트보다도 훨씬 큰 그 배를 그때 딱 처음 본 거예요. "너네 할아버지가 저런 거 타고 일하러 다녔어." 엄마가 옆에서 이런 얘기를 해줬는데, 순간 너무 너무 너무 좋아서 그 큰 배와 사랑에 빠지지 않을 수가 없었어요.

그런 배를 만드는 조선소는 어떤 곳일까 하고 막연하게 궁금해하기만 했는데, 이번에 거통고에 연대하면서 조선소 내부 사정을 듣게 됐어요. 거통고의 정식 명칭이 '전국금속노동조합 경남지부 거제통영고성조선하청지회'잖아요. 그 이름처럼 하나의 기업에 속한 노동자만 가입할 수 있는 게 아니라, 거제·통영·고성 지역 조선소의 하청노동자라면 누구나 가입할 수 있어요. 다만 지금은 한화오션에서 일하는 하청노동자가 대부분인 걸로 알고 있어요.

조선소에서 일하는 게 굉장히 위험하잖아요. 그리고 고도의 기술을 요하는 작업을 하는 기술자들이니까 임금이 높아야 한다고 생각하거든요. 제가 들은 바로는, 예전에 대우조선이 잘나가던 시절에는 최저시급 정도의 기본금을 받았지만 상여금이 많이 나왔대요. 매년 550프로 정도 나온 걸로 알아요. 안전 장비까지는 정확히 모르겠지만, 어쨌든 지금보다는 처우가 훨씬 좋았다고 하더라고요. 하지만 조선업계가 불황을 맞으면서 월급이 깎이고 상여금도 사라졌어요.

그러다 한화가 회사를 인수했는데, 이제 회사가 다시 잘되고 있잖아요? 그러면 당연히 월급도 다시 올려주고 상여금도 지급해야 하는데, 한화오션에서 그렇게 안 해주는 거죠. 노동자들이 요구한 건 단순했어요. 불황일 때 삭감된 임금을 원상 복구 해달라는 거였어요. 유명한 사진 있잖아요. "이대로 살 순 없지 않습니까"라는 문구가 쓰인 팻말을 들고 스스로 만든 철장에 들어가 있는 동지 사진이요. 말 그대로 '살려달라'는 외침이에요. 하지만 회사는 그걸 외면했어요. 뭐 결국에는 한화 측과 협상이 진행되긴 했지만, 회사가 내건 조건들이 너무 터무니없었어요. 예를 들면, 독감 예방접종을 회사 차원에서 원래 50프로 지원해줬던 걸 전액 지원해주겠다, 뭐 이런 거예요. 그런 데서조차 정규직이랑 하청 직원을 차별해온 거죠.

이런 상황에서 노동자들이 '지금이라도 대화로 해결하자'면서 상경 투쟁을 시작한 거예요. 벌써 40일이 넘었어요.

2022년에 있었던 51일간의 파업과 관련된 재판도 진행 중이에요. 그 파업투쟁이 불법이라는 게 회사 측 주장이죠. 물론 파업 과정에서 점거도 있었고, 한화 쪽, 그러니까 당시 대우조선해양 하청업체 사무실로 들어간 영상도 남아 있어요. 한화오션에서는 이런 것들을 꼬투리 잡는 거죠. 자신들이 파업으로 인한 손해를 봤다면서 470억 원이라는 거액의 손해배상 소송을 걸었어요. 파손된 기물뿐만 아니라 파업하면서 생긴 업무적인 손해도 포함한 거라고 주장하는데, 사실 터무니없죠. 피해에 대한 보상금을 받으려고 하는 게 아니라 노조를 파괴하려고 그러는 거잖아요. 학생들이 래커 칠한 거에 대해 54억 요구하는 동덕여대랑 뭐가 다른가 싶어요. 올해 2월 19일에 결국 법원에서 일부 유죄 판결이 나왔고, 김형수 지회장님은 징역 3년에 집행유예 4년을 선고받았어요. 집행유예 나와서 다들 기뻐했지만, 개인적으로는 성범죄자에게도 잘 구형하지 않는 집행유예 4년을 노동자에게 내린다는 게 말이 되나 싶었어요. 당장 구속되지는 않아서 다행이긴 하지만.

추운 농성장이 온실처럼 느껴져요

이번에 법원이 노동권을 제대로 보장하지 않는다는 걸 뼈

저리게 느꼈어요. 그래도 법원에서도 2022년 하청노동자 파업이 공익을 위한 것이었다고 인정했잖아요. 그렇다면 노동자들이 왜 이렇게까지 싸울 수밖에 없었는지 더 많은 국민이 알아야 한다고 생각해요. 이 싸움은 단순히 임금 인상을 위한 게 아니라 노동자들의 절박한 외침이에요. 이런 사정을 자세히 알게 된 이상 연대하지 않을 이유가 없었고, 연대하지 않으면 안 되겠다는 생각이 들었어요. 배를 그렇게 좋아하면서 배 만드는 사람을 외면하는 건 말도 안 되는 일이잖아요.

이렇게 연대하는 과정에서 좋은 사람들을 만났지만, 사실 틀어진 관계도 있어요. 친구들이랑 같이하기로 했던 취미생활이 있는데 함께하기 어려운 상황이 된 거예요. 그런데 친구들은 제 사정을 이해해줄 생각이 전혀 없는 것 같더라고요. 솔직히 연대 활동 하느라 취미생활 할 시간이 없긴 해요. 그러니까 친구들이 서운하다고 하는 거고. 그런데 저도 이유 없이 이러는 게 아니거든요.

저희 아빠가 오랫동안 건설 현장에서 일하셨는데, 한 번씩 말도 없이 혼자서 장례식장에 다녀올 때가 있었어요. 저나 동생, 엄마한테 말 한마디 없이 갔다가 밤늦게 돌아온 적이 한두 번이 아니었어요. 아마도 동료가 돌아가신 거였겠죠. 그런 일이 꽤 자주 있었어요. 한화오션 하청노동자 동지들도 작년에만 일곱 명이나…… 그렇게 됐잖아요. 저는 한화오션 하청노동자들의 죽음과 아버지 동료분들의 죽음을 완전히 다른 것으로 볼 수가 없어요. 그래서 친구들을 설득해보려고 했어요.

아버지가 건설노동자라는 걸 밝히면서 건설이나 조선 현장에서 얼마나 많은 노동자들이 죽어가는지 아냐고, 그렇게 생사를 걸고 투쟁하고 있는 사람들을 어떻게 외면하겠냐고 얘기했죠. 또 제가 이 활동을 하면서 경찰한테 밀쳐져서 넘어진 적도 있고, 맞거나 욕설을 들은 적도 있거든요. 근데 녹취록을 들려줘도 친구들이 안 믿더라고요. 그런 현실이 있다는 걸 믿지 않으려고 하는 것 같아요.

친구들이 저를 이해하려는 노력조차 안 하는 것 같다고 느껴요. 말로는 이해한다고 하지만…… 솔직히 취미생활은 나중에라도 할 수 있지만, 이곳 사람들은 생사의 갈림길에 서 있잖아요. 무지개 조선소에 계신 분들 중에는 남태령에서 밤을 같이 샌 분들도 되게 많아요. 서로 잘 아는 사이는 아니지만 그 추운 날을 함께 버텼고, 폭설을 맞으며 함께했던 한강진 집회 때도 마찬가지였어요. 다들 생사를 함께한 거죠. 다행히 누군가가 죽지는 않았지만, 정말 춥고 위험했으니까요. 저한테는 이 투쟁이 나중에라도 할 수 있는 취미생활보다 훨씬 더 중요해서, 결국 친구들에게 이렇게 얘기할 수밖에 없었어요. "너네가 이 상황을 이해해주지 않으면 난 너네와 함께할 수 없어." 거통고 농성장이 정말 춥거든요? 그런데도 거기는 정말 온실처럼 따뜻하게 느껴져요. 거기서 벗어나면 온실 밖으로 내쫓긴 느낌이에요. 친구들이랑 통화로 그런 얘기를 할 때도 그랬어요.

평등한 관계일 때 연대할 수 있잖아요

　무지개 조선소에 '평등수칙'이라는 게 있었어요. 제가 처음 거기 갔을 때 이미 만들어져 있었고, 이후에도 이런저런 일이 있으면 추가되는 형식으로 업그레이드됐어요. 여기 모인 사람들 모두 서로 동등한 관계니까 그걸 존중할 수 있는 규칙이 있으면 좋겠다 해가지고 만들어진 걸로 알고 있어요. 상대방을 '동지'라고 지칭하자는 게 가장 대표적인 수칙이에요. 왜냐하면 저희가 평소에 누군가를 부를 때 성별 지정적인 호칭으로 많이들 부르잖아요. 예를 들어 '저기 모자 쓴 여성분' 이런 식으로요. 근데 그렇게 부르지 말고 '저기 모자 쓴 동지분' 이렇게 부르자는 거죠. 그리고 욕설은 보통 특정 존재를 비하하는 의미가 들어가기 쉬우니까 최대한 자제했으면 좋겠다는 얘기가 나와서 그것도 새로 규칙에 포함됐고요. 그런 불편한 사항들을 바로바로 이야기해서 반영할 수 있는 분위기예요.

　사실 저부터도 평등수칙 지키는 게 쉽지가 않았어요. 특히 욕설 관련해서요(웃음). 저는 평생을 경상도에서 살았고 평소에 욕을 되게 많이 해요. 거제 동지들 보면 아무래도 입이 좀 거칠잖아요. 저도 그 정도로 거칠어요. 아빠가 건설 현장에 다니시니까 아빠도 입이 거칠거든요. 아빠한테서 그런 걸 배웠나봐요. 그러니까 욕 고치는 게 너무 힘들어요. 그리고 화가 치밀면 표현을 해야 하는데 방법이 없어요. 왜 개비스콘(위장약) 광고에 나오는 소화 안 되는 답답한 상태 있잖아요, 그 상태로

백날 지워봐라, 우리가 사라지나

있는 거예요.

　물론 욕이 허용되는 순간도 있긴 했어요. 한번은 투쟁 중에 화장실이 너무 급해서 머리띠 같은 연대 물품들을 다 빼고 건물 안에 들어가려고 했어요. 그런데 경비 직원들이 저를 막아섰어요. 회사에서 투쟁 중인 사람들을 들여보내지 말라고 했대요. 제가 연대 시민인데도 그러더라고요. 심지어 한화 그 건물 화장실이 공공 화장실로 등록돼 있거든요. 10분 넘게 안 들여보내주니까 다들 몰려와서 화장실만 가는 건데 왜 안 보내주냐고 항의했죠. 한화 쪽에서 밀고, 난리 치고…… 저는 화장실이 너무 급한데 다른 건물은 너무 멀리 있어서 가지도 못하겠고, 그날은 거의 예외적으로 욕이 허용됐어요. 나중에는 저희끼리 욕하고 싶은 상황이 생기면 '김승연 나와라', '승연아 교섭하자', '약속을 지켜라' 이런 말들을 내뱉었어요. '김승연은 약속을 지켜라' 이렇게 말하면 다른 사람들이 '지켜라, 지켜라' 하면서 같이 소리를 지르거든요. 그러면 다 같이 욕 한번 내뱉은 것 같은 후련함을 느껴요.

　정말 좋았던 게, 조합원 동지들이 어떻게든 평등수칙을 지키려고 노력하는 모습이었어요. 그분들도 처음에는 어떻게 해야 할지 모르니까 그냥 묵언수행을 하셨대요. 욕하지 않는 거, 차별적인 언행을 하지 않는 거, 이런 걸 어떻게 실천하는지 잘 모르셨을 텐데 아예 말을 하지 않는 방법을 선택해서라도 저희와 함께하려고 노력하시는 부분이 감동적이었죠. 결론적으로 서로가 서로에게 맞춰가면서 어떤 지향점을 만들어내고,

거기에 가까워지고 있는 거잖아요. 저는 그 지향점이 연대라고 생각했어요. 평등한 관계일 때 서로 연대할 수 있는 거잖아요. 그래서 현장 자체가 정말 따뜻했어요.

무게를 기꺼이 함께 지고 싶어요

얼마 전에는 거통고 노조원이 됐어요. 노조원 가입 기준이 생각보다 널널하더라고요. 노동자이거나, 노동자였거나, 노동자가 될 예정이면 다 가입이 가능했어요. 심지어 연대하는 시민도요. '조합원'이라는 이름이 갖는 무게가 있지만, 그래도 저는 그 무게를 지고 '연대 시민'이라는 이름보다 더 가까이에서 노동자들이 겪는 문제를 함께 해결하고 싶어요.

지금 거통고에서는 노조법을 개정하려고 하고 있어요. 간단히 말하면, 하청노동자를 사용하는 실제 사용자인 원청 사용자와 하청노동자가 직접 단체교섭을 할 수 있는 구조를 만드는 거예요. 또 노조 활동에 대한 무분별한 손해배상 청구를 막고요. 지금은 원청이든 하청이든 자기 소관이 아니라고 하면서 노조와의 대화를 서로 미루고 있는데요. 노동자들이 헌법에 보장된 단체교섭을 할 수 있도록 하는 것, 그리고 이번에 거통고에 470억 원의 손해배상액이 청구된 것과 같은 터무니없는 일이 벌어지지 않도록 하는 것, 그게 지금 노조가 싸우는 이유예요. 근본적인 문제를 해결하자는 거죠. 당장 임금 체불이나 안전 문제를 겪고 있는 거통고 노동자들뿐 아니라, 앞으로 다른 노동자들의 숨 쉴 구멍을 만들어주는 투쟁이라고 생각해요. 그래서 저도 기꺼이 함께하고 싶은 거고요.

꿈도 생겼어요. 제가 사실 영어에 트라우마가 있어서 영어 공부를 하는 데 어려움이 있어요. 그런데 거제에 가까이 있으려면 공무원 시험을 쳐서 취업하는 게 제일 좋은 방법이겠더라고요. 그래서 영어 트라우마를 극복하고 공부해서, 거제에 있는 공공기관에 취업하는 게 목표가 됐어요. 꼭 꿈을 이뤄서 조금 더 자주 노조 사무실을 들락날락하고 싶네요.

나,
고졸 생산직.
광장을 만나다

구술: 김예지
기록: 최나현

1월 중순, 인터뷰가 마무리되어가던 시기에 이서씨에게서 연락이 왔다. "나현님, 아직도 인터뷰이를 구하시는 중이라면 제가 한 분 추천해도 될까요?" 이서씨는 우리의 프로젝트에 다양한 배경을 가진 여성들이 참여하면 좋을 것 같다는 설명을 덧붙였다.

이서씨는 사진을 한 장 보내왔다. 옅은 노란색 담요를 둘러쓴 채 선글라스를 걸치고, "윤석열 탄핵"이 적힌 빨간 띠를 이마에 두른 자유발언자. 이미 본 적 있는 얼굴(?)이었다. 사진을 보자 '집회에 참여하고 싶어 회사에 거짓으로 병가를 쓴 터라 얼굴을 밝히기 어렵다'고 말하던 모습이 떠올랐다. 바로 그 사람이 우리의 예지씨다.

한강진 자유발언 무대에 선 예지씨가 자신을 설명하는 데 사용한 단어들은 다음과 같다. 정신질환, 편부모 가정, 가정폭력, 가난, 공고, 생산직, 기회의 박탈…… 그는 자신에 앞서 가정폭력 피해 경험을 말한 자유발언자를 콕 짚으며 이렇게 말했다. "혼자가 아니라고, 외로워하지 말라고 말해주고 싶었습니다." 이후 그는 자신이 아는 '소수자'들을 하나하나 힘껏 부르고, 서로를 격려하는 환호성을 유도하면서 자유발언을 이어나갔다. 그리고 며칠 뒤, 영상에서 보았던 예지씨와 인터뷰를 진행했다. 2월 8일에는 예지, 이서, 그리고 나 이렇게 셋이서 모여 광화문 집회에 참여했다.

예지씨와 나는 종각역에서 광화문으로 향하는 민주노총 대오에서 먼저 만났다. 우여곡절 끝에 만난 터라 우리는 소리를 지르고, 껴안고, 방방 뛰며 요란스럽게 인사를 나눌 수밖에 없었다. 그러다 괜히 머쓱해져서 주변을 한번 돌아봤던 것 같기도 하고…… 요란한 인사 후 예지씨는 두둑한 배낭에서 PVC 재질 파우치를 꺼내 나에게 건넸다. 파우치에는 그가 만든 '스티커 6종'이 가득 담겨 있었다.

우리는 광화문에 도착해 부스를 구경하고 음식을 구하러 이리저리 돌아다녔다. 광화문 광장이 낯선 나와 달리, 예지씨는 오가는 사람들과 반갑게 인사하고, 스티커를 교환하고, 닭꼬치 트럭 줄에 선 집회 참가자와 '피크민 블룸' 게임 친구 추가도 했다. 그는 애타게 찾던 '전장연'(전국장애인차별철폐연대) 부스의 테이블 위에 '장애인도 시민으로 이동하는 민주주의' 스티커로 기둥을 쌓았다. 예지씨가 사람들 사이를 자연스럽게 파고드는 모습이 내게는 인상적으로 다가왔다. 내내 피곤하다고 말하면서도 놀이터에 나온 어린이처럼 활기찼다.

나는 그의 활기참이 자기 편을 만드는 즐거움에서 솟아나고 있다고 생각했다. 집회에 나가는 것이 왜 그리 좋았느냐는 나의 질문에, 예지씨는 광장에서 "내 편"을 만났다고 대답했다. 예지씨의 편은 다양하다. 그가 자유발언을 하며 찾아 부른 '가정폭력 피해자'는 물론이고, 비정규직 투쟁을 하는 노동자, 이동권을 쟁취하려는 장애인까지 모두가 그의 편이었다. 그는 광장에 나온 사람들의 외침에서 자기의 모습을 발견했다. 그들을 통해 자기 삶을 이해할 실마리도 얻었다. 예지씨가 들려주는 광장 경험은, 그가 연대 활동이라는 이름으로 다른 이의 옆자리를 지키는 일을 하면서 자신을 지키는 방법도 알아가는 과정으로 느껴졌다.

1996년생 김예지의 목소리가 담긴 이 글에서는 계엄 이후 광장에 처음 나가본 그가 자신의 편을 만나게 되는 과정을 그려보고자 했다. 낯선 시위 현장에서 세상을 만나고, 연대라는 행위를 배우고, 그리하여 종국에는 자기 자신도 찾는 여정을 담고자 했다. 탄핵 광장 이후의 세상에서도 계속해서 싸워보려 노력하겠다는 김예지. 앞으로도 그 싸움을 통해 그가 더 많은 '자기 편'을 만나기를, 그래서 조금 덜 외로워지기를 바라는 마음을 담아 그의 목소리를 정리했다.

지금이라도 국회에 가야겠다

12월 3일 계엄령 속보는 실시간으로 못 봤어요. 일 마치고 밤에 〈나루토〉 보다가 틀어놓고 잠든 상태였는데, 그 소리가 시끄러워서 깼어요. 4일 새벽에 자다 깨서 트위터를 켰는데 계엄령이 있었다는 거예요. 그래서 사람들이 국회에 가서 탱크를 몸으로 막았다고. 처음에는 그걸 보고 '왜 계엄령? 갑자기 무슨 일이지?' 하고 그냥 당황…… 당황했어요. 아마 다들 저랑 똑같이 생각했을 것 같아요. '윤석열이 술을 마시더니 진짜 정신이 나갔나보다.' 뒤늦게 기사 찾아보고, 무슨 일인지 알아보다가 지금이라도 국회에 가야겠다 싶어서 갔어요.

사실 계엄이 해제됐으니 당장 국회에 달려갈 필요는 없었던 것 같기도 해요. 제가 집이 경기도거든요. 국회의사당까지 거의 두 시간 걸려요. 그날 오후에 출근도 해야 했고요. 근데 사람들이 몸으로 탱크를 막고 있는 모습을 보니까, 방에 그냥 가만히 있는 저를 봐줄 수가 없더라고요. 시민들이 국회로 달려가서 총을 들고 있는 군인을 눈앞에서 몸으로 막은 거잖아요. 저는 국회에 갔어도 무서워서 그렇게 못했을 것 같아요. 진짜 국회 앞에서 도망갔을 것 같아요. 총이 눈앞에 있으면 그렇게 용기 있게 몸으로 못 막을 것 같거든요. 그런 생각이 드니까 죄책감이 몰려오더라고요. 그 시간에 같이 있어주지 못했다는 게. 그런데도 막상 제가 뭘 해야 하는지, 뭘 할 수 있는지 모르겠어서 그냥 국회의사당부터 가봤어요.

아침에 갔더니 역시나 어느 정도는 정리가 돼서 군인은 없었어요. 국회의사당 앞마당에 민주당 이재명 대표랑, 전장연분들, 이태원 참사 유가족분들, 그리고 또 다른 시민분들이 되게 많이 계셨거든요. 대부분은 민주당 권리당원이었던 것 같아요. 이재명 대표 중심으로 둥글게 앉아서 다 같이 이야기를 나누고 계셨어요. 시민분들이 오후까지 계셔서 옆에 앉아서 발언하는 거 듣고 있다가…… '이제 괜찮아졌나보다' 안심하고 출근했어요.

나도 저 안에 있고 싶다

12월 8일 여의도 집회에 처음 나갔어요. 휴무였거든요. 광장에서 제일 좋았던 건 어른들의 태도였어요. 예전부터 단체에 소속돼서 집회에 참여하고 계셨던 분들은 대부분 연세가 있으신 어르신들이잖아요. 근데 제가 나이가 어리다고 대뜸 반말을 하는 것도 없고, 다 존댓말을 하시더라고요. '고생했다' 이런 식으로 제가 기특하다는 태도도 없었어요. 그리고 나이랑 상관없이 다들 자연스럽게 잘 어울렸어요. 한번은 아이돌 응원봉 들고 계신 분들이 시위 끝나고 인증샷 찍는다고 둥글게 서 있는 일이 있었어요. 그런데 자원봉사자인 어르신 한 분이 경광봉을 들고 계시다가 거기 끼어서 같이 사진을 찍으시더라고요. 시위 나오기 전에는, 어르신들이 '요즘 MZ들은 개인주의가 너무 심하고 자기 생각만 한다' 이러셨을 것 같고, 또 저희들은 어르신들 보면서 '대화도 안 통하고 대하기 어렵다' 이런 생각을 했을 것 같아요. 제가 그렇게 생각했거든요. 근데 그 공간 안에서는 그런 편견이 다 허물어지고 진짜 다 평등하게 보이는 거예요. 그래서 그게 되게 감동이었어요.

서로 도움을 주고받는 모습도 좋았어요. 저희가 이태원을 겪었잖아요. 아무래도 그래서인지…… 사람이 모여들거나, 행진할 때 도로에 파인 곳이 있으면 "여러분, 여기 파여 있으니까 조심하세요" 이렇게 알려주고, 휴대폰 플래시로 땅바닥 비춰서 넘어지지 않게 해주는 그런 게 되게 많았어요. 진짜 누가 먼저랄 것도 없이⋯⋯ 위험할 수 있으니 서로 조심하자며 나서는 모습들을 보면서 '아, 나도 이제 뭔가 도움이 되고 싶다', '나도 도움을 주면서 저 안에 참여하고 싶다' 이런 생각이 들었어요. 의도한 건 아니었는데, 제가 응원봉은 없고 집에 경광봉이 하나 있었어요. '빛나는 막대기'가 그것뿐이라 경광봉을 들고 나갔거든요. 근데 경광봉이 인원 통제할 때 너무 좋더라고요. 갑자기 사람 몰릴 때 제가⋯⋯ 제가 나서서 했어요. 사실 저는 사람이 이렇게 많이 모이는 거 별로 안 좋아하고요. 늘 '누군가 하겠지' 이런 생각으로 좀 뒤로 빠지는 스타일이에요. 앞장서서 뭔가를 하는 사람은 절대 아니거든요? 근데 그렇게 하게 되더라고요.

깃발과 연대 물품을 가득 안고

저는 요즘 광장에 나갈 때마다 깃발을 들고 나가요. 토요일마다 집회를 한다고 해서 만들었고, 12월 14일에 처음 가지고 나갔어요. '전국 정신질환자 수면패턴연구협회'라는 문구가 쓰여 있고, 그 위에는 누워서 휴대폰 보면서 잠 못 드는 사람이 그려져 있는 깃발이에요. 이걸 왜 만들게 됐냐면, 이번 시위 자유발언에서는 '사회에서 무시당하던 소수자들이 이렇게 모여서 시위를 한다', '지금까지 무시당했던 결과가 이거다'라는 주제로 발언을 되게 많이 했잖아요. 저도 거기에 되게 공감했어요. 그러면서 내가 가진 소수자성은 뭐가 있을까 계속 생각했는데, 제가 정신질환이 좀 있어요. 예전에 몇 년간 공황장애가 심해서 집 밖으로는 아예 못 나간 적도 있었고. 자유발언자 중에 정신질환에 대해 얘기하는 사람은 없는 것 같아서 나도 한번 만들어볼까 싶었어요. 뭐 그렇게 재미있는 깃발은 아니긴 하지만. 그런데 어느 날 어떤 분이 엄청나게 뛰어오시면서 저를 부르셨어요. 그래서 '무슨 일 있나?' 하고 왜 그러시냐 했더니 '약 잘 먹는 정신병자 모임'이라는 자기 깃발을 딱 보여주시는 거예요. 그 아래에는 "정신병자도 일상을 영위할 수 있다", "정신병자도 민주주의를 지킬 수 있다"라는 문구가 쓰여 있었어요. 같이 사진 찍고 싶다고 하셔서 이분이랑 같이 깃발 사진을 찍었어요. '아무도 관심 없는 줄 알았는데 같은 정신병자들끼리는 이걸 보면서 공감대 형성이 됐구나' 싶어서 그때부터 좀 뿌듯했어요.

또 하나 만든 작은 깃발은 '아동학대 생존자 모임'이에요. 이건 스티커도 같이 만들었어요. 사람들이 다들…… 귀엽긴 한데 너무 슬프다고 말하더라고요. 그런데 제가 이걸 화려하고 귀엽게 꾸민 이유가, 어렸을 때 비록 좀 불우하게 살긴 했지만 남은 인생마저 이렇게 슬프게 살지는 말자는 의미로 예쁘고 귀엽고 그런 건 다 갖다 붙였거든요. 아동학대 당했다고 하면 다들 막 '어, 슬퍼' 이렇게만 얘기하는데 그냥…… 그런 일이 있었다고 해도 그렇게 슬프기만 한 건 아니라는 걸 표현하고 싶어서 일부러 저렇게 꾸몄어요.

시위 한번 나가면 챙겨야 할 게 너무 많아서 접이식 수레를 끌고 다녀요. 원래 집에서 회사까지 좀 멀어서 짐 들고 다니려고 사놨던 수레인데, 시위용이 된 거죠. 남태령을 겪고 나니까 짐을 바리바리 싸 들고 다니게 돼요. 남태령에서 제일 문제였던 게, 저희가 광화문에서 시위하고 바로 간 상태였잖아요. 그러니까 핫팩도 없지, 먹을 것도 없지, 가진 게 없는데, 남태령 주변이 원래 아무것도 없는 데다 앞뒤 양옆 다 막혀 있어서 갇힌 채로 오들오들 떨었어요. 그런 상황이 또 생길까봐 걱정됐어요. 갑작스럽게 철야 농성 할 일이 생길 수도 있는데, 그 밤사이에 여러 사람이 쓸 핫팩 같은 게 비상용으로 있어야겠더라고요. 장갑 안 갖고 오신 분들도 계셨고. 그래서 뭐 하나라도 더 들고 와야 누군가는 덜 춥겠다 싶으니까, 막 이것도 있으면 좋겠지 저것도 있으면 좋겠지 하면서 들고 오다가 짐이 너무 많아졌어요. 백팩에 수레까지 해서 들고 다녀요.

아마 한강진 나갈 때부터 제대로 챙겼던 것 같은데, 알리익스프레스에서 한 벌에 1200~1300원 하는 장갑 열 개씩 막 사고, 집에 있는 모자 몇 개씩 챙겨서 나가요. 손난로, 발난로는 쿠팡에서 사고. 다이소보다 인터넷이 저렴해서. 이런 거는 저도 필요하니까 한꺼번에 많이 샀다가 가져가는 거고, 가져가서 그냥 나눠드려요. 한강진 갈 때는 제가 스케치북에다 "장갑, 모자, 방석, 손난로, 발난로 있습니다, 가져가세요" 이렇게 써서 올려놨었거든요. 하나씩 떨어지면 × 표시 해두고요. 장갑은 확실히 가져가시는 분들이 많아요. 장갑이나 모자 같은 건, 다 쓰시고 돌려주고 가시는 분들이 있어서 다음에 또 쓰고 그런 식이에요.

전장연 투쟁에서 제 삶을 보게 됐어요

전장연 박경석 대표님께서 12월 14일 집회에서 '포체투지'(바닥을 기어가는 오체투지) 상태로 자유발언을 하셨어요. 저는 그때까지 장애인 시위가 단지 이동권 보장에 대한 요구인 줄 알았어요. 장애인 이동권 시위가 중요하다는 건 전부터 느꼈지만, '장애인은 도와야 하니까 이동권 운동도 지지해줘야 한다'거나 '나도 언젠가는 걷는 게 힘들어질 거고, 예기치 않게 다치는 일이 생길 수도 있으니까 엘리베이터는 꼭 필요하다' 정도로만 생각했죠. 근데 얘기하시는 걸 듣고 단순히 이동만의 문제가 아니라는 걸 알게 됐어요. 장애인도 그냥 태어난 그 모습 그대로…… 내가 다리를 다쳤든 뭐 어쨌든 간에 한 명의 시민으로서 살아가기 위한 운동이더라고요. 장애인도 민주사회에서 비장애인들과 같이 살아가고 싶고, 교육을 받고 싶고, 일하고 싶다는 내용이었어요.

그 말을 듣는데…… 제가 '고졸'이거든요? 그동안 제가 저 스스로에 대해 고졸이니까 이 사회에서 낮은 위치에 있는 게 당연하다는 식으로 생각해왔다는 걸 알았어요. 사실 요즘 대학 안 가는 사람이 거의 없잖아요. 또래들끼리 모여 있으면 학교에서, 학과에서 무슨 일이 있었는지, 과제는 뭘 하는지 이런 이야기를 하는데 저는 그게 무슨 내용인지 모르니까 대화에 끼지 못한 적이 많았어요. 광장에서도 마찬가지였어요. 시위를 나가면 어느 단체, 어느 대학교, 거기서 뭐를 조사하시는 분, 그런 분들이 되게…… 그러니까 그룹에 속한 분들이 많아요. 자유발언자들이 어느 대학교에 재학 중이고, 뭐를 준비하고 있다고 자기소개 하는 걸 보면서 소외감을 느꼈어요. 저는 거기 소속되지 못하다 보니 그분들이 하는 말이 무슨 말인지 이해가 잘 안 됐거든요. 사람들이 대학교 이름을 말해도 어디에 있는 무슨 대학교인지도 모르는 상태니까.

근데 전장연 시위에서 하는 말을 듣고 내가 고졸이든, 생산직이든, 비정규직이든, 사무직이든, 그냥 어떤 이유에서든 다르게 대해지거나 무시당하고 소외받는 게 당연하지 않다는 걸 깨달았어요. 이전엔 괜히 사람들한테 거리감이 생기고, 주눅 들고, 제가 무슨 일을 하는지 당당하게 말하지 못했거든요. 그러다 보니 '남들이 노력할 때 나는 왜 그러지 못했나'라고 자책하기도 했고요. '내가 좀 험한 일을 하니까 다치는 건 당연하다'고 생각한 적도 많아요. 한마디로 제 탓을 많이 한 거죠. 근데 아니더라고요. 박경석 대표님의 발언을 보면서 제 생각이 굉장히 잘못됐다는 걸 느꼈어요.

이 작은 힘이 결코 작지 않구나

평일 오전 8시에 혜화역 승강장에서 전장연 집회가 열려요. 사람들한테 최대한 많이 알려야 하니까 직장인들이 출근하는 시간에 집회를 여는 거죠. 저는 지금 일을 하고 있어서 마음만큼 자주 가지는 못해요. 3조 2교대라서 4일 주간 근무, 이틀 휴일, 4일 야간 근무, 이틀 휴일 이렇게 반복하거든요. 그래서 근무시간표 확인하고 평일 오전에 나갈 수 있으면 참여하고 있어요.

보통 8시에 집회가 시작되면 참가자들이 자유발언을 하고, 발언이 끝나면 9시까지 지하철 플랫폼 앞에서 다이인die-in 시위를 해요. 다이인은 죽은 듯이 누워 있는 행동을 말해요. 신체를 활용해서 메시지를 알리는 거죠. 그런데 서울교통공사 직원들이 집회 참가자들을 끌어내리려고 하면, 자유발언이고 뭐고 없이 바로 스크럼을 짜서 9시까지 버텨요. 저희는 8시에 혜화역에 가서 9시까지 있다가 나가는 게 목표인데, 직원들이나 경찰들은 20분도 기다려주지 않고 저희를 끌고 나가요. 정말로 집회 참가자들을 막 끌어내더라고요. 팔을 하나하나 해체해서 사지를 들고 끌고 나가요. 개찰구 쪽으로 끌고 나가서 카드 찍고 나가라고 해요. 나 돈 내고 들어왔는데.

혜화역 갈 때 늘 끌려 나갈 마음을 먹고 가거든요. 근데 막상 그렇게 끌려 나가보면 '아니, 내가 왜 이런 일을 당해야 하지? 내가 왜 이렇게까지 해야 하지? 이 사람들이 도대체 나한테 왜 이렇게까지 하지?' 그런 의문이 들면서 힘이 빠져요. 현장에 도착하기 전까지는 막 투쟁 의지에 불탔는데 그렇게 무력하게 끌려 나가니까 진짜 기운이 쭉 빠지더라고요. 그나마 국회의원들이 오고 나서부터는 안 끌려가게 됐어요. 그전에는 몇 명이 있든 끌려 나갔거든요. 이제는 끌려 나가지 않아서 시위하기 한결 좋을 거예요. 국회의원들이 안 나오면 다시 끌려 나가게 될까봐 걱정이에요.

혜화역 가보면 공권력이 정말 원망스러워요. 공권력이 이렇게까지 무너져도 되나 싶어요. 서울교통공사를 공권력이라고 해도 되는지 모르겠는데, 어쨌든 경찰들도 있으니까. 공사 직원들이 휠체어 이동할 때 쓰는 발판을 방패로 쓰는 모습에 큰 충격을 받았어요. 휠체어 타시는 분들을 돕는 도구로 그분들을 막아서는 거잖아요. 집회 때 경찰이 방패로 시민들을 공격하던 모습이 연상되더라고요. 이렇게 말하면 좀 그렇지만, 안 그래도 두 다리로 걷지 못하시는 분들인데 그런 사람들을 발판으로 막고 있는 게…… 이런 걸 보니까 이 공간이 지금까지 내가 마음 편하게 지하철을 탔던 공간이 맞나 싶은 거예요. 그 모습을 보고 있으면 슬프죠.

1월 22일에는 오이도역 리프트 추락 사고 24주기 집회에도 다녀왔어요. 2001년 1월 22일에 오이도역에서 노부부가 휠체어용 리프트에 탑승했다가 할머니는 사망하시고 할아버지는 크게 다친 일이 있었어요. 그 이후로 지금까지 매해 1월에 오이도역에서 집회를 여는 거예요. 오이도역에서 혜화역까지

지하철로 이동하며 시위했는데, 오이도역에서 남태령역까지의 분위기랑 남태령역에서 혜화역까지의 분위기가 너무 달랐어요. 남태령역 전까지 저는 그저 지하철에 타고 있는 한 사람일 뿐이었거든요? 남태령역에서 정차했을 때 경찰과 서울교통공사 직원들이 지하철 안으로 들어오더라고요. 그 이후에는 제가 지하철 안에서 나가야 하는 사람이 됐어요. 그때부터 제 마음이 굉장히 불편해졌어요.

이제 지하철이 전처럼 느껴지지 않아요. 불편하고 이상한 곳이 됐어요. 저한테 지하철은 내가 원하는 곳으로 가는 과정에서 들르는 곳, 에스컬레이터 타고 지하로 내려가고, 지하철에 올라타서 이동하고, 거기서 내려서 다시 계단으로 올라가는 일상적인 공간이었어요. 그런데 어떤 사람들한테는 엘리베이터 하나가 없어서 이용하지 못하는 공간이더라고요. 며칠 전에도 지하철 타고 집에 가다가 리프트가 고장 나는 바람에 어떤 분이 그 역에서 못 나가시는 모습을 봤어요. 마음이 너무 안 좋았어요.

사실 혜화역 집회 갈 때 마음이 좀 무거워요. '아우 너무 힘들다~' 이러면서 가요. 근데 한번 해보니까 사람들이 왜 활동을 계속하는지 알겠어요. 한번은 스크럼을 짜고 버티고 있었는데 제가 끌려 나갈 타이밍이 된 거예요. 순간 제 뒤에 계신 분이 제 옷을 잡고 공사 직원들한테 "친구라고, 놓으라고" 이렇게 말해주셨어요. 저를 끝까지 붙잡아주신 거죠. 순간 너무 감동이었어요. 사실 저는 '어차피 끌려 나갈 테니 이쯤에서 나가자'라는 마음도 있었거든요. 조금이라도 더 같이 있기 위해 제 옷을 붙잡아주시는 걸 보고 '이거 되게 작은 것 같은데 전혀 작지 않구나' 그런 생각이 들었어요. 또 동시에 진짜 대단하고 느꼈던 게 활동가분들은 그런 일을 몇 년, 아니 몇십 년 동안 버텨오신 거잖아요. 그래서 아…… 참 거기 가면 되게 많은 기분이 들어요.

전장연이 하는 연대 활동을 보면서 모든 사회운동은 연결되어 있고 내 문제일 수 있다는 걸 알았어요. 전장연 활동가분들이 싸울 때 항상 하시는 얘기가 '장애인도 교육받고 싶고, 장애인도 이동하고 싶고, 장애인도 일하고 싶다'는 거거든요. 바꿔서 얘기하면 지금 장애인들은 교육 못 받고, 일 못하고, 이동할 기회가 없다는 거예요. 그런데도 동덕여대나 여러 노동 투쟁 현장에 연대하시고, 윤석열 탄핵 집회에도 나가고 계세요. 장애인 인권 하나만으로도 싸우기 바쁘실 텐데 정말 대단하죠. 가만 보니까 내 운동, 네 운동 그런 게 없는 거더라고요.

민주노총 '누구나노조지회', 사람이면 가입할 수 있어요

저 민주노총 '누구나노조지회' 조합원이기도 해요. 문자를 보니까 1월 초에 가입했네요. 누구나 가입할 수 있다고 해서 누구나노조지회인데, 얼마 전에 만들어진 걸로 알고 있어요. 요즘 젊은 분들 사이에서 민주노총에 대한 관심이 높아졌 잖아요. 그런데 그분들이 전부 직업이 있는 건 아니니까, 민주 노총에 가입하기가 까다로운 모양이에요. 가입 신청서에 몇 명 이상 사업장에서 일하는지 뭐 이런 걸 따진대요. 그래서 민 주노총으로 '저는 어디에 가입해야 돼요?' 이런 식의 문의가 많았나보더라고요. 보통 젊은 분들은 특별한 직업이 없거나, 편의점에서 알바를 하거나, 웹툰 업계 같은 좀 특수한 데 종사 하는 경우가 많으니까 그냥 누구나 가입할 수 있는 지회를 만 들자고 얘기가 됐대요. 저 같은 경우는 반도체 회사에서 일하 니까 금속노조에 들어가면 될 텐데, 저도 그냥 누구나노조지 회에 가입을 했어요. 가입할 때 이름, 전화번호, 지역 이렇게만 물어보니까 편하거든요. 월 1만 원만 내면 되고요. 지금 400명 정도 가입했대요.

실은 그전부터 민주노총에 조합원 가입을 해야 하나 망설 이긴 했는데 좀 꺼려졌었어요. 이전에 취업할 때 회사에서 준 이력서 서식을 보니까 노동조합 가입 여부를 체크하는 칸이 있더라고요. 그래서 혹시 노조에 가입하면 취업에 패널티가 있을까 싶어서 안 하려고 했었거든요. 그런데 한강진 집회 이 후에 민주노총 이미지가 좀 더 좋아져서, 저도 민주노총의 일 원이 돼가지고 뭔가…… 뭔가 하고 싶어서 그냥 가입했어요. 머리띠도 너무 갖고 싶었고.

한강진 집회 때 '금속노조가 선봉에 선다'고 했었잖아요. 그때 저도 갔었어요. 한강진 집회 첫째 날에 밤새우고 둘째 날 아침에도 거기 있었는데, 사람이 많이 빠진 사이에 현장에서 조합원 몇 분이 연행됐다고 하더라고요. 홍필한 조합원(전국금속노조 경남지부 거제통영고성조선하청지회)과 이영남 조합원(서비스연맹 전국학교비정규직노조 충남지부) 두 분이었죠. 그 소식을 들었을 때 제 심정은, 우리가 믿을 수 있는 건 민주노총밖에 없는데 어떡하나 싶었어요. 저는 민주노총이나 금속노조를 방패로 삼고 있었거든요. 민주노총은 무슨 일이 생겨도 해결할 수 있는 진짜 힘이 센 조직이라고 생각했으니까요. 반면에 저희는 그냥 시민이잖아요. 그래서 연행 소식을 듣는 순간 '저분들이 무너지면 우리는 어떻게 해야 하지? 누구를 의지해야 하지?' 이런 걱정이 들었어요. 그러면서도 민주노총은 프로니까 조합원이 연행되더라도 내부적으로 해결하는 방법이 있을 거라고 믿었어요. 연행되더라도 큰 문제는 없을 거라고. 실제로 그때는 큰 문제가 없기도 했고요.

근데 조합원분들이 은평경찰서로 연행됐다가 시민분들이 '조합원들을 왜 잡아갔냐'고 슬리퍼째로 항의하러 가서 석방되었다는 걸 나중에야 알게 된 거예요. 사진도 봤는데 조합원분이 울면서 다른 조합원분이랑 껴안고 있더라고요. 풀려나서 진짜 다행이라는 표정으로요. 그 모습을 보는데 지금까지 제가 민주노총이랑 금속노조한테 무턱대고 다 맡기기만 해왔다는 생각이 들었어요. '저 사람들은 원래 저런 걸 하는 사람들이니까 알아서 하겠지' 이런 안일한 태도로. 그 사람들도 가정이 있고, 소중한 사람이 있고, 시위 나오는 걸 피곤해하고, 주말에 쉬고 싶고 그런 감정들을 느끼는 한 명의 사람인데……
마치 기계처럼 생각했던 거죠. 이 일을 계기로 '저들도 한 명의
사람이고 두려움을 느낄 수 있는 존재구나', '경찰에 연행되면
무섭고, 혼자 있으면 외로움을 느낄 수 있는 존재구나' 이런 걸
느꼈어요.

그래서 누구나노조지회에 가입한 거예요. 당신들이랑 뜻
을 함께하고 싶어 하는 시민이 있다는 걸 보여주려고요. 가입
하면 노조원으로 숫자가 카운트될 테니까요. 눈에 띄는 수치
로 보이면 좀 더 낫지 않을까 싶어가지고…… 이렇다 할 활동
은 못하더라도 가입이라도 하자는 마음으로요. 한강진 집회
전부터 트위터에서 누구나노조지회를 봐서 알고는 있었는데,
집회 이후에 인터넷에서 가입 페이지를 찾아서 가입했어요.

막상 조합원이 되니까 임무를 수행해야 한다는 책임감이
들더라고요. 사실 시위 나갈 때 깃발도 안 들고, 혼자 자유롭게
앉아서 부스 같은 데 가고 싶은 곳 다 가면 더 편했을 것 같은
데…… 민주노총이 저한테 너무 멋있는 이미지여서 그런지 거
기서 하는 일에 최대한 참여하고 같이하고 싶다는 생각이 들
어서 뭐 한다 그러면 막 가게 돼요. 하나라도 더 돕게 돼요. 전
에 누구나노조지회 신규 가입자들한테 조끼랑 머리띠 택배로
보내줘야 하는데, 양이 너무 많다고 혹시 사무실 와서 도와주
실 수 있냐고 하셨거든요. 그때도 저랑 몇 명이 가서 택배 포장
하고 그랬어요. 밥도 진짜 잘 챙겨주시더라고요. 제가 거기다
낸 조합원비보다 얻어먹은 밥이 훨씬 많아요. 택배 보낼 때도

밥은 꼭 챙겨주셨고. 저 성소수자 노동자 교육도 받았는데, 그 전날에 비건인지 아닌지 다 조사해서 도시락 나눠주시더라고요. 끝나고 집에 가려 하니까 또 '밥은 먹고 가야 한다'고 그러셔가지고…… 그날 하루 세 끼는 거기서 다 먹은 것 같아요.

노조 영업해서 두 명 가입도 시켰어요. 한 명은 제가 만든 '윤석열 탄핵' 머리띠가 갖고 싶으시대서 그거 드리려고 집회 현장에서 만났던 트위터분인데요. 그분한테 "저 누구나노조지회 소속이라서 내일 광화문 시위 때 민주노총분들이랑 같이 들어가요"라고 얘기했거든요. 그랬더니 어떻게 가입하냐고 물어보셔서 "QR 코드 찍어서 이름이랑 번호 적으면 끝이에요" 하고 알려드렸어요. 민주노총에 좋은 감정이 있으셨는지 바로 가입하시더라고요. 오늘 세종호텔 고공농성장에서도 저한테 누구나노조지회에 대해 물어본 한 분이 가입했어요. 제가 항상 조끼랑 머리띠를 하고 있으니까 민주노총인 걸 바로 볼 수 있잖아요. 저한테 직장이 없는데도 가입할 수 있는지 물어보시길래 사람이면 무조건 가입할 수 있다고 설명해드렸어요. 그러니까 가입하시더라고요.

2월 1일에 시위 끝나고 민주노총 뒤풀이 자리에 갔는데, 그때도 누구나노조지회 얘기가 나왔어요. 그분 직책이 뭔지는 잘 모르겠지만 'MZ 동지들이 많아져서 너무 좋다'고 하셨어요. 민주노총 이미지가 별로 좋지 않았는데 어떻게 알고 가입한 거냐고 계속 물어보시더라고요. "젊은 친구들은 이런 거 몰랐으면 좋겠는데" 그런 농담도 하시고.

제가 집회 나가면서 만들기 시작한 스티커 종류가 여섯 갠데, 처음 만든 두 개가 '민주노총이 길을 열겠습니다'랑 '저항하라, 금속노조가 선봉에 선다'였어요. 남태령 때 민주노총 분들 오신 게 큰 힘이 됐었고, 한강진 때도 너무 감명 깊어서 이 문구를 어딘가에 새기고 싶었어요. 다이어리에 쓰든, 뭐 어떻게 하든…… 내가 시위에 나갔을 때 또 막 어려운 상황이 발생해도 '민주노총이 달려와서 도와주겠구나', '두려워하지 말자' 이런 느낌을 뭘로든 남기고 싶어서 만든 거예요.

시위할 때 외로운 사람이 없었으면 좋겠어요

남태령에서 농민분들이 처음에 시민들이 왔을 때 농민들 한테 '왜 여기 와서 길을 막느냐' 이런 식으로 따지려고 오신 줄 알았대요. 그런 이야기를 듣는데 이분들이 지금까지 얼마나 억압당하셨길래 시민들이 따지러 왔다고 생각하셨을까 싶더라고요. 시위할 때 외로운 사람이 없었으면 좋겠다는 생각이 그때 처음으로 들었어요. 목소리를 낼 때 한 명이라도, 진짜 내 편에 서서 싸워주는 사람이 있다고 생각하면 힘이 날 거잖아요. 또 시위 중에 몸이 편한 시위는 하나도 없어요. 지하철 바닥을 기고, 트랙터를 며칠 내내 몰고, 철장에 스스로를 가두고, 고공농성을 하고, 철야를 하잖아요. 또 누구는 일본까지도 가고요. 저 한 명이 가서 목소리라도 하나 보탤 수 있다면, 그렇게 힘든 시위를 하는 분들한테 도움이 되지 않을까, 그런 생각으로 저도 가는 거예요.

오늘 세종호텔 고공농성장에 다녀왔어요. 거기서 만난 어떤 대학생분이 말씀해주셨는데, 여기 시위 나간다고 했더니 대학생은 일을 하는 것도 아닌데 거길 왜 가냐는 이야기를 들었대요. 지금 당장 거기 노동자도 아니고, 앞으로 거기서 일할 것도 아닌데 피곤하게 왜 가냐고. 솔직히 '왜 이렇게 유난이야, 왜 이렇게 오버해' 뭐 이런 얘기를 계속 들으면 기운 빠지죠. 근데 세종호텔에 가는 건, 그게 딱 내 일이라서가 아니라, 거기 올라가시기까지 굉장히 쉽지 않으셨을 텐데 그렇게 어렵게 올라가신 그 마음에 연대하고 싶어서 그런 거잖아요. 분명한 명분이 있어서가 아니라 그런 사람한테 힘이 되고 싶어서.

얼마 전에 영화 〈하얼빈〉을 봤는데, 독립운동이 왜 그렇게 힘들었는지 알겠더라고요. 독립운동 하는 사람들은 일본인이나 친일하는 사람들하고 싸우지만, 정치에 아무 관심 없는 사람들하고도 싸워야 하더라고요. '독립이 될까요?' 이런 의문을 갖는 사람들하고도 싸우는 거죠. 예를 들어 세종호텔 농성장에서 고공농성 하는 분이 안중근이라면, '서울 한복판에서 시끄럽게 하고, 경찰들 불러서 도로 막고 왜 저러는 거야'라고 말하면서 지나가는 사람들은 정치에 무관심한 사람들이잖아요. 또 저희가 세종호텔 화장실에 갈 때마다 스티커를 붙였어요. '사장이 무슨 짓을 했고, 약속을 안 지켰고, 즉각 복귀시켜라' 이런 문구가 새겨진 스티커를요. 그랬더니 청소하시는 분

백날 지워봐라, 우리가 사라지나

이 '싸울 거면 사장이랑 싸우지 왜 여기다 붙여가지고 나를 피곤하게 하냐'고 그러시더라고요.

고공농성 하시는 분은 지금까지 시위하면서 그런 말을 얼마나 많이 들으셨겠어요. 그러면 '진짜 이쯤에서 포기해야 되나?', '나를 믿고 여기 추운 데서 시위하는 동지들까지 힘들게 하고 민폐만 끼치는 거 아닌가?' 이런 생각이 드실 것 같아요. 물론 제가 그분하고 긴밀한 대화를 나눠본 건 아니지만. 그래서 외롭게 혼자 싸우는 노동자가 없었으면 좋겠어서, 뭐 분명 욕을 엄청 많이 먹으셨을 텐데…… 그래도 한 명이라도 '저는 당신 의견에 동의합니다', '연대합니다' 이렇게 말해주면 좀 덜 힘들지 않으실까, 지금 너무 막 지치고 힘들고 배고프지만 그래도 나를 믿어주는 사람이 한 명이라도 있다고 생각하면 좀 덜 힘들지 않으실까, 그런 생각으로…… 그냥 진짜 머릿수 한 명이라도 더 채워야 한다는 마음으로 가게 돼요.

한 군데 두 군데 나가면서 여러 단체를 알게 됐는데, 대부분 비정규직을 철폐하자거나 기업은 노동자와의 약속을 지켜야 한다고 목소리를 내더라고요. 사실 '비정규직 없는 세상' 이런 게 저하고 굉장히 가까운 이야기예요. 그리고 우리가 설날이랑 추석에 유급으로 쉴 수 있는 것도 민주노총분들이 싸워주셔서 얻어낸 거라고 하더라고요. 이번에 처음 알았어요. 뭐 하나 날로 얻어지는 게 없다는 걸 많이 느꼈죠. 그런 걸 알고부터 분노보다는 양심에 찔리고 좀 더 연대하고 싶다는 마음이 들더라고요. 나 대신 싸우는 사람이 있다는 걸 알게 됐는데 현장에 안 가면 마음이 무겁잖아요. 투쟁하는 분들 중에는 어쩌면 이직이 더 쉬웠을 분도 계실 거예요. 그런데도 그렇게 다른 사람을 위해 싸우는 걸 보니까 저도 함께해야겠더라고요. 요즘엔 안 가면 죄책감이 심해지는 정도라 그게 문제예요.

집회에서 내 편을 봤어요

저는 원래 시위에 일반 시민이 참여할 수 있는 줄도 몰랐고, 어쩌다 후원만 하는 정도였고, 일 끝나면 취미생활 하는 평범한 사람이었거든요. 근데 12월 3일부터는 도저히 화가 나서 방 안에 가만히 못 있겠더라고요. 정말로 12월 3일 이후부터 지금까지 두 달은 시위만 나가다가 끝났어요. 물론 아직 안 끝났지…… 끝난 건 아닌데 정말 시위만 갔어요.

그냥 시위도 처음 가봤는데, 철야 시위도 처음 해보고, 자동차가 다니는 도로에서 잠도 처음 자보고, 인도 위에서 침낭에 들어가 자는 것도 처음 해보고, 은박 담요라는 게 세상에 존재한다는 것도 처음 알았고…… 아, 링거 맞아본 것도 처음이었다…… 남태령 때 한 번 맞고 한강진 때도 한 번 맞았어요. 한 달에 최소 두 번은 맞은 것 같아요. 그렇게 자주 맞은 거 처음이에요. 저 원래 병원 잘 안 가거든요. 약도 이렇게 잘 안 먹어요. 며칠 있다가 좀 나아진 것 같으면 그냥 다녀요. 독감도 아니고 몸살 감기였는데, 이렇게 오래 가고 막 며칠씩 아파보기는 정말 처음인 것 같아요.

　두 달 내내 아프다 힘들다 하면서 다녔는데, 이상하게도 마음은 점점 더 가벼워졌어요. 광장에 있던 수많은 사람이 전부 동등한 권리와 평등을 외치는 걸 봐서 그런가봐요. 그 모습을 보고 있으면 '여기 내 편을 들어줄 사람들이 많네? 내 얘기에 힘을 실어줄 사람들이 많네?' 이런 생각이 들더라고요. 무엇보다 제 탓 하는 것도 전보다 많이 없어졌어요. '무시하는 사람이 잘못된 거지'라고 아무리 생각을 해도, 무의식에는 '누구는 노력해서 더 좋은 직장을 가졌는데 나는 그러지 못한 거 아닌가?'라는 마음이 있었거든요. 근데 광장에 나가게 되면서부터 내가 못나서가 아니라, 다 사회가 공평하지 않아서 생긴 일이었다는 걸 알았어요.

　실은 제가 이전까지 굉장히 패배주의적인 마음을 가지고 있었어요. 나는 어차피 해도 안 될 거라는 그런 생각…… 저는 싸우는 걸 원하지 않고, 피해를 좀 보더라도 조용히 지나가는 게 낫다고 생각하던 사람이었거든요. 근데 여기서 이렇게 추운 날씨에도 목소리 다 쉬어가면서 소리치는 분들을 보고 있으니까 '나도 옆에서 싸워야겠다'는 생각이 들었어요. 누군가가 불의를 당하면 못 본 척하고 지나가지 말고, 침묵하지 말아야겠다는 생각이…… 그런 걸 되게 많이 배웠어요. 그래서 탄핵과 상관없이 앞으로도 여러 시위에 최대한 참여해보려고요.

　윤석열 하나 탄핵한다고 끝나는 일이 아니잖아요. 지난 수년간 해결되지 않았던 각자의 투쟁이 있어왔던 거고. 대통

령 한 명 없어진다고 이 모든 문제가 해결되진 않으니까, 싸움
은 계속되겠죠. 앞으로 모든 투쟁 현장에 다 나가겠다고 다짐
하긴 어렵지만, 그래도 최대한 갈 수 있게 노력해보려고요. 지
금 잠깐 너무 불타서 이러는 게 아니라, 좀 길게 이어갈 수 있
다면 저한테도 좋을 것 같아요. 그래서 '내가 길게 이어갈 수
있는 사람이었으면 좋겠다'고, '그렇게 노력해야겠다'고 혼자
생각하고 있어요.

학생들은 왜 거리로 나왔나?

: 예문여고 시국선언 비하인드

구술: 윤혜경·이채현·노정현
기록: 김세희

이 책의 많은 인터뷰이들이 시위 현장에서 가장 인상 깊었던 장면으로 '학생들'을 떠올렸다. 교복을 입고 목소리를 내는 그 모습이 오랫동안 마음에 남았다고 했다. 그들은 거기서 자기 자신을 보았을 것이다. 누구나 한때 학생이었고, 또 그 시절의 열정, 가능성 혹은 무력함 같은 것을 기억하기 마련일 테니까. 그래서였을까. 한 인터뷰이는 "그 아이들에게는 투표권도 없는데, 어른인 우리가 제대로 하지 못한 일을 대신하고 있는 것 같아 미안했다"고 말했다.

투표 한 장의 권리도 행사할 수 없는 이들이 거리로 나섰다. 그것도 누구보다 비장한 마음으로, 스피커를 들고 구호를 외치며. 우리는 이 정직한 목소리를 꼭 담고 싶었다. 누군가의 기억 속 인상으로만 남기에 이들의 존재감은 훨씬 더 크고 또렷했다. 이들은 분명 이 운동의 주체였다. 그렇기에 기록 과정 내내 우리도 어른들의 시선에서 감히 재단하지 않는다는 것이 무엇일지 질문을 거듭해야 했다. '청소년'이라는 꼬리표 너머에서 자신의 언어를 벼려내는 이들의 이야기를, 그 언어를 통해 전달되는 운동의 모습을 온전히 남기고 싶었다. 내가 만난 혜경, 채현, 정현은 자신들이 이 세상을 어떻게 이해하고 있는지, 어째서 이 시위의 맨 앞자리에 서 있는지 시종일관 거침없는 열변을 쏟아냈다.

셋은 시국선언문을 직접 작성하고, 부산 집회에서 서명을 받고 낭독하는 전 과정을 함께했다. 이후엔 '윤퇴청'(윤석열 퇴진 청소년행동)을 만들어 청소년 시민대회를 주도하기도 했다.

흔히 청소년은 '어른들이 열어준 장' 안에서만 목소리를 낼 수 있다고들 생각하지만, 이들은 장을 열고, 사람을 모으고, 스스로 말할 수 있는 구조 자체를 만들어냈다. 세 사람은 소위 '절친'은 아니었지만, 뜻이 같을 때 기꺼이 함께할 수 있는 사이였다. '동지'라는 개념을 그 누구보다 정확하게 이해하고 있었다.

혜경은 생각한 것을 곧바로 실행에 옮기는 추진력이 뛰어났다. 시국선언문 프로젝트가 시작될 수 있었던 건 혜경의 민첩한 행동력 덕분이었다. 채현은 상황을 읽는 감각과 리더십이 탁월했다. 탄핵 정국이 벌어지자마자 친구들을 집회로 이끌었고, 시위 현장에서 함께할 청소년들을 직접 섭외하며 발로 뛰었다. 정현은 이 팀의 문필가였다. 상황을 꿰뚫는 문장을 쓰는 데 능했고, 시국선언문과 청소년 대회 선언문 모두 그의 손을 거쳤다. 특히 시국선언문에서는 한나 아렌트의 '악의 평범성'을 인용해 한국사회를 날카롭게 비판했다.

분노하는 이들을 보며, 가장 천진했던 시절의 나를 다시 만났다. 그땐 진심이면 통한다고 믿었고, 힘을 모으면 세상을 바꿀 수 있다고 믿었다. 지금도 그 마음을 완전히 버리진 못했다. 그래서 더 간절하다. 지금의 이 광장이 이들에게 하나의 확신으로 남았으면 한다. 세상이 바뀌는 데 내가 함께했다는 경험으로.

이들과 인터뷰를 진행하며 한 가지 분명히 배우게 된 것이 있다. 청소년에게 함부로 '기특하다'고 말해선 안 된다. 그 말에는 은근한 상하관계가 깔려 있다. '원래는 못할 줄 알았는데 생각보다 잘했네'라는 식의 낮춤이 숨어 있다. 이들은 그런 시선을 거부하고 있었다. "우릴 기특하다고 하지 말아달라"는 그들의 말은 단호하고 명확했다. 이들은 자신과 친구들이 살아갈 세상을 조금이라도 더 낫게 만들기 위해 광장에 나왔다. 단언컨대, 이 인터뷰를 다 읽고 나면 누구든 '어떻게 이런 학생들⋯⋯' 하는 감탄과 함께 '기특하다'는 말이 목구멍까지 차오를 것이다. 하지만 우리는 더 나은 언어를 찾아야 한다. 이들의 태도에서, 언어에서, 용기에서 배워야 한다. 부산 예문여고 시국선언을 주도한 이 세 명의 시민을 진심으로 존경한다.

Q. **12월 21일 부산 동천로 집회에서 '예문여고 시국선언문'을 발표하신 세 분을 모셨습니다. 먼저 자기소개 부탁드릴게요.**

혜경: 안녕하세요. 저는 이번에 예문여고를 졸업한 윤혜경입니다. 원래 사회 문제나 정치 문제에 적극적으로 나서는 성격은 아니었지만, 친구들과 이야기를 나누면서 점점 관심을 가지게 됐어요. 고등학교 때 부산의 청소년 시민단체인 '겨레하나'에서 활동했고, 이번 시국부터는 윤퇴청에도 함께하게 됐어요. 처음부터 적극적인 활동가였던 건 아니지만, 계엄령 사태를 지켜보며 더 이상 가만히 있을 수 없다는 생각이 들어 시국선언문 초안을 작성했어요.

채현: 안녕하세요, 이채현입니다. 저도 이번에 예문여고를 졸

업하고 윤퇴청에서 활동하고 있어요. 중학교 3학년 때부터 겨레하나에서 활동하며 역사도 배우고 기행도 다니고 집회에도 참여했어요. 처음에는 단순히 역사를 배우는 게 재미있어서 시작했지만, 활동하면서 청소년들이 직접 나서야 할 사회 문제들이 많다는 것을 깨닫게 됐는데요. 그러면서 자연스럽게 계속해서 활동을 이어가게 됐어요.

정현: 예문여고 시국선언문을 작성하고, 12월 11일 집회에서 낭독한 노정현입니다. 정치적 사건들을 지켜보면서 가만히 있는 것이 절대 해결책이 될 수 없다는 걸 깨달았고, 뜻이 같은 친구들을 만나면서 제 의견에 더욱 확신을 갖게 됐어요. 시국선언문은 그렇게 함께 고민하고 논의한 결과물이라고 할 수 있을 것 같아요.

Q. **선언문을 작성하고 발표하기까지의 과정이 쉽지만은 않았을 것 같은데요. '우리도 시국선언문을 써야겠다'고 결심하게 된 계기가 궁금해요.**

혜경: 윤석열 대통령 탄핵 국면에서 여러 학교들이 시국선언문을 발표하는 것을 보고, 우리 학교도 가만히 있어서는 안 된다고 생각했어요. 그래서 먼저 초안을 작성했는데, 윤석열 정부의 잘못을 구체적으로 지적하는 내용이었어요. 하지만 혼자 하는 것보다 뜻을 함께하는 친구들과 같이 준비하는

백날 지워봐라, 우리가 사라지나

게 더 좋겠다는 생각이 들어 정현이와 채현이에게 제안했죠. 셋이서 함께 집회에도 나가면서 자연스럽게 논의가 이어졌고, 탄핵 소추안이 통과된 이후에 최종적으로는 정현이가 글을 마무리했어요.

채현: 처음에 혜경이가 초안을 적어와서 저한테 보여주면서 "이거 괜찮을까?"라고 물어봤어요. 보자마자 '이건 꼭 해야 한다'는 생각이 들었고, 정현이와도 얘기하면서 바로 단톡방을 만들었어요. 사실 이건 할까 말까 고민할 문제가 아니었어요. 너무나도 당연히 해야 할 일이라는 생각이 들었고, 그래서 망설임 없이 바로 진행했죠. 누가 시켜서 한 게 아니라, '이걸 하지 않으면 안 된다'는 절박한 마음이 들었던 것 같아요.

정현: 12월 3일 비상계엄 이후 여러 대학에서 시국선언문을 발표하는 걸 SNS를 통해 봤어요. 특히 부산 집회에서 부산대학생분들이 시국선언문을 낭독하는 모습을 직접 보면서, 고등학생들도 충분히 목소리를 낼 수 있다는 걸 깨닫게 됐어요. 또 인천여고에서 발표한 시국선언문을 보면서도 우리가 행동할 수 있다는 확신이 생겼고요. 그래서 평소 정치에 대한 이야기를 자주 나누던 채현이, 혜경이와 함께 예문여고 시국선언문을 작성하게 됐어요.

Q. 예문여고 시국선언문이 많은 주목을 받았던 이유 중 하나가 단 몇 명이 아닌 여러 학생들이 함께 동참했다는 점이었어요. 선언문을 발표하려면 학생들의 서명이 필요했을 텐데, 서명을 받는 과정이 쉽지만은 않았을 것 같아요. 어떻게 친구들에게 선언문을 알리고 서명을 받았나요?

혜경: 처음에는 온·오프라인 홍보를 동시에 시작했어요. 인스타그램 스토리에 서명 링크를 올리고, 구글 폼을 만들어서 누구나 쉽게 참여할 수 있도록 했어요. 각 반 게시판에 홍보물을 부착하고, 직접 친구들을 찾아가 설명하기도 했죠. 교실에서 직접 설명하니 친구들이 대부분 공감하면서 서명해 주더라고요.

채현: 처음에는 3학년 친구들 사이에서 먼저 퍼졌어요. 하지만 이게 3학년만의 문제가 아니라서 1~2학년 교실도 직접 찾아갔어요. 아침마다 반을 돌면서 "저희 3학년인데요. 이런 활동을 하고 있어요. 선언문 읽어보고 서명해줄 수 있을까요?"라고 하나하나 설명했어요. 처음엔 이게 과연 될까 싶었는데, 생각보다 많은 친구들이 관심을 가지고 적극적으로 참여해줬어요. 전교생 480명 중 140명이 서명해줬죠. 많은 친구들이 동참해줘서 뿌듯했어요.

정현: 시국선언문을 작성한 후 더 많은 학생들에게 알리기 위

해 학생회 인스타그램에 서명 모집 폼을 올려줄 수 있는지 부탁하기도 했는데요. 학생회 쪽에서 정치적 사안에 개입하기 어렵다며 거절하더라고요. 그 일을 겪으면서 학생들 사이에서 정치적 활동을 하는 것에 대한 거부감이 사라지면 좋겠다는 생각을 하게 됐어요. 결국 직접행동에 나서야 한다는 걸 다시 한번 깨달은 거죠. 이건 단순한 정치 문제가 아니라, 우리가 살아갈 현재이자 미래를 위한 일이니까요.

Q. **정현님께 여쭤보고 싶어요. 시국선언문을 직접 작성하면서 '이 부분만큼은 꼭 강조하고 싶다'고 생각했던 게 있었을까요?**

정현: 저는 단순히 '윤석열 퇴진'을 외치는 것뿐만 아니라, 사회적 약자들과 연대하며 멈추지 않고 계속 나아가야 한다는 점을 강조하고 싶었어요. 윤석열 당선 이후 우리 사회가 급속도로 우경화되고 있다고 생각했거든요. 소수자에 대한 혐오가 인터넷을 통해 무분별하게 확산되면서 마치 그것이 진리인 것처럼 받아들여졌고, 사람들의 무관심 속에서 점점 거대한 힘을 갖게 되었잖아요. 그로 인해 희생된 사람들이 존재한다는 사실을 알리고 싶었고, '윤석열 퇴진'을 넘어 이런 사람들에게도 관심을 가지고 연대해야 한다는 점을 강조하고 싶었어요.

시국선언문에서 한나 아렌트의 말을 인용한 것도 그런 이유예요. 폭력에 무관심하거나, 생각 없이 살아가는 것이 얼마나 쉽게 악으로 변모할 수 있는지 알리고 싶었어요. 우리가 계속해서 관심을 가지고 행동해야만 변화가 가능하다고 믿었기 때문에, 선언문을 통해 그 메시지를 전하고자 했어요.

Q. 정현님과 채현님이 시국선언문을 직접 낭독하셨다고 들었어요. 수많은 사람들 앞에서 낭독하는 게 쉽지 않으셨을 텐데, 그 순간에 어떤 기분이 드셨나요?

채현: 처음 무대에 올라갈 땐 전혀 떨리지 않았어요. 그런데 읽으면서 '내가 우리 학교 140명의 의견을 대표해서 말하고 있구나'라는 생각이 들면서 가슴이 울리더라고요. 시국선언문에 '우리는 침묵하지 않는다. 우리는 우리의 세상을 만들기 위해 끝없이 노력하고, 목소리를 낼 것이다'라는 식의 구절이 있는데, 이 부분을 읽을 때 특히 울림이 컸어요. 이 선언이 다른 학교 학생들이나 청소년들에게도 용기를 주고, 좀 더 많은 친구들이 동참하게 되는 계기가 되면 좋겠다는 마음이 든 거예요. 선언문 낭독을 마치고 내려오는 순간에 어른들이 "우리가 미안하다"고 말씀하시는데…… 기분이 참 묘했어요.

정현: 많은 집회 참가자분들이 시국선언문에 공감해주시고 또 진심으로 응원해주셨어요. 수많은 사람들 앞에서 선언문을 읽었는데, 그분들이 한마음으로 저희의 말을 경청해주시고,

진지하게 들어주시는 게 느껴져서 정말 기뻤어요. 사실 청소년의 목소리가 사회에서 주목받는 경우가 많지 않잖아요. 그런데 그 순간만큼은 정말 많은 사람들이 우리의 이야기를 귀 기울여 들어주고 있다는 걸 실감할 수 있었어요.

Q. 처음부터 사회 문제에 관심이 많았던 건가요? 아니면 어떤 계기가 있어서 관심을 가지게 됐나요?

혜경: 저는 고등학교 1학년 때부터 사회 문제에 관심을 가지고 적극적으로 참여했던 것 같아요. 반장이었던 채현이가 일본군 위안부 문제와 관련된 사회적 이슈를 홍보하면서 서명운동을 진행했는데, 그걸 보고 저도 동참하게 됐어요. 그 일을 계기로 관심이 깊어져 청소년 시민단체인 겨레하나에 가입했고, 그 이후로 꾸준히 일본군 위안부 문제에 대한 목소리를 내왔어요. 그러다 12·3 계엄령 사태가 터지고 윤석열 탄핵 관련 집회에도 참여하게 되면서 점점 더 적극적으로 행동하게 된 것 같아요.

채현: 원래 저희 고모가 사회운동을 하셨는데, 고모의 지인이 제 수학 과외를 해주셨어요. 그때 처음으로 부산항 8부두 세균무기 실험실 문제에 대해 들었어요. 그런 일이 벌어지고 있다는 것조차 몰랐는데, 알고 나니 너무 충격적이었어요. 그런데 더 충격적이었던 건, 이 심각한 문제를 많은 사람

들이 모르거나 무관심으로 일관하고 있다는 사실이었어요. 가만히 있는 게 답답해서 친구들에게 이야기하고 직접행동을 제안했죠. 그때 중 3이었는데, 저희들끼리 세균무기 실험실 폐쇄를 위한 단체를 만들었어요. 1인시위도 했고요. 하지만 저는 이게 딱히 정치 활동이라기보다는 부당한 일을 겪었을 때 당연히 하게 되는 행동이라고 생각해요.

정현: 사실 저 같은 경우는 이번 시국선언문을 작성하기 전까지는 학교에서 공식적으로 정치적 의견을 표현하거나 팀을 꾸려 활동해본 경험이 없었어요. 하고 싶었던 적은 많았지만, 학교에서는 그런 기회가 거의 주어지지 않았거든요. 다만, 고등학교 1학년 야자 시간에 혜경이, 채현이랑 정치 이야기를 자주 나눴던 기억이 있어요. 저희가 예문여고에 입학하던 해에 윤석열이 대통령으로 당선됐거든요. 그때 자연스레 나라의 현재 상황, 소수자의 권리, 대한민국의 정치적 역사 등에 대한 이야기를 많이 나누게 됐어요. 셋이서 나눈 대화가 정말 유익하고 뜻깊었어요. 제 생각도 정리할 수 있었지만, 더 나아가서 또래 친구들의 정치적 의견을 들을 수 있는 기회였거든요.

Q. 계엄령이 선포됐다는 소식을 처음 들었을 때 어떠셨어요? 평소에 상상도 못했던 일이었을 것 같은데, 그 순간에 어떤 생각이 가장 먼저 들었는지 궁금해요. 또 집회는 언제부터 나가셨나요?

혜경: 저는 그때 가족들과 이야기를 나누고 있었는데, 뒤늦게 밤 11시 반쯤 친구들이 보낸 카톡을 보고 알았어요. 처음엔 상황이 잘 이해되지 않았는데, 뉴스를 확인하는 순간 '이건 정말 심각한 일이다'라는 생각이 들었어요. 밤을 새면서 계속 뉴스를 찾아봤고, 계엄이 해제되고 나서야 겨우 잠들었던 것 같아요. 당시 수능이 끝난 상태라 선포 다음 날부터 학교를 빠지고 바로 집회에 참여하기 시작했어요.

채현: 그날은 정말 잊을 수 없어요. 수능이 끝나서 밤늦게까지 친구들과 놀고 있었는데, 갑자기 반 단톡방 알림이 울렸어요. 한 친구가 뉴스 기사 링크를 보내면서 "미친 거 아니냐"고 하더라고요. 처음엔 "뭐야, 가짜뉴스야?"라고 반응했는데, 컴퓨터를 켜서 검색해보고는 사실이라는 걸 알았죠. 순간 머리가 띵했어요. '이게 진짜 가능하다고? 21세기에 계엄령이?'라는 생각이 들면서 심장이 쿵 내려앉았어요.

그때부터 미친 듯이 정보를 찾아봤어요. 실시간으로 유튜브를 켜놓고 국회 상황을 지켜봤고, 선생님들과 아는 사람들에게 연락해서 "이거 심각한 문제다, 나 당장 나가야 할 것 같다"고 이야기했죠. 인스타그램 스토리에도 "이거 정말 미친 거다, 제발 관심 가져달라"는 글을 올렸고요. 그리고 집회 일정이 뜨자마자 계속 공유했는데, 중학교 때 친했던 친구가 나도 참여하고 싶은데 어떻게 하면 되냐고 연락을 해왔어요. 그래서 몇 시까지 어디로 오라고 알려줬고, 그 친구도 자기 친구 한 명을 데리고 왔어요. 그렇게 셋이서 계엄령 선포 다음 날 함께 집회에 나가게 됐어요.

정현: 저는 친구들과 계속 통화했어요. 모두 혼란스러워하면서 실시간으로 국회 상황을 지켜보던 게 기억나요. 정말 공포스러웠어요. 현실감이 없을 정도로 충격적이었고, 이대로 가만히 있으면 안 된다는 생각이 들었어요. 이후 채현이의 주도로 윤퇴청이 만들어졌고, 이걸 기반 삼아 탄핵 집회에 나가게 됐죠. 12월 7일부터 집회에 참여하기 시작해서 꾸준히 시위에 나갔어요. 1월에 아르바이트 일정이 겹치면서 시간을 내기 어려워졌지만, 그전까지는 계속 나갔죠.

Q. 윤석열 탄핵 집회에 참여하면서 가장 기억에 남는 순간이 언제였나요? 마음이 움직였다거나, '이 순간만큼은 절대 잊을 수 없다'고 느꼈던 장면이 있었을 것 같아요.

채현: 계엄령이 선포된 다음 날 열린 집회에서 자유발언이 있었는데, 발언자들 중에 청소년이 세 명 있었어요. 저는 따로 자유발언을 신청하지 않았지만, 그 친구들이 자신의 목소리를 내는 걸 보니 무척 인상 깊었어요. 그중에서도 무대에 올라 "〈임을 위한 행진곡〉을 함께 부르고 싶다. 이게 제 꿈이었다"고 말하며 노래를 하던 한 남학생이 특히 기억나는데요. 저도 정말 좋아하는 노래여서 자연스럽게 따라 불렀어

백날 지워봐라, 우리가 사라지나

요. 단순히 노래 때문에 기억에 남는 건 아니고요. 저와 같은 청소년이 무대 위에서 자기 목소리를 낸다는 데 마음이 동한 것 같아요. 그 당당함이 주변의 많은 어른들에게도 전해지고 있다는 게 느껴지는 순간이었어요.

정현: 처음 집회에 갔을 때, 응원봉을 들고 혼자 행진을 하고 있었는데 우연히 친구를 만나 함께하게 된 기억이 나요. 그리고 12월 28일 국민의힘 박수영 의원 사무실 앞에서 열린 긴급 집회에서 친구가 했던 발언이 가장 인상적이었어요. 그 친구가 호남 지역 사람들을 향한 혐오와 차별을 멈춰달라는 이야기를 했어요. 저 역시 평소에 호남을 향한 지역 차별이 만연하다고 생각했고, 여기에 대해 목소리를 내는 사람이 있으면 좋겠다고 생각했거든요. 그래서 그 친구가 그런 발언을 했을 때 울림이 컸죠. 특히 경상도 지역에서 그런 이야기를 공개적으로 하는 게 쉽지 않은 일이었을 텐데, 용기 있는 행동이었다고 생각해요.

Q. **채현씨는 12월 4일부터 윤퇴청을 만들어 활동을 이어오셨고, 12월 27일에 열린 청소년 시민대회에도 참여하셨어요. 어떻게 시작하게 됐고, 구체적으로 어떤 활동들을 하셨나요?**

채현: 청소년 시민대회 이야기를 하려면 먼저 윤퇴청이 어떻게 시작됐는지부터 이야기해야 할 것 같은데요. 이 단체는 집

회에서 만난 청소년들이 자연스럽게 모이면서 시작됐어요. 초반에만 해도 집회에 혼자 오거나 친구와 둘이 오는 청소년들이 많았거든요. 처음이라 망설이는 친구들에게 마음 맞는 청소년들끼리 같이 움직이자고 제안하면 좋을 것 같아서 조직한 거예요. 자유발언 했던 친구들한테 제가 먼저 다가가서 연락처를 교환했고, 그러면서 점점 네트워크가 형성됐어요.

집회가 끝나고 저를 포함해 네 명 정도가 모여 함께 저녁을 먹으면서 어쩌다 집회에 나오게 됐는지 서로 이야기를 나눴어요. 그러다 자연스럽게 단체를 만들어보자는 제안이 나왔고요. 저는 너무 좋은 의견이라고 생각했어요. 주변에 집회에 나오고 싶어 하는 친구들이 많았는데, 다들 어디로 가야 할지 몰라서 망설이고 우왕좌왕했거든요. 명확한 활동 조직이 없으니 참여 방법을 설명하기도 어려웠고요. 단체가 생기면 더 많은 친구들이 함께할 수 있지 않을까 싶었죠.

그래서 바로 단톡방을 만들고, 참여 신청을 받을 수 있도록 설문 링크를 제작했어요. 이걸 인스타그램 스토리에 올리고, 주변 친구들에게도 공유해달라고 부탁했죠. 그랬더니 저희 학교 친구들만 해도 20명 정도가 단체에 가입해줬어요. 꼭 활동에 적극적으로 참여하지 않더라도, 이렇게 커뮤니티의 규모를 키울 수 있다는 것 자체가 큰 힘이 됐어요. 이후에 단체가 점점 커지면서 대표를 선출했고, 청소년인권행동 아수나로 대표들과 논의해 청소년 시민대회를 기획했어

백날 지워봐라, 우리가 사라지나

요. 그때부터 본격적으로 조직을 갖추고 활동을 시작하게 된 거죠.

Q. **청소년 시민대회에서 각각 어떤 역할을 맡으셨나요? 직접 참여하면서 가장 인상 깊었던 순간이나 의미 있었던 경험이 있었는지 들려주시면 좋을 것 같아요.**

혜경: 저는 청소년 기획단으로 시민대회에 참여했고, 행진 사회도 맡았어요. 시위를 하다 보면 행진 사회자가 트럭 위에서 분위기를 띄우잖아요. 그게 너무 재미있어 보여서 꼭 한번 해보고 싶었어요. 그런데 막상 하게 되니 엄청 떨리더라고요. '내가 잘할 수 있을까?' 하는 걱정도 많았고, 너무 긴장한 탓에 진행할 때 말이 너무 빨라졌다는 이야기도 들었어요. 그래도 끝나고 나서는 정말 뿌듯했어요. 행진을 이끌며 사람들과 함께 목소리를 내는 경험이 값지게 느껴졌거든요.

채현: 저는 토크쇼 패널 역할을 맡았어요. 사회자가 질문을 던지면 저희끼리 의견을 나누고, 청중들에게 다양한 시각을 제공하는 역할이었죠. 그동안 제가 꾸준히 활동해왔기 때문에 주변에 공감해주고 지지하는 친구들은 많았지만, 막상 집회에 직접 참여하는 친구들은 많지 않았거든요. 그래서 이번 청소년 시민대회에 얼마나 많은 친구들이 올지 예상하기 어려웠는데, 생각보다 정말 많은 친구들이 온 거예요. 무

려 100명이나 모였다고 해서 깜짝 놀랐어요. 그리고 토크쇼를 진행하면서 자유발언을 원하는 친구들을 모집하기도 했는데, 예상보다 훨씬 많은 인원이 선뜻 손을 들고 자기 생각을 말하겠다고 나서더라고요. 그 모습을 보면서 '정말 멋있는 친구들이 많구나' 하고 감탄했어요. 다들 각자의 고민과 의견을 가지고 있고, 행동하고 싶어 한다는 걸 생생하게 확인할 수 있는 자리였어요.

정현: 저는 청소년 시민대회에서 보이는 라디오 형식으로 진행되는 코너에 패널로 참여해, 아수나로나 다른 청소년들과 함께 이야기를 나눴어요. 라디오를 시작하기 전에 서로의 이야기를 나누는 시간이 있었는데, 그때 단체에 참여하게 된 계기나 집회에 나오게 된 이유 등에 대해 다양한 이야기를 들을 수 있었어요. 특히 집회에 나오기까지 고민했던 과정이나 직접행동에 나서게 된 계기를 듣는 게 인상적이었어요. 다들 사회 문제에 관심을 가지고 있지만, 막상 행동으로 옮기기까지 망설이던 순간들이 있었더라고요. 그런데 이번 시민대회를 통해 용기를 얻고, 함께 목소리를 내게 된 것 같아 정말 뜻깊었어요.

Q. 청소년 시민대회에서 가장 기억에 남는 순간은 언제였나요?

혜경: 저는 주최자로 참여했다 보니 대회를 이끌었던 과정 전

백날 지워봐라, 우리가 사라지나

반이 힘들었지만, 동시에 보람도 있었어요. 사실 그전까지는 그런 대회를 주도해본 적이 없어서 처음에는 막막했거든요. 하지만 친구들과 꾸준히 만나 기획하고 준비하는 과정을 거치면서 점점 익숙해졌고, 결국 행사를 잘 마치게 돼서 정말 기뻤어요. 또 이번 청소년 시민대회는 기존의 시위 방식과 다르게 진행됐어요. 보통 부산은 서면에서 탄핵 집회가 열리거든요. 서면 탄핵 집회는 주로 다 같이 모여 자유발언 하고 행진하는 형식으로 진행되는데, 이 대회에서는 '사연 라디오'나 '뉴스 브리핑' 같은 새로운 프로그램도 추가했어요. 덕분에 시위나 집회도 여러 가지 방식으로 진행될 수 있다는 걸 경험했죠. 구호를 외치는 것뿐만 아니라, 다양한 형태의 참여가 가능하다는 걸 깨달은 순간이었어요.

채현: 집회에 참여한 친구들 중에서 성소수자인 친구 한 명이 자유발언을 했던 순간이 가장 기억에 남아요. 성소수자가 쉽게 인정받지 못하는 사회에서, 자신의 정체성을 밝히고 무대에 선다는 것 자체가 쉽지 않은 결정이었을 거예요. 그런데 그 친구는 주저 없이 손을 들고 무대에 올라 "저는 성소수자입니다"라고 당당하게 밝히더라고요. 성소수자로서, 청소년으로서 사회적 약자의 입장에서 이 세상을 바꾸는 데 적극 동참하고 싶다는 이야기를 한창 하고 나서, 마지막에 '이 자리에 함께해준 많은 분들께 감사하다'는 메시지를 전했는데 그 용기와 진심이 정말 감동적이었어요.

마스크와 모자로 얼굴을 싸맨 채 집회에 온 중학생 친구도 있었어요. 그런데도 용기 있게 자유발언을 하겠다고 손을 들더라고요. 예상치 못했던 순간이라 '어, 뭐지?' 하고 더욱 집중해서 듣게 됐죠. 자기가 우울증과 공황장애를 앓고 있어서 이 자리에 나오는 것 자체가 무섭고 힘들었다고 하더라고요. 그럼에도 이런 현실을 외면할 수 없었고, 자신의 작은 행동이 세상을 바꾸는 데 도움이 되길 바라는 마음으로 집회에 참여했다고 또박또박 말을 이어나갔어요.

그 발언을 듣는데 여러 생각이 스쳤어요. 몸과 마음이 건강한 성인들도 집회에 나오기를 망설이는 경우가 많은데, 청소년인 그 친구가 자신의 어려움을 딛고 용기를 내 참여했다는 사실이 너무 대단하게 느껴지더라고요. 동시에 씁쓸한 마음도 들었어요. 사회적 약자의 입장이 되어보지 않으면 이런 문제를 쉽게 외면할 수밖에 없고, 또 바쁜 일상에 치이다 보면 현실적으로 집회에 참여하지 못할 때가 많잖아요. 결국 차별을 경험하고 인권을 침해당한 사람들이 더 적극적으로 나설 수밖에 없는 건가 싶어서 안타까웠어요. 얼마나 절실했으면 이렇게 용기 내 이야기를 꺼냈을지, 그 마음이 저한테도 전해졌어요.

정현: 저는 청소년 시민대회에서 마무리 선언을 작성했어요. 더 많은 사람들에게 가닿길 바라는 마음으로 쓴 거라 가장 기억에 남아요. 모두가 함께 읽어주면 좋겠어요.

당신의 뒤에 내가 있고, 나의 뒤에 당신이 있을 것이다

청소년은 얼마나 지워지기 쉬운 존재인가. 여지껏 청소년에게는 발언할 기회도, 투표권도, 그 무엇도 주어지지 않았다. 미래를 이끌어 갈 사람이라는 허울 좋은 말 아래 수많은 기회를 박탈당했다. 그러나 우리는 단순히 미래를 이끌어 갈 세대가 아니다. 우리는 현재를 살아가고 있는 세대다. 우리는 현재이자 미래다.

우리는 견딜 수 없이 수치스러운 세상에 산다. 여성과 퀴어, 장애인, 이주자, 노동자, 농민, 그리고 청소년을 비롯하여 수많은 약자가 억압받는 사회에 산다. 우리는 청소년이라는 약자가 억압받는 상황을 넘어섰지만, 약자를 위해 소리치지 못했다. 그러나 우리는 12월 3일 이곳에 모여서야 깨달았다. 혐오의 정치를 마주한 우리가 광장으로 나서야 한다는 것을.

폭력은 사람들이 그를 외면할 때 거대해진다. 가장 비열한 방식으로, 가장 낮은 곳에 자리한 사람들의 목소리를 지운다. 그리고 그 폭력은 침묵을 부추긴 끝에 모든 약자의 목을 틀어쥐어 살아남지 못하게 만든다. 아무도 모르게, 약자들은 죽는다. 수많은 약자들이 그렇게 존재조차 없이 사라졌다. 우리는 그들의 신음을 외면하지 않을 의

무가 있다. 그들이 죽어가며 말하고자 했던 것에 귀를 기울여야 한다. 그리고 그 목소리를 세상에 전해야 한다. 보다 나은 세상은 그렇게 만들어진다. 이것이 우리가 찾아낸 우리의 윤리이자 의무다.

우리는 청소년이라는 위치에 서서, 우리와 같은 약자들과 대화하고 싶다. 우리는 막연한 미래가 아닌 살아 있는 현재에 관해 말하고 싶다. 겁내지 않아도 된다. 함께할 때, 우리는 그 무엇보다 큰 목소리를 가진다. 당신의 뒤에 우리가 있고, 우리의 뒤에 당신이 있을 것이다. 그 무엇도 거스르지 못할 연대의 파도가 되어 우리는 함께 싸울 것이다. 우리의 연대는 하나가 되는 것을 의미하지 않는다. 다만 함께하는 것이다. 이 세상을 살아가는 너와 내가 강한 파도가 되기 위해서.

민주주의는 깨어 있는 시민의 조직된 힘에서 나온다. 눈감지 않고 깨어나 서로의 손을 잡는 우리가 바라는 곳을 향해 밝힌다. 민주주의가 피어난 대한민국. 그 누구도 소외되지 않는 대한민국.

이 광장에서 서로의 얼굴을 보며 연대하는 우리는 말한다. 민주주의는 바로, 지금, 여기에 살아 있다.

—부산 청소년 시민대회 참가자 일동

백날 지워봐라, 우리가 사라지나

Q. 요즘 가장 고민하거나 깊이 생각하고 있는 사회적 이슈가 있나요?

혜경: 저는 여성의 안전 문제에 관심이 많아요. 일상적으로 발생하는 문제이기도 하고, 특히 딥페이크 성착취물 피해 학교 명단에 예문여고가 포함되면서 학생들 사이에서도 큰 논란이 됐거든요. 학교에서 신고 방법을 안내하긴 했지만, 실질적인 조치는 부족했고, 그 때문에 학교의 대처를 신뢰하기 어려운 부분이 있었어요. 그래서 외진 곳에 사는 친구들이 있으면 밤에 함께 데려다주기도 했어요.

또 페미니즘에도 관심이 많아요. 여고를 다니다 보니 자연스럽게 성평등 문제에 대한 논의가 많았고, 반 이상이 페미니즘에 공감하는 분위기였어요. 하지만 여전히 사회적으로 페미니즘에 대한 편견이 적지 않은 것 같고, 여성의 권리에 대한 주장이 왜곡되거나 조롱당하는 일도 많다고 느껴요. 그래서 꾸준히 목소리를 내는 것이 중요하다고 생각해요.

채현: 저는 노동 문제에 관심이 많아요. 노동자들이 과로로 쓰러지거나 심지어 목숨을 잃는 일이 많은데, 특히 그런 부분이 너무 마음 아파요. 기업 입장에서는 몇백 원, 몇천 원의 임금 차이일 수 있지만, 그로 인해 한 사람이 생명을 잃게 된다는 게 너무 부당하고 잔인하게 느껴져요.

정현: 저는 인권 문제 전반에 큰 관심을 가지고 있어요. 윤석열

정권 이후로, 사람이 사람답게 살 수 없는 사회가 되어가고 있다는 게 가장 큰 문제인 것 같아요. 특정 계층의 이익을 위해 다수의 인권이 짓밟히고, 목소리를 잃고, 심지어 목숨을 잃는 일까지 벌어지고 있잖아요.

인권을 보호해야 할 정부와 사회가 오히려 사람들을 탄압하고 있다는 게 정말 심각한 문제라고 느껴요. 특히 소수자, 사회적 약자들이 더 큰 고통을 받고 있는데, 이런 현실을 바꾸려면 우리가 계속해서 관심을 가져야 한다고 생각해요.

Q. 고등학교를 졸업하면 환경이 많이 달라지잖아요. 그럼에도 지금까지 해온 활동을 대학에서도 계속하고 싶다고 하셨는데, 구체적으로 어떤 방식으로 참여하고 싶으신가요?

혜경: 네, 당연히 대학에 가서도 이런 활동을 계속할 계획이에요. 다만, 제가 제주도로 대학을 가게 돼서 고민이 좀 돼요. 서울이나 부산만큼 집회나 시위가 활발하지 않을 것 같아서요. 그렇지만 대학 내에도 학생회나 사회운동 모임이 있겠죠. 저는 여중, 여고를 나와서 남학생들과 함께 생활하는 게 처음이거든요. 성희롱적인 발언을 듣거나, 남성중심적인 문화에 부딪히진 않을까 걱정이 되기도 하지만…… 대학에 페미니즘 커뮤니티가 있다면 꼭 참여하고 싶어요.

채현: 저는 학생회 활동을 꼭 해보고 싶어요. 원래 뭔가를 주도

백날 지워봐라, 우리가 사라지나

하고 조직하는 걸 좋아해서, 대학에 가면 총학생회든 학과 학생회든 꼭 참여해보고 싶어요. 주변에서는 다들 저한테 "너 문과 갔어야 하는 거 아니냐"고 장난처럼 말하곤 해요. 하지만 저는 원래 코딩과 컴퓨터 관련 기술을 좋아했어요. 단순히 기술을 배우는 데 그치지 않고 이걸로 사회적 약자들에게 도움이 되는 일을 하고 싶어요.

그리고 솔직히 돈도 많이 벌고 싶어요. 하지만 그 돈을 단순히 저 개인의 소비를 위해 쓰는 게 아니라, 좀 더 의미 있는 방식으로 활용하고 싶어요. 컴퓨터공학과에서 배운 기술을 활용해 사회적 약자를 도울 수 있는 프로젝트를 기획한다든지요. 개발자로서 혼자 성공하는 걸 넘어서, 기술을 통해 사회에 실질적인 변화를 만들고 싶어요.

정현: 저는 늘 누구도 소외되지 않는 세상을 꿈꾸고 있어요. 너무 이상적인 생각일 수도 있지만, 그렇다고 해서 포기할 이유는 없다고 생각해요. 모두가 그런 목표를 위해 나아가야 한다고 믿어요. 아직 구체적으로 정해진 건 없지만, 미디어 계통에 관심이 많아요. 앞으로 이것저것 다양한 경험을 해본 뒤에 어떤 일을 통해 사회에 기여할지 찬찬히 정해나갈 예정이에요.

집회 최적화 인재, 페미니스트 덕후 교사

구술: 한준아

기록: 김세희

"준아는 내가 할게."

다른 인터뷰이들과 달리, 준아는 나의 친구다. 주변을 둘러보면 꼭 그런 사람들이 있지 않은가. 스스로 빛나면서도, 정작 그 사실을 모르는 사람들. 준아가 바로 그런 사람이다. 그는 언제나 겸손했고, 스스로를 과소평가했다.

나는 비정규직 교사로 일하는 그가 경직된 기준 속에서 기죽기라도 할까봐 늘 걱정해왔다. 그리고 학교에서는 결코 드러나지 못할, 한준아의 진짜 모습을 세상에 알리고 싶었다. 자, 이제 네 눈으로 똑똑히 봐. 네가 얼마나 빛나는 사람인지. 네가 살아가는 삶이 얼마나 다정하고, 깊고, 또 넓은지. 정작 스스로는 모르는 그 면모들을 샅샅이 발견해주고 싶었다.

준아는 덕질도 '제대로' 한다. 차애(두 번째로 좋아하는 멤버)의 생일 카페에 가장 일찍 도착해 선착 특전을 받았다. 선착 특전은 일찍 오는 사람들을 위해 주최자가 마련한 선물이다. 같은 날 준아는 탄핵 찬성 집회를 위해 덕질 메이트와 함께 광화문으로 향했다. 그의 덕질은 깊고도 넓다. 광장에서 울려 퍼지는 케이팝을 듣기 위해 부산에서 서울까지 달려갔다. 그는 지역별 〈위플래시〉를 구별할 줄 아는 사람이다. 서울 특유의 비트가 강한 〈위플래시〉가 나오는 순간만을 기다렸고, 록밴드 덕후답게 그 순간을 온몸으로 즐겼다. 자신의 '연장'(응원봉)을 서울 집회에서 데뷔시키기 위해 안 그래도 무거운 2박 3일용 짐 속에 넣어 가는 철저함까지 갖췄다.

집회에서의 행동력은 말할 것도 없다. 왕복 네 시간의 출

퇴근길도 마다하지 않고 평일 집회에 참여했다. 행진 트럭 1열 가까이에서 늘 함께하다 보니, 결국 사회자의 눈에 띄었다. 사회자는 매일같이 나오는 준아를 알아보고 인터뷰를 청했다. 우리끼리 집회에 갔을 때도 준아는 기수를 맡았다. "계엄이 터졌을 때 군대에 있는 아들이 걱정돼서 잠을 못 잤다. 여러분도 내 아들, 딸 같다"는 한 중년 여성의 자유발언에 재치 있게 "엄마!"라고 답해 모두를 웃게 했다. 짐을 바리바리 싸들고 다니다가, 집회 현장에서 무엇이든 부족해지면 곧바로 내줬다. 아이돌 밴드 덕후 준아는 그야말로 집회 최적화 인재였다.

탄핵 집회 사이사이, 준아는 실시간으로 자신이 담임을 맡은 반 아이가 대학에 붙었다는 소식을 전해왔다. 인터뷰를 하러 온 날도, 다음 학기에 맡게 될 중요한 업무가 걱정된다며 밤을 꼴딱 새웠다. 여자아이들이 겉은 화려하게 꾸미지만, 마음은 텅 비어 있다며 더 많은 사랑을 줘야 한다고 거듭 강조했다. 우리의 대화에는 틈틈이 "우리 애들", "내 새끼들"이라는 말이 섞였다. 9시에 출근해 6시면 칼퇴하는 직장인인 내가 보기에, 준아는 단순한 직장인 교사가 아니었다. 아이들의 곁을 지켜주는 든든한 어른이었다. 마치 SF 소설의 주인공처럼, 그는 페미니스트 덕후 교사라는 자신의 정체성을 철저히 숨긴 채 그렇게 살아가고 있었다.

준아는 이번 집회를 겪으며 교사를 그만둘지 진지하게 고민하고 있다. 아이들에 대한 애정이 그 누구보다 크지만, 정체를 들킬까봐 얼굴을 가리고 시위에 나서는 것을 반복하게 되

백날 지워봐라, 우리가 사라지나

면서 소위 '현타'가 왔다고 했다. 페미니스트, 비정규직, 덕후, 교사. 여러 정체성이 교차하는 사람이 경직되어 있고 보수적인 교직사회에서 지내는 것이 어디 쉽겠는가. 그럼에도 나는 확신한다. 어떤 선택을 내리든, 준아는 준아만의 방식으로 무조건 잘해낼 거라고. 원래 히어로물 주인공에게 그 정도 고난은 닥치는 법이다. 그런 준아를 보면 안미옥 시인의 시구가 떠오른다. "무서워하면서 끝까지 걸어가는 사람".

새벽 3시까지 일하다 집회에 나갔어요

무리한 스케줄이었지만, 탄핵 집회에는 꼭 나가야겠다는 마음이었어요. 하필이면 고 3 학생들 생활기록부를 작성해야 하는 중요한 시기에 계엄령이 터진 거예요. 12월 3일 계엄령이 선포된 후부터 최대한 집회에 나가려고 했어요. 그런데 12월 8일이 생활기록부 마감일이라, 평일 집회에 가려면 미리 작성을 끝내야 했어요. 그래서 매일 새벽 3시까지 생활기록부를 쓰고, 겨우 두 시간 자고 다시 출근했어요. 제가 타 지역에서 부산까지 통근하거든요. 학교까지 가는 길도 멀고 피곤했지만, 마음은 계속 광장으로 향했어요.

생활기록부를 마감하고 12월 9일부터 본격적으로 평일 집회에 나갔어요. 부산 집회에 더 많은 사람이 모이면 좋겠다는 생각이 컸거든요. 계엄이 터진 날 국회 앞에 사람들이 몰려드는 걸 보면서 이렇게 한 사람 한 사람이 모이면 천 명이 되고 만 명이 되는구나 싶었어요. 혹시 사람들이 별로 없으면 어쩌나 걱정하기도 했는데, 거리는 이미 사람들로 가득했어요.

그때부터 학교에 들고 가는 가방도 평소보다 무거워졌어요. 누가 봐도 이상할 만큼 많은 짐을 싸서 다녔죠. 응원봉이랑 시위 물품들로 가방을 가득 채웠거든요. 평일 집회가 끝나면 심야버스를 타고 집에 갔는데, 왕복 이동 시간이 서너 시간이나 됐어요. 그래도 집회에서는 신나게 구호도 외치고, 노래도 불렀어요. 워낙 잘 놀고 흥이 많은 편이라서요. 그러다 버스에 타면 기절하고 그랬죠. 배터리가 완전히 나간 것처럼요.

오히려 집회에 나가는 게 속이 편했어요. 학교에 남아 앉아 있는 게 더 답답하게 느껴질 정도였어요. 예전 박근혜 탄핵 집회에 참여하지 못한 게 계속 마음에 걸렸거든요. 이번에는 같은 후회를 하고 싶지 않았어요. 지금도 많은 고등학생들이 광장에 나오고 있는데, 과거의 저는 그러지 못했잖아요. 그리고 윤석열 정권을 만든 건 결국 어른들이니까. 제가 직접 뽑은 건 아니지만, 비상식적인 정치인이 대통령이 된 현실에 대해 책임을 져야 한다고 생각했어요. 그래서 집회에 나가는 게 저한테는 선택이 아니라 꼭 해야만 하는 일이었어요.

백날 지워봐라, 우리가 사라지나

예문여고 학생들의 시국선언,
미안하고 고마웠죠

교사들은 언제나 정치적으로 중립을 지켜야 한다는 압박을 많이 받거든요. 학교에서는 물론이고 학교 밖에서도 이 압박이 늘 저를 따라다니며 괴롭혀요. 그런 걱정이 있다 보니 집회에 나갈 때마다 중무장을 했어요. 마스크를 쓰고, 군밤 모자도 푹 눌러썼죠. 혹시라도 애들이 '주말에 서면에서 영어 쌤이 탄핵 시위 나가는 거 봤다'고 이야기하고 다니면 어쩌나 싶었어요. 괜히 꼬투리를 잡히면 그게 부풀려져 징계까지 갈 수도 있는 상황이었거든요. 한번은 집회에 참여하고 있는데, 우리 학교 1학년 학생 두 명과 눈이 딱 마주쳤어요. 아는 얼굴이라 너무 놀랐죠. 급하게 시선을 피했지만 심장이 쿵쿵 뛰었어요. '혹시 나를 알아봤을까?' 걱정이 밀려왔어요.

동천로에서 처음으로 부산 집회가 열린 12월 21일은 가장 기억에 남는 날이에요. 예문여고 학생들이 시국선언문을 낭독한 날이었거든요. 학생들도 윤석열 정부 아래에서 당연한 권리를 빼앗겼다고 느끼고 있었어요. 고교 무상교육 폐지가 논의된 것만 봐도 그렇죠. 학교 안에서는 드러내지 않더라도 시위에 열심히 나오는 학생들도 있을 거고, 또 직접적으로 시위에 참여하진 않더라도 그 목소리에 공감하는 학생들도 있을 거예요.

우리 학교 학생들은 아니었지만, 그날 그 자리에서 만난 학생들이 마치 우리 학교 아이들처럼 반갑게 느껴졌어요. 더 감동적이었던 건, 시국선언문에서 장애인, 성소수자, 이주노동자, 아이들, 여성 등 사회적 약자들을 직접 호명했다는 점이었어요. 차별받는 청소년 당사자가 또 다른 약자를 언급한다는 게 인상 깊었어요. 사실 저는 고등학생 때 그렇게까지 용감한 학생이 아니었거든요. 그래서 더 대단하게 느껴졌어요. 게다가 한나 아렌트의 '악의 평범성'까지 인용하면서 아무 생각 없이 사는 어른들을 비판하더라고요. 진심으로 멋지다고 생각했고, 이런 청소년들이 있다는 것만으로도 대한민국에 희망이 있구나 싶었죠.

집회에서 학생들을 만나면, 고맙고 미안한 감정이 동시에 들어요. 그 친구들한테는 투표권이 있었던 것도 아니잖아요. 지금의 정치 상황에 전혀 책임이 없는데도 거리로 나와서 목소리를 내고 있으니까요. 제가 교사로서 학생들을 현장에서 직접 보니까, 요즘 아이들이 얼마나 바쁘고 또 학교와 학원에 치이는지를 잘 알아요. 주말이면 당연히 친구들이랑 놀고 싶고, 푹 쉬고 싶은 마음이 들 텐데, 그 시간을 쪼개서 집회에 나온다는 게 너무 대단하게 느껴지는 거죠. 제가 누구인지 집회에서 밝힐 수는 없지만, 간접적으로나마 이런 선생님도 있다는 걸 알리고 싶었어요. 그래서 이렇게 인터뷰도 하는 거고요. 언제든 너희들의 의견을 지지할 선생님이 있다고 말해주고 싶고, 위로와 격려를 건네고 싶어요.

백날 지워봐라, 우리가 사라지나

학교 밖에서까지
목소리를 내지 못한다는 건 부당하죠

집회에 나가면서 가장 많이 했던 고민은 '정치적인 자유가 보장되지 않는다면 교직을 계속할 수 있을까'였어요. 교직 사회는 굉장히 보수적인 집단이고, 변화도 더디거든요. 더구나 저는 비정규직 교사라서, 법적으로 따져도 불리한 입장이에요. 공개적으로 이런 의견을 내는 것 자체가 쉽지 않죠. 저는 제 밥줄을 걸고 매주 시위에 나갔어요. 시위 때문은 아니었지만, 실제로 학교에서 "다음 학기에 채용이 안 될 수도 있다"는 말을 들은 적도 있고요. 인사권을 가진 선생님 마음에 들지 않았던 거예요. 결국 학교 내부에서 다시 시험을 보고 조마조마한 마음으로 결과를 기다렸는데요. 돌이켜보면, 소위 말하는 '기강 잡기'였어요. 저를 내쫓을 뚜렷한 명분이 없었으니까요. 이런 상황에서 비정규직 교사로서 목소리를 낸다는 건 정말 어려운 일이에요.

교사가 학생들에게 자신의 정치적인 의견을 설파하지 않아야 한다는 교단의 주장에 대해서는 어느 정도 동의해요. 편파적일 수 있으니까. 하지만 학교 밖에서까지 목소리를 낼 수 없다는 건 부당하죠. 교사도 정치적 활동의 자유는 보장받아야 하잖아요. 그래서 가끔은 계속 집회에 나가려면 결국 이 집단을 떠나야 하는 게 아닐까 고민해요. 아이들을 정말 좋아하고 교사로서 사명감을 느끼는 것과는 별개로요. 직업적인 수식어가 사라진다고 해서 제가, 제가 아닌 게 되는 건 아니니까요.

　이런 고민을 하면서도 매주 거리로 나갔어요. 사회자분이랑 서로 얼굴을 알아볼 정도로 1월 마지막 주까지 거의 매번 시위에 참여했어요. 마지막으로 나갔던 집회는 1월 29일 수요일에 열린 집회였는데, 그날이 유독 기억에 남아요. 무대 앞 1열을 사수하고 있던 소녀들 때문에요. 집회에서 자리 경쟁이 엄청 치열하거든요. 저도 덕질이란 걸 하다 보니, 덕후들에게 1열이 얼마나 중요한지 너무 잘 알거든요. 무대와 가까울수록 현장 분위기를 온몸으로 느낄 수 있잖아요. 시위도 마찬가지였어요. 앞쪽에서 구호를 외치거나 깃발을 흔드는 사람들의 에너지가 특히 강렬했어요. 분위기를 보니 행진 트럭과 가장 가까운 맨 앞쪽에 서려면 살짝 뒤에서 타이밍을 봐야겠더라고요. 이미 조금 늦기도 했고, 일부러 위치를 조정해서 뒤쪽으로 빠졌어요.

　집회가 시작되기 전에 사회를 맡은 '청년, 오늘'의 이지희 대표가 저에게 인터뷰를 제안했어요. 집회에 참여하는 사람들의 목소리를 기록하는 아카이빙 작업을 하고 있다고 하시더라고요. 그래서 흔쾌히 응했죠. 짧은 대화였지만, 나름 의미 있는 순간이었어요. 그런데 인터뷰를 마치고 자리에 돌아오니, 아까 무대 앞에 딱 붙어 있던 응원봉 소녀들이 어느새 제 앞으로 와 있는 거예요. 1열 자리를 완전히 빼앗긴 거죠. 그게 너무 웃겼어요. 아이돌 퇴근길에서 좋은 자리 차지하려고 잽싸게 움직이는 팬들처럼 순식간에 자리를 옮겼더라고요. 그것도 엄청 자연스럽게, 마치 원래부터 그 자리에 있었던 것처럼요. 그래도 다행히 2열 정도는 돼서 시야는 충분히 좋았어요. 대단한 열정이라고 생각했어요. 시위에서도 1열을 사수하려는 마음, 무대 가까이에서 더 뜨겁게 함께하고 싶어 하는 그 마음이 전해졌거든요.

우리가 뭉칠 이유는 분명하니까요

집회에 나가기 시작하면서, 대학생 때 친했던 페미니스트 친구들과 다시 연락이 닿았어요. 그중 한 명이 우리 학교 페미니스트들 모두의 이름으로 깃발을 들자고 제안했어요. 망설일 이유가 없었죠. 예전에도 함께 모여서 성차별에 대해 목소리를 냈던 경험이 많거든요.

졸업생 페미니스트가 모여 있는 단톡방에는 모르는 사람도 많았어요. 같이 있어도 말 한마디 나눈 적 없는 사람도 있었고요. 그런데도 주저하지 않았어요. 같은 뜻을 가진 사람들이 모인다는 것만으로도 충분했거든요. 같이 목소리를 내다 보면 급격히 가까워진다는 걸 경험으로 알고 있기도 하고. 제가 대학생 때 페미니즘 강의도 듣고 동아리 활동도 열심히 했어요. 졸업 후에도 뜻 맞는 졸업생끼리 다시 모여서 대자보를 쓰고 시위를 조직했고요. 2022년이었는데, 신당역에서 여성 역무원이 서울교통공사 동기한테 살해당한 사건이 있었잖아요. 그때 재학생들이랑 같이 불법촬영과 스토킹 등에 대해 근본적인 해결책 마련을 촉구하는 대자보를 써서 붙였죠. 시위를 마친 후엔 뒷풀이를 하며 꿔바로우를 먹었어요. 그 자리에 있던 친구 중 한 명과 그날을 계기로 절친이 됐는데, 걔가 이번에 시위에 가지고 나갈 깃발을 만들어보자고 단톡방에 제안했어요.

　이번 시위에서 여성들이 많이 모인 것도 같은 이유라고 생각해요. 주춤하면 겨우 이만큼 이끌어온 성평등도 끝장날 수 있다는 불안감이죠. 2030 여성들은 너무 많은 차별을 보고 자라왔잖아요. 여자라는 이유로 맞아 죽고, 성폭행을 당하고, 취업에서 차별받는 현실을 목격하면서. 너무나도 일상적인 차별의 경험들이 먼지처럼 쌓여 있었죠. 혜화역 시위를 통해 연대했던 것도 그중 하나였고. 그러니 광장에 모이는 데 주저할 이유가 없었을 거예요. 시위에서 다치고 죽는 사람들을 숱하게 봐와서 당연히 무섭긴 했어요. 트위터에 '경찰이 시민들을 진압하려고 살수차와 캡사이신을 대량 구매했다'는 내용의 소문도 돌았거든요. 첫 시위에 나갈 때는 무서워서 고글이랑 우산을 챙겼어요. 혹시 모를 상황에 대비해야 했으니까요. 그래도 결국엔 광장으로 나갈 수밖에 없었어요. 그때도, 지금도 우리가 뭉칠 이유는 분명하니까요.

　탄핵안이 가결됐던 대망의 12월 14일에도 깃발을 들고 페미니스트 친구들과 함께 시위에 나갔어요. 워낙 나서는 걸 좋아해서 자연스럽게 기수 역할을 맡았죠. '페미니스트'라는 단어가 대문짝만하게 적힌 깃발을 들었어요. 보통은 혹시 모를 상황에 대비해 모자까지 눌러쓰는데, 그날은 마스크만 꼈어요. 유독 인상 깊게 남은 장면이 있는데, 자유발언 시간에 아주머니 한 분이 마이크를 잡고 "여기 있는 사람들이 다 내 자식 같다"고 말씀하시더라고요. 그래서 순간 저도 큰 목소리로 "엄마!" 하고 불렀어요(웃음). 제가 원래 목소리 큰 거 하나는 자신 있거든요. 주변 친구들이 "진짜 시위꾼 같다"고 놀리면서 깔깔 웃었어요. 사실 혼자였다면 그렇게까지 크게 소리치지는 못했을 것 같은데, 다들 함께였기 때문에 더 힘이 난 거예요.

그런데 깃발 드는 일이 생각보다 훨씬 힘들었어요. 몸 쓰는 건 자신 있는 편인데도, 폴대가 쇠로 되어 있어서 팔이 금세 아파오더라고요. 작년에는 열 개 학급에서 판서를 하면서 오른팔 근육을 좀 길렀는데, 이번 학기엔 다섯 개 학급에서만 하게 돼서 어깨 쓸 일이 별로 없어졌거든요. 요즘에는 오로지 짐 들 때만 어깨를 쓰다 보니 근육이 빠진 건지, 오른팔 하나로 깃대를 들고 흔드는 게 너무 힘들었어요. 그래도 탄핵안 가결 소식을 들었을 때는 도파민이 솟구치면서 몸이 아픈 줄도 몰랐어요.

그날 현장에서 전율이 이는 순간이 있었어요. 깃발을 들고 흔들고 있는데, 갑자기 누군가 제 어깨를 툭툭 치는 거예요. 돌아보니 마스크와 모자를 쓴 20대 여성분이 종이 가방을 턱 안겨주고는 말없이 가버리시더라고요. '뭐지?' 싶어서 열어봤는데, 안에 핫팩이 가득 들어 있었어요. 몇십 개는 됐을 거예요. 나중에야 가방 안에서 쪽지를 발견했는데, 그 순간 마음이 이상하게 벅차올랐어요. 쪽지에 이런 문장이 쓰여 있었거든요. "이 자리에 모인 수많은 10대 여성들이 불꽃을 내뿜는 유권자가 되는 날 부산의 콘크리트는 반드시 부서질 것입니다." 이 문장을 읽고 한참을 가만히 서 있었어요. 페미니즘의 맥락을 정확히 아는 사람이 쓴 문장이라는 게 느껴지더라고요. 저희와 연대한다는 걸 그 행동 하나로 보여준 거죠. 쏜살같이 사라지셔서 감사 인사조차 할 수 없었지만, 그 짧은 순간이 얼마나 큰 힘이 되었는지 몰라요.

그런데 그날 그런 일이 또 생겼어요. 행진을 하고 있었는데, 뒤에서 누군가 저를 툭툭 치더라고요. 돌아보니 30대 후반쯤 되어 보이는 여성분이 서 계셨어요. 아무 말 없이 저를 빤히 보더니, 손에 5만 원을 쥐여주고는 사라지셨어요. 고생하니까 밥 한 끼라도 사 먹으라는 느낌이었는데, 그분도 우리가 하는 일을 응원하고 있다는 걸 그렇게 보여주셨던 거겠죠. 밥이랑 커피는 대학 때 교수님께 얻어먹었던 터라 그날 받은 돈은 그대로 집회 모금함에 넣었어요.

'페미니스트 교사'라고
대놓고 밝힐 수는 없어도

그날 집회에서 '페미니스트'라고 대놓고 써놓은 깃발을 든 건 저희밖에 없었어요. 아마도 저희 깃발을 찾아온 사람들은 그걸 보고 어떤 해방감이나 안전함을 느끼지 않았을까요? 그 깃발이 여성들에게는 중요한 상징이었다고 생각해요. 사실 깃발에든 어디에든 노골적으로 '페미니즘'을 내건다는 건 어떤 위협을 받을지 모르는 일이죠.

실제로 저도 학교 셔틀버스에서 '페미'에 대한 비하 발언을 들은 적이 있어요. 어떤 학생들이 동덕여대 이야기를 하면서 '거기 페미들이 많다더라, 그런 학교는 안 다니고 싶다'는 식으로 말하더라고요. 그때 저는 뒷자리에서 그 말을 조용히 듣고 있었어요. 속으로 생각했죠. '안타깝지만, 그 언니들이 네가 힘들 때 가장 먼저 손을 내밀 텐데.' 웃긴 건, 바로 뒤에 앉아 있던 저도 페미니스트였다는 거예요. 아마 그 친구들이 정말 힘든 상황에 처한다면, 저나 제 친구들은 아무 망설임 없이 손을 내밀 거예요.

하지만 학교에서는 '페미니스트'라는 말을 함부로 꺼내기가 어려워요. 동료 선생님들과 뉴스를 보다가 동덕여대나 시위 이야기가 나오면, 우호적으로 받아들이는 분들이 거의 없어요. 오히려 '왜 저런 짓을 하냐'는 반응이 더 많죠. 한번은 대화 중에 제가 여대라는 공간이 안전하니까 시위하는 거라고 말한 적이 있어요. 그러니까 한 남자 선생님이 정색하면서 그게 모든 남성을 잠재적 가해자로 만들 수 있는 위험한 발언이라고 맞받아쳤어요. 여대를 공학으로 전환하는 게 시위까지 할 문제는 아니라는 말까지 덧붙이면서요. 순간, 말을 이어갈 필요가 없겠다는 생각이 들어서 더 이상 대꾸하지 않았어요.

사실 하고 싶은 말은 많죠. 여대 학생들이 시위하는 데는 분명한 이유가 있다고 말하고 싶었어요. 하지만 그 자리에선 차마 말을 꺼낼 수 없었어요. 제가 기간제 교사라서, 그런 발언이 채용에 직접적인 영향을 끼칠 수 있다는 걸 잘 아니까 그랬을 수도 있어요.

교실에서도 마찬가지예요. 학생들 앞에서 무언가를 설명할 때, 늘 신중해야 해요. 저한테 직접 말하진 않더라도, 남녀공학이다 보니 여성혐오적인 온라인 커뮤니티에서 활동을 하는 학생들도 많을 거예요. 실제로 옆 학교들에서는 교사를 대상으로 한 딥페이크 성범죄도 여러 건 있었고요. 말 한마디라도 잘못하면, 소위 '좌표 찍히는' 상황이 벌어질 수도 있어요. 페미니즘을 직접적으로 이야기하기보다는, 가부장적인 문화 때문이라는 식으로 우회적으로 설명하는 게 최선일 때도 있죠. 그렇다고 모든 상황에서 침묵하는 건 아니에요. 혐오 표현에 대해서는 확실하게 짚고 넘어가요. 예를 들어 남학생들이 '게이 같다', '장애인 같다'는 말을 욕처럼 쓰는 경우가 있는데, 그럴 때는 꼭 주의를 줘요. 그런 표현이 왜 문제가 되는지 설명해주고, 다시는 쓰지 않도록 지도하죠.

10년 차 덕후는 시위에 가장 최적화된 인재죠

제가 덕질을 시작한 지도 벌써 10년이 돼가요. 방탄소년

단과 비투비를 덕질했던 시절이 있었고, 지금은 엑디즈(엑스 디너리 히어로즈) 팬이에요. 빌런즈(엑디즈의 공식 팬클럽 명칭) 죠. 엑디즈는 JYP에서 나온 록밴드인데, 록 음악을 좋아하는 팬덤이다 보니 아무래도 저항 정신이 깃들어 있는 사람들이 많아요. 그래서 계엄이 터졌을 때도 트위터 타임라인에 불이 났었어요. 저희 팬덤이 아직 그렇게 크지는 않지만, 최근에 팬들이 많이 유입되면서 점점 세력이 커지고 있거든요. 쪽수는 좀 부족해도 행동력만큼은 진짜 뛰어나요.

팬들이 직접 디자인한 시위 슬로건도 저작권 제한을 두지 않고 이미지를 공유했어요. 엑디즈 노래 중에 〈소년 만화〉라는 곡이 있는데, 그 곡에 등장하는 "최악의 상황에 주먹을 뻗는다"라는 가사를 담아 만든 거예요. 저희 팬덤은 확실히 시위와 관련해서 굉장히 열린 분위기예요. 쉬쉬하는 분위기가 전혀 없어요. 빌런즈 깃발을 들고 나가서 시위장에서 정모(정기모임)를 할 정도예요. 거리에서도 서로를 알아보고, 적극적으로 연대하는 느낌도 강해요.

시위에 가면 어디에나 빌런즈가 있어요. 그래서 팬들끼리 만나면 연장을 들고 인증샷을 찍어요. 엑디즈 응원봉 정식 명칭이 '플랫봉'인데, 저희끼리는 그냥 '연장'이라고 불러요. 이름부터 강렬하죠. 덕후들의 세계가 원래 그렇잖아요. 같은 응원봉을 들고 있으면 무조건 반가운 거예요. 아미밤(BTS 응원봉)처럼 대중적으로 유명한 게 아니니까 우리끼리만 아는, 우리만 알아볼 수 있는 상징이죠.

부산 평일 집회에서 빌런즈를 만난 적도 있어요. 손에 엑디즈 응원봉을 들고 있어서 바로 알아봤죠. 너무 반가워서 사진도 찍고, 트위터 맞팔(맞팔로우)도 했어요. 알고 보니까 제가 이미 그분이 운영하는 엑디즈 사진 계정을 팔로우하고 있었더라고요. 며칠 전 엑디즈 공연에서도 또 그분을 만났어요. 지금은 엑디즈보다 다른 아이돌을 더 좋아하게 됐는데, 친구 때문에 공연장에 왔다고 하시더라고요. "시위에서 또 봐요!" 하면서 헤어졌어요.

혼자서도 꾸준히 시위에 나갈 수 있었던 것도 빌런즈 덕분이에요. 각기 다른 지역의 빌런즈가 '오늘은 어느 지역 집회에 갔다'는 식으로 트위터에 계속해서 인증을 하고 있거든요. 응원봉을 들고 인증샷을 찍고, 서로 '좋아요'를 눌러줘요. 서울에 사는 한 빌런즈 트친은 탄핵이 가결된 주에 자기는 집회에 못 나간다면서 저한테 기프티콘을 보내줬어요. 그렇게까지 친한 트친이 아니었는데도 주말마다 집회에 꼬박꼬박 나가는 게 대단하다고 응원해주셨어요.

제가 일부러 매일 부산 집회에 나가는 걸 트위터에 올렸었거든요. 초반에는 부산 집회에 대한 이야기가 별로 없어서 어떻게든 부산 집회를 가시화할 필요가 있겠다고 생각했어요. 저 같은 사람들이 꾸준히 인증샷을 올리고 '부산에서도 이렇게 많은 사람이 나왔다!'고 외치다 보니, 점점 리트윗이 늘어나더라고요. 부산 집회 현장에서 사람들이 〈다시 만난 세계〉를 부르는 영상을 찍어서 트위터에 올린 적이 있었는데, 그게

백날 지워봐라, 우리가 사라지나

꽤 화제가 됐어요. 부산 집회에 더 많은 사람들이 모이게 하는 데 저도 조금은 기여하지 않았나 하는 자부심이 있어요(웃음).

불의에 맞서 행동하는 게 팬들한테는 낯설지 않아요

엑디즈 노래 중에 〈서커펀치〉라는 곡이 있는데, 가사에 "미쳐 돌아가는 세상이야. 이길 수 없는 악몽 같아도"라는 구절이 나와요. 굉장히 혁명가 느낌이 나는 곡이죠. 계엄이 터지면서 팬들이 이 노래를 '석열펀치'로 패러디해서 시위송처럼 부르기 시작했어요. 트위터에서 화제가 되면서 RT(리트윗)를 엄청 탈 때부터 심상치 않았는데, 결국 엑디즈 멤버들도 이걸 봤더라고요. 아이돌이니까 아무래도 매일 검색을 하겠죠. '갑자기 〈서커펀치〉가 왜 실시간에 올랐지?' 하고 찾아본 게 아닐까 싶어요.

그러더니 멤버 중 한 명이 동참하겠다는 의미로 상태 메시지를 촛불 이모지로 바꿨어요. 조금 뒤에는 또 다른 멤버가 상태 메시지를 '서커펀치'로 변경했고요. 팬들 사이에서는 난리가 났어요. 덕질 판을 좀 아는 사람들이라면, 이게 얼마나 이례적인 일인지 알 거예요. 멤버들이 정치적인 의미가 담긴 행동을 한다는 것 자체가 흔치 않은 일이거든요. 그런데 이게 소속사 귀에 들어갔는지, 갑자기 강제적으로 버블(아이돌과 팬이

일대일 채팅으로 소통하는 유료 앱)을 금지시켰더라고요.

엑디즈 멤버들은 원래 매일 버블로 팬들에게 안부 인사를 남기거든요. 그런데 며칠 동안 아무도 나타나지 않았어요. 팬들은 단체로 멘붕에 빠졌죠. 그리고 멤버들이 마지막으로 남긴 메시지가 "많이 춥다. 꼭 따뜻하게 입고 다녀"였어요. 버블에서는 팬들이 보내는 메시지도 다 볼 수 있거든요. '계엄 때문에 탄핵 시위 나간다'는 말이 넘쳐나니까 거기에 답해준 게 아니었을까 싶어요. 단순한 인사가 아니라, 시위에 나가는 팬들에게 따뜻하게 입으라고 말해준 거죠.

멤버들이 며칠씩이나 버블에 오질 않으니까, 팬들이 비민주적인 행동을 하는 소속사에 분노를 표출했어요. 뮤지션이 자기 목소리 낼 자유도 없냐고 따진 거죠. 소속사가 팬들의 항의를 심각하게 받아들였던 것 같아요. 돌이켜보면, 결국 12월 8일부터 12월 14일까지 겨우 일주일 정도 못 본 건데…… 솔직히 좀 민망하긴 해요(웃음). 마치 한 달이라도 못 본 것처럼 난리를 쳤으니. 그래도 뭐, 어쩌겠어요. 우리 애들이 팬들한테 너무 잘 찾아오는 효자들이라, 저희가 이렇게 길들여진 거죠.

언제 생카 갔다가
광화문 시위까지 가보겠어요?

1월 첫째 주에 학생들이 졸업을 했어요. 졸업 다음 날부

백날 지워봐라, 우리가 사라지나

터 방학이 시작된 건데, 사실 서울 집회에 갈 계획은 없었거든요. 제가 3학년 담임 업무를 맡으면서 1년 내내 진학 지도에 대한 부담이 컸어요. 애들 대학 보내야 한다는 압박감이 심했던 거죠. 학생들과 함께 달려온 1년이었지만, 막상 졸업을 시키고 나니 저도 많이 지쳤다는 걸 실감했어요. 게다가 매일 왕복 서너 시간씩 통근하면서 체력도 바닥이 났고요. 그래서 강원도로 템플스테이를 가서 푹 쉬다 오려고 했어요. 산 좋고 물 좋은 곳에서 조용히 시간을 보내고 싶었거든요.

그런데 덕질하면서 친해진 친구가 서울에 있는 엑디즈 멤버 생카(생일 카페)에 같이 가자고 하더라고요. 콘서트나 오프라인 행사를 다니다 보면 자연스럽게 친해지는 사람들이 있잖아요. 그 친구도 그렇게 알게 된 사람이었어요. 말이 잘 통해서 예전에 부산 록페스티벌도 같이 갔었고, 그때 친구가 아는 팬들이랑 합류해서 재밌게 놀았거든요. 우리가 좋아하는 엑디즈 멤버가 사실 그렇게 인기 멤버는 아니에요. 엑디즈 멤버 '준한'을 좋아하는 팬들을 흔히 '난프'라고 하는데, 난프는 한 줌도 아니고 반 줌도 안 될 정도로 적어요. 그런데 특이하게도 구황작물을 캐면 줄줄이 따라 나오는 것처럼, 난프끼리는 서로 소개시켜주는 문화가 있어요(웃음). 그래서 친구의 친구들도 자연스럽게 알게 됐고, 이번에 생카부터 시위까지 넷이서 다 같이 가게 됐어요.

제가 언제 생카 갔다가 시위까지 가보겠어요? 서울에서 할 일이 생겼으니 방학 계획을 바꿨죠. 어차피 쉬러 올라갈 거, 덕질도 하고 시위도 하기로요. 우리는 다 직장인이니까 평일에 생카를 갈 수가 없었어요. 그래서 1월 11일 토요일에 가기로 했어요. 일요일에는 다시 부산으로 내려와야 하는 일정이라, 토요일 하루를 알차게 보내기로 했죠. 다른 팬들한테도 "토요일에 시위 갈래?"라고 물어봤더니, 다들 흔쾌히 가자고 했어요. 그래서 자연스럽게 생카 후 광화문 집회 일정으로 이어졌어요.

생카부터 시위까지 하루 종일 바쁜 일정이었지만, 하이라이트는 따로 있었어요. 대망의 〈위플래시〉였죠. 서울 집회에 가기로 결정됐을 때, 가장 기대했던 곡이었어요. 트위터에서 봤을 때 서울 〈위플래시〉는 박자감이 좀 더 빠르더라고요. 리듬감이 미쳤다고 생각했어요. 그렇지만 밴드 덕후에게 행진은 유산소 운동일 뿐이죠. 저는 밴드 팬이니까 뛰는 게 몸에 익숙한 사람이거든요. 엑디즈 콘서트를 가면, 일단 서서 시작해요. 그리고 세 시간 동안 계속 유산소 운동을 하는 거예요. 한번은 콘서트 끝나고 집에 왔는데, 몸무게가 3킬로그램이나 빠져 있더라고요. 그만큼 온몸을 흔들고 뛰어노는 게 익숙해요. 그래서 〈위플래시〉가 나오는 순간 가슴이 쿵쿵 뛰고, 진짜 신났어요. 그런데…… 〈위플래시〉 이후로 노래들이 너무 강강강강 몰아쳐서 뒤쪽 기억이 거의 남아 있지 않아요(웃음). 아침부터 생카를 돌고 행진까지 했으니 체력이 남아날 리가 없죠.

덕질 친구들끼리 만나면 아무 생각 없이 서로 깔깔대고 웃을 때가 꼭 있어요. 그날 퀴어 단체에서 손바닥만 한 '탄핵 찬성' 유인물을 나눠줬는데, 그걸 받은 언니 한 명이 갑자기 이마에 턱 붙이는 거예요. 결국 저희 넷 다 이마에 종이를 붙이고 인증샷을 찍었어요. 성인 네 명이서 이마에 똑같은 종이를 붙이고 있으니까, 누가 봐도 너무 웃기고 재미있잖아요. 서울 집회에서 본 것 중에 또 기억에 남는 게, 윤석열 전신 사진을 사이에 넣은 젓가락이 있었거든요. 그래서 젓가락을 벌릴 때마다 사지가 찢어지는(웃음). 트위터에서 RT를 엄청 탔던 그 장면이 바로 제 앞에서 펼쳐진 거예요. 제가 직접 본 장면이 트위터에서 유명해지니까 신기했죠. 그렇지만 가장 뿌듯했던 건 제 연장(응원봉)이 광화문 집회에서 첫 공식 무대를 가졌다는 거였어요. 2박 3일용으로 짐을 싸서 올라와서 너무 무거웠지만 그렇다고 응원봉을 포기할 수는 없었거든요. 뭐라고 표현해야 할까요. 내 새끼 대학 보낸 기분이랄까요?

광화문은 사람이 정말 많았어요. 부산도 사람들이 많긴 했지만, 거긴 차원이 다르더라고요. 부산에서는 아무리 사람이 많아도 앉을 자리는 있었는데 광화문은 아예 발 디딜 틈조차 없더라고요. 보통 부산 집회에서는 스피커를 여러 개 둬서 어디서든 소리가 잘 들렸거든요? 그런데 광화문은 규모가 너무 커서, 스피커가 있어도 잘 안 들릴 정도였어요. 그날 옥상달빛 언니들이 와서 꼭 보고 싶었는데, 얼굴조차 볼 수 없었어요. 스크린마저도 잘 안 보일 만큼 사람이 많았는데, '같은 공간에 있다'는 감각 하나로 참여하는 느낌이었어요.

혼자가 아니라는 걸
아이들이 느끼게 해주고 싶어요

'나도 저 사람들과 함께하고 있다'는 감각이 계속 저를 앞으로 나아가게 만들어요. 시위에 나가면서 그런 감정을 더 깊이 실감했다고 할까요. 다른 한편으로는 시위에서 강하게 느꼈던 연대감이, 아이들이 혼자 버티는 교실 풍경과 너무나도 대조적으로 다가왔어요. 거리에는 함께하는 사람들이 이렇게 많은데, 학교에서는 아이들이 다 너무 혼자서 버티고 있는 것 같았거든요.

요즘 친구들, 특히 여자아이들을 보면 그런 생각이 들어요. 겉으로는 화려하게 꾸미고 다니는데 속은 완전히 엉망인 친구들이 많아요. 화장품이나 스타일링 같은 건 열심히 챙기지만 정서적으로 너무 힘들어 보이고, 어떤 친구들은 물리적으로도 무척 위험한 상황에 놓여 있어요. 재작년 2학기 때는 우울증이 심해서 병원에 입원하느라 학기의 절반을 날린 아이도 있었어요. 그런데 학교에서 해줄 수 있는 건 거의 없다시피하고, 너무 답답했어요. 결국 상담이 전부인데, 그것만으로는 턱없이 부족하거든요.

페미니즘을 직접적으로 가르치는 것보다 더 중요한 게 있지 않나 싶어요. 기대고 의지할 수 있는 어른이 있다는 걸 아이들이 느끼게 해주는 것. 그게 지금 제가 할 수 있는 일일 것 같아요. 아이들한테 엄마나 언니 같은 존재가 되고 싶어요. 언제든 기대도 된다고, 넌 혼자가 아니라고 말해줄 수 있는 어른이요. 그게 페미니스트 교사로서 제가 해야 하는 일이라고 생각해요. 얼마 전에 졸업한 아이한테서 연락이 왔어요. "선생님 덕분에 졸업했어요." 그 말을 듣는 순간 막 벅차오르고 울컥하더라고요. '내가 괜히 애쓰는 게 아니구나. 그러니까 계속해야겠구나' 싶고. 아이들 때문에 속상할 때도 많지만, 결국 저를 계속하게 만드는 것도 아이들이에요.

일곱 번째 이야기

평범한
술집 여자의
자유발언
비타인드

구술: 김유진
기록: 양소영

세희가 나에게 물었다. "너는 왜 그렇게 성매매에 관심을 가져?" 대학 시절부터 반성매매 인권운동에 유독 관심을 가진 데다, 유진씨가 인터뷰이로 섭외되었을 때도 그 인터뷰 글은 꼭 내가 쓰고 싶다며 나답지 않게 고집을 부렸기 때문이다. 대학생 때 한 인권단체 대표님의 특강을 들은 적이 있다. 그는 성매매 여성이 여기 앉아서 이 강의를 듣고 있는 우리와 하나도 다르지 않다고 이야기했다. '성녀'와 '창녀'를 끝없이 구분하는 가정 환경과 사회를 겪어온 나에게 그 이야기는 큰 충격으로 다가왔다. 그때 인생이 끝없이 무언가를 선택해서 다양한 결론에 도달하는 게임 같다는 생각을 했다. 게임과 다른 것이 있다면, 삶에는 절박하고 유일한 선택이 존재하고, 원한다고 해서 강제로 종료하기도 어렵다.

유진씨와 인터뷰를 마쳤을 때는 밤 10시 30분쯤이었다. 나현과 나는 유진씨를 버스 정류장까지 데려다주고 집으로 가려다가 허기를 느껴 24시간 국밥집에 들어가 국밥과 맥주를 시켰다. 국밥을 먹으며 인터뷰 내용을 다시 떠올렸다. 내가 유진씨의 상황이었다면 유진씨와 다른 선택을 할 수 있었을지, 내가 파주 용주골의 '아가씨'였다면 다른 선택을 할 수 있었을지 스스로에게 질문했지만 쉬이 답을 내릴 수 없었다. 굶어 죽을 위기에서, 혹은 아이를 먹여 살려야 하는 상황에서 사회가 요구하는 '고고함'을 지킬 수 있을지 확신할 수 없었다.

비단 '그들'만의 문제가 아니다. 나의 대학 동기는 알바천국에서 시급이 높은 카페 아르바이트에 지원했다가 정말 아무

것도 모르는 채로 '룸'에 들어가게 된 적이 있다. 뭔가 이상함을 감지한 친구는 룸에 남자가 들어왔을 때 자기 상황을 한 시간 내내 설명했고, '다행히' 강간을 당하지 않았다. 정해진 시간이 되자 도망치듯 그 방에서, 그 업소에서 나왔다고 했다. 스스로 원하지 않더라도 언제 어떻게 성매매의 문턱에 서게 될지, 그 누구도 장담할 수 없을 것이다. 아니, 어쩌면 우리 중 상당수가 이미 유사 성매매를 경험했을지도 모르겠다. 유진씨는 인터뷰 중에 "솔직히 연애하면서도 성노동 같은 상황은 일어나지 않나요? 오늘 데이트코스도 상대방이 다 짜왔고, 돈도 다 그 사람이 냈으면, 그날 내키지 않아도 모텔을 가야 하나 생각하는 경험 한 번쯤은 다 있을걸요?"라고 말했다. 그 말에 우리는 격하게 고개를 끄덕였다.

'김유진'이라는 이름은 가명이다. 유진씨의 자유발언이 화제가 된 후, 많은 언론사에서 유진씨를 인터뷰했다. 처음으로 기사를 쓴 언론사에서 가장 흔한 성인 '김'과 그의 나이대에서 가장 흔한 이름인 '유진'을 합친 '김유진'을 가명으로 제안했다고 한다. 나는 이 가명이 갖는 의미가 크다고 생각한다. '90년대생 여성'의 가장 흔한 이름. 우리는 누구나 이 이름을 가질 수 있었다.

이 소개글에서 나는 '성매매'와 '성노동'이라는 말을 섞어 사용했다. 이어지는 인터뷰 내용에서는 '성노동'으로 용어를 통일했다. 성매매냐 성노동이냐 하는 해묵은 논쟁이 지금도 계속되고 있다는 것을 모르지 않지만, 이 이야기를 읽을 때

만큼은 그런 논쟁을 잠시 뒤로 제쳐두어도 좋을 것이다. 그리고 그 논쟁 뒤에 실제로 존재하는 김유진이라는 사람을 봐주길 바란다. 유진씨는 계속해서 약자들을 호명하고 있고, 우리의 반대편에 서 있는 '사람들' 역시 바라보며 그들과 더불어 살아가야 함을 이야기하고 있다.

이 인터뷰 글은 유진씨 자신의 생각보다 큰 반향을 일으킨 자유발언을 뼈대로 삼는다. 부산 서면 집회에서 했던 자유발언에 미처 다 담기지 못한 뒷이야기, 그리고 그 이후 그에게 찾아온 변화를 기록하고자 했다. 이 글을 읽는 사람들이 잠시나마 유진씨의 시선으로 세상을 바라볼 수 있었으면 한다.

12월 11일 집회 자유발언문

안녕하세요, 반갑습니다.
저는 저기 온천장에서 노래방 도우미로 일하는, 소위 말하는 술집 여자입니다.
'너 같이 무식한 게 나대서 뭐하냐', '사람들이 너 같은 사람의 목소리를 들어줄 것 같으냐' 같은 말에 반박하고 싶어서, 또 많은 사람들이 편견을 가지고 저를 경멸하거나 손가락질하실 것을 알고 있지만, 오늘 저는 민주사회의 시민으로서 그 권리와 의무를 다하고자 이 자리에 용기

내어 올라왔습니다.

제가 오늘 이곳에 선 이유는 다름이 아니라 여러분께 한 가지를 간곡히 부탁드리고 싶어서입니다. 그건 우리가 이 고비를 무사히 넘기고 난 다음에도 계속해서 정치와 우리 주변의 소외된 시민들에게 관심을 가지는 일입니다.

우리는 박근혜를 탄핵시켰고 또 윤석열을 탄핵시킬 것이지만 동시에 우리 국민의 절반은 박근혜와 윤석열을 뽑은 사람들입니다. 내 집값이 오른대서, 북한을 견제해야 해서, 내가 속한 커뮤니티의 사람들이 그렇게 부추겨서 국민의 절반이 국민의힘을 지지하고 있었습니다. 그들은 왜 그러는 걸까요?

강남에 땅이 있는 놈들은 그렇다 쳐도, 쥐뿔도 가진 것 없는 20~30대 남성들과 노인들은 왜 국민의힘을 지지할까요? 그것은 시민교육이 부재하고 그들이 소속될 적절한 공동체가 없기 때문입니다. 우리는 전 세계적으로 우경화가 가속화되는 시대 한복판에 서 있습니다. 이 거대한 흐름을 막지 못한다면 또 다른 윤석열이, 또 다른 박근혜가, 또 다른 전두환과 박정희가 우리의 민주주의를 위협할 것입니다.

그러니 다시 한번 부탁드립니다. 우리 주변의 소외된 이들에게 관심을 주십시오. 더불어 민주주의에 관심을 가져주십시오. 오로지 여러분의 관심만이 약자들을 살려낼 수 있습니다.

백날 지워봐라, 우리가 사라지나

저기 쿠팡에서는 노동자들이 죽어가고 있습니다. 파주 용주골에선 재개발의 명목으로 창녀들의 삶의 터전이 파괴당하고 있습니다. 동덕여대에서는 대학 민주주의가 위협을 받고 있고, 서울 지하철에는 여전히 장애인의 이동할 권리가 보장되고 있지 않으며, 여성들을 향한 데이트폭력이, 성소수자들을 향한 차별이, 이주노동자의 아이들이 받는 차별이, 그리고 전라도를 향한 지역혐오가 가득합니다. 이 모든 것들이 해결되지 않는다면 우리의 민주주의는 여전히 완벽하지 못한 것입니다.

그러니 여러분께 간곡히 부탁드립니다. 우리가 이 고비를 무사히 넘기는 데 성공하더라도, 이것이 끝이고, 해결이고, 완성이라고 여기지 말아주십시오. 편안한 마음으로 두 발 뻗고 잠자리에 들지 말아주시길 부탁드립니다. 이상입니다.

저는 술집 여자입니다

'술집 여자'라는 단어를 사용한 것에 어그로가 없었다고는 말 못하죠(웃음). 그래도 제가 정체성을 말하고 나면, 다른 사람은 말하기가 더 쉬워질 것 같아서 이렇게 발언을 시작했어요. 솔직히 '술집 여자'라는 정체성이 되게 빡세잖아요. 제일 욕 먹기 쉽고 손가락질받기 쉬운데, 제가 이걸 먼저 말하면 그 다음에 나와서 발언할 사람은 자기 정체성을 밝히기 좀 쉬워지지 않을까 생각했어요. 그래서 발언할 때까지만 해도 손가락질받을 걸 각오했어요. 그런데 생각보다 다들 박수를 많이 쳐주시더라고요. 놀랐어요.

사실 부정적으로 화제가 될 줄 알았거든요. 제가 20대 초반에 이 일을 시작하고 SNS에 성노동자 계정을 하나 만들었는데, 그때 소위 말하는 래디컬 페미니스트들에게 정말 많은 공격을 받았어요. 당시에 운영했던 SNS 계정에는 주로 '성노동자가 안전하게 일하려면 이러이러한 게 필요하다' 그런 식의 글을 올리곤 했었어요. 원래 처음에는 신세 한탄을 많이 했어요. 손님 앞에서 '냄새난다' 이런 이야기를 할 수 없으니까 SNS 계정을 만들어서 적게 된 거죠.

그러다 보니 다른 성노동자분들이랑 맞팔을 하게 됐고, 우리끼리 정보 공유를 하게 된 거예요. 예를 들어서, 조건만남 어플을 사용하는 애들이 있어요. 그거는 10대 여자애들이 굉장히 많이 하거든요. 근데 그런 어플에서 고객인 척하고 잠복 수사하는 경찰을 만날 수도 있어요. 거기 걸리면 빨간 줄 생기는 거니까 촉이 싸하면 바로 튀어야 한다, 이런 팁을 주로 적어놓죠. 그 외에도 강간당했을 때 어떻게 해야 하는지, 미프진(임신 중절 약물)을 구하고 싶으면 어떻게 해야 하는지, 돈을 어떻게 받아야 하는지, 일 시작하기 전에 항상 친구에게 위치를 공유하고 연락이 안 되면 신고해달라고 말해놓아야 한다든지,

이런 내용들을 공유했어요.

그랬더니 성매매 조장한다고 온갖 욕을 다 먹은 거죠. 저는 또 그런 말 들으면 가만히 있는 성격이 아니어서, 그 사람들이랑 엄청 싸웠어요. 그랬다가 결국 숱한 신고를 받고 계정을 차단당해서 정리하게 됐어요. 그래서 이번에 무대에 올라가서 발언하기 전에도 당연히 제가 '술집 여자'라는 걸 밝히면 다들 저를 손가락질하겠거니 싶었죠. '이미 영생할 정도로 욕을 먹었는데 좀 더 먹으면 어때 뭐' 그런 생각도 있었고요(웃음). 그런데 많은 분들이 박수쳐주셔서 얼떨떨했던 것 같아요.

제가 이렇게 나설 수 있었던 건요

제가 자유발언 한 걸 보고 많은 분들이 어떻게 용기를 낼 수 있었냐고 물어보세요. 그런데 저는 좀 용감한 편이에요. 그래서 생각하시는 것만큼 어려운 일은 아니었어요. 비상계엄이라는 정말 말도 안 되는 일이 일어난 거잖아요. 나가서 목소리를 내야 한다고 생각했어요. 저도 시민이니까요.

12월 3일은 일이 없는 날이었어요. 그래서 자려고 누워서 잠깐 트위터를 보는데 '계엄'이라는 말이 있는 거예요. 제가 2024년에도 수능을 치긴 쳤거든요. 그때 한국사에서 1등급을 받았어요. '계엄'이 현대사 파트에 나오는 단어잖아요. 그 단어랑 똑같은 글자가 트위터에 있으니까 계속 새로고침 하면서 보고 있었어요. 이게 말이 되는 일인가 싶어서 밤을 꼴딱 새웠죠. 지금까지 계엄령이 떨어지면 사람이 굉장히 많이 죽었잖아요. 나중에 밝혀진 거지만, 당시에 국회에 있던 군인들이 실탄을 가지고 있었다고도 하고…… 어떤 군인이 시민들 죽이려고 실탄을 가져가요. 말도 안 되죠. 물론 전두환 때도 그랬고, 박정희 때도 그랬지만 그게 2024년에 반복된다는 게 너무 말도 안 되게 느껴졌어요. 국민들을 위해서 일하라고 뽑아놨더니 독재하려고 시민들에게 총구를 들이댄 거잖아요. 민주주의를 위해서 얼마나 많은 사람들이 피 흘리고 죽어가고 그랬는데 그걸 한순간에 역행시키려고 하다니. 너무 화가 났어요.

그런 상태로 집에만 있자니 갑갑해가지고 못 버티겠는 거예요. 그래서 계속 집회에 나갔어요. 정말 갈 수 있는 날은 다 나간 것 같아요. 집회에 나가면 저랑 뜻을 같이하는 사람들과 연결되어 있다는 느낌이 들어서 좋았어요. 집회에 나가면서 그런…… 화, 답답함 같은 감정들이 좀 해소된 것 같아요. 요즘은 신곡도 많이 틀어주니까 길거리 코인 노래방 같은 느낌도 들고요. 직접 갈 수 없는 날에도 최대한 연대의 마음을 보내려고 노력했어요. 12월 21일 남태령 대첩 때 당장 거기로 달려갈 수 없어서 연대 물품이나 음식을 보낸 사람들이 많았잖아요. 저도 그중 한 명이었어요. 휠체어 이용자인 친구랑 '트랙터 타고 올라가신 농민분들 우리 부모님뻘일 텐데, 혈당 떨어지면 어떡하냐'는 얘기를 하다가 그 친구가 모금을 시작했어요. 기부금이 60~70만 원 정도 모여서, 자동차로 배달해줄 수 있는

백날 지워봐라, 우리가 사라지나

죽집을 찾아다녔죠. 그때 닭죽을 보내드렸어요.

이번 일에 이렇게 나설 수 있었던 건, 이전에도 목소리를 내본 경험이 있어서였어요. 제가 재수생일 때 역사 교과서 국정화 문제가 있었거든요. 관련해서 트위터에 지방에서도 청소년 집회가 열리면 좋겠다는 의견들이 올라와서, 제가 부산 지역 청소년 집회를 맡겠다고 나섰어요. 트위터를 통해 일사천리로 총괄 계정도 만들고 자원봉사자들도 모았어요. 그전에 집회를 열어본 경험이 없었던 터라 시민단체에 자문을 구하러 다니기도 했죠. 하루에 네 시간씩 자면서 보름 만에 준비를 다 끝냈던 걸로 기억해요. 디자인 재능기부랑 모금도 받았고요. 그때는 너무 피곤해서 제정신이 아니었던 것 같아요. 그렇게 노력한 덕분에 당시 집회에 200~300명 정도가 모였어요.

지금 부산에서 열리는 탄핵 집회에도 '2030 집회 기획단'이 있는데, 거기에서도 활동하고 있어요. 기획단에서는 노잼 집회가 되지 않게 하려고 많은 아이디어를 내요. 예를 들어 행진 트럭 선곡 리스트를 만든다거나, 시민들이 포스트잇에 한마디씩 적을 수 있게 한다거나, 샌드백을 설치해서 칠 수 있게 해둔다거나 하는 것들이요. 저는 '민중가요 노래교실' 아이디어를 냈어요. 청년들이 많이 나오는데 민중가요를 잘 모르니까 같이 배워볼 수 있는 시간을 만들면 좋을 것 같아서 제안했어요. 주최 측에서도 적극적으로 반영해주셨죠.

누군가에게는 그곳이 삶의 터전이에요

제가 서면 집회에서 발언할 때 파주 용주골을 언급했어요. 발언이 화제가 되면서, 관련 기사 댓글에 '나 용주골 주민인데, 한번 뵙고 싶다' 이런 댓글이 달렸어요. 용주골도 집장촌인데, 지금 파주시장이 용주골이 보기 안 좋다는 이유로 완전히 밀어버리려 하고 있거든요. 그래서 거기 사는 분들께서 '여기도 사람들 사는 데다', '제대로 된 조치가 취해지지 않으면 우리는 떠날 수 없다' 이렇게 항의하고 있고요. 그런데 그런 맥락을 싸그리 무시하고 아무것도 모르는 사람들이 고집부리는 걸로 치부하는 것 같아요. 업무방해죄로 고발된 분들도 있는 걸로 알아요. 원래 '아가씨'가 200명쯤 있었는데 100명 정도가 다 나가고, 경찰 단속도 너무 많아서 단골손님 아니면 안 받는다고 그러더라고요. 다들 수익이 반토막이 났대요.

그런 상황을 잘 아는 입장이라 기사 댓글을 보고 그냥 대뜸 용주골로 향했어요. 낮에 도착했는데 아무도 없더라고요. 그 와중에 헤어드라이어 소리가 들리는 집이 있어서 그 집 문을 열고 "저 연대하러 온 시민이에요" 이렇게 인사를 했어요. 그런데 마침 거기가 마을 회장분 집이었던 거예요. 그래서 "제가 서면에서 발언한 그 노래방 아가씨예요"라고 제 정체를 밝혔죠. 너무 잘 왔다면서 반겨주셨어요. 아가씨 대표분이랑도 한참 이야기를 나눴죠. 제가 알고 있는 기자분들 명함도 전달드렸어요.

저도 성노동이 결국 없어져야 한다고 생각해요. 그런데 그게 지금 용주골처럼 한순간에 다 없애버리는 방식이어선 안되죠. 당장 이걸로 먹고사는 사람들이 있잖아요. 특히 미혼모들이 이 일을 정말 많이 해요. 당장 애가 학교를 가야 하는데, 분유값을 벌어야 하는데, 혼자서 육아하면서 돈을 벌 방법이 많지 않잖아요. 학력이 낮은 여성인데 한 달에 몇 백씩 되는 돈을 무조건 벌어야 되는 상황이다, 그러면 결국 할 수 있는 게 이거 말고 많지가 않은 거예요. 그 사람들의 존재는 상관없다는 듯이 그냥 다 철거하고, 그 터전을 밀어버리면 굉장히 곤란하죠. 하다못해 다른 방향을 제시할 때 금전적으로 버틸 수 있는 환경을 마련해주고, 교육을 받거나 직업 탐색 경험을 할 수 있게 해줘야 한다고 생각해요. 그 사람들이 왜 거기 있는지를 먼저 물어봐주면 좋겠어요.

저 같은 경우는 우울증을 심하게 겪었어요. 하루에 열 시간씩 내리 자고, 의욕도 많이 죽어 있었고요. 우울증이 심해져서 대학 입시도 좌절됐어요. 부모님이 이혼하시면서 언성 높아지는 일도 많았고, 물리적인 폭력도 겪었어요. 그러니까 저는 우울증이 더 심해지고, 그게 감당이 안 되니까 부모님은 다시 폭력적으로 대응하고, 이런 악순환이 반복됐어요. 손가락 하나 까딱할 기운도 없이 몇 달을 지냈죠. 그랬더니 몸무게도 쫙쫙 빠지고 하루에 한 끼 먹고 이러니까 친구들이 걱정하면서 배달 음식 같은 걸 시켜주기도 했어요. 부모님은 제 우울증을 부정하시면서 제가 의지력이 약해서 그런 거라고 말씀하셨어요. 여름에 집에서 에어컨도 못 틀게 하시고. 그러니까 친구 한 명이 너무 걱정된다고, 우리 가게 와서 에어컨도 좀 쐬고 밥도 먹으라고 하더라고요. 거기가 업소였어요. 친구 만나러 갔다가 처음으로 일을 시작하게 된 거죠.

처음에 제의를 받았을 때는 저도 너무 무서워서 벌벌 떨었어요. 근데 돈은 필요하잖아요. 한 번만 하면 한동안 밥을 먹을 수 있는 돈이 생기는 거니까 눈 딱 감고 했죠. 일이 끝나고 돈을 받았는데, 생각했던 것과 달리 제 인생이 지옥으로 떨어지거나 하진 않더라고요. 이게 인생 최악의 밑바닥이라면 별거 아니라는 생각이 들기도 했고요. 그래서 돌아와서 동생이랑 참치 오마카세를 먹으러 갔던 게 기억나요. 동생이 해물을 좋아하는데 밥 먹을 돈이 없으니까 잘 못 먹었거든요. 그러고는 집에서 도망쳐 나와서 노래방 도우미로 계속 일했어요.

저의 경우처럼, 누군가에겐 집창촌이나 노래방이 삶의 터전이라는 걸 알아줬으면 좋겠어요. 거기 있는 사람들이 최소한의 삶을 영위할 수 있도록 보장해주는 대책이 필요하다고 생각해요. 우선은 성노동을 비범죄화하는 게 중요한 것 같아요. 합법화하자는 게 아니라, 이 여자들을 전부 감옥으로 보내지는 말자는 거죠. 경찰 단속 피한다고 콘돔 삼키는 위험한 행동을 안 해도 되게, 당장은 회색지대를 조금 만들어두는 게 필요하다고 생각해요.

백날 지워봐라, 우리가 사라지나

누군가를 혐오하는 공동체가
건강한 공동체일 수는 없죠

이 일을 하면 정말 다양한 장면을 보게 돼요. 한번은 어떤 회사에서 단체로 업소에 왔는데, 한 명이 다른 한 명을 가리키면서 "이 새끼 전라도에서 왔어. 홍어, 빨갱이야" 이렇게 소개했어요. 심지어는 전라도에서 온 그분도 스스로를 '홍어'라고 소개하고. 그렇게 지역 혐오를 아무렇지도 않게 하는 모습을 룸에서 굉장히 많이 봤어요. 그러면 저는 동조하기 껄끄러워서 '전라도가 음식이 맛있다더라' 하는 식으로 최대한 화제를 돌려요. 그리고 당연히 성차별적인 말, 특히 동성애 혐오 발언 같은 것도 많이 하죠. 그러면 제가 "나 양성애자야, 여자랑도 해봤어" 이런 식으로 말을 딱 끊어요. 그래도 제가 성소수자라는 걸 밝히면 적어도 제 앞에서는 그런 말을 안 하더라고요.

그런 모습을 보면 시민교육이 필요하다는 생각이 들어요. 저는 사람이 변할 수 있다고 믿거든요. 어릴 때 일베 하다가 나중에 생각을 바꾸고 노조 활동하는 사람도 알고 있고. 페미니스트인 제 친구 중 한 명은 전남친들을 모두 반페미에서 친페미로 만들기도 했어요. 저도 중학교 때 일진인 친구랑 친해져서 사회 과목을 좀 가르쳐준 적이 있는데, 걔가 공부에 재미를 붙이면서 성적이 20점대에서 70점대로 올랐어요. 지금도 제가 트위터에서 누군가랑 싸우면, 싸움의 상대는 생각을 바꾸지 않더라도 그걸 지켜보고 있던 사람들이 '님 말이 맞는 것 같아요' 하고 생각을 바꾸기도 하고요. 이런 일들을 많이 겪어와서 그런지, 사람은 충분히 바뀔 수 있다고 생각하는 것 같아요. 어쨌든 우리는 이를테면 서부지법에 폭동을 일으킨 극우들이랑도 같이 살아야 하잖아요. 우리가 그 사람들에게 무작정 다정하게 대할 필요는 없지만, 교화시킬 필요는 있다고 생각해요. 그 사람들을 위해서가 아니라, 우리가 안전하기 살기 위해서라도요.

《케이크를 자르지 못하는 아이들》*이라는 책이 있어요. 그 책에 보면 아동정신과 의사인 저자가 범죄를 저지르는 청소년들을 모아놓고 세 명이 같은 양의 케이크를 먹을 수 있게 3등분으로 잘라보라고 하는 에피소드가 나와요. 그런데 아이들이 벤츠 로고처럼 3등분으로 자르지 못하고 반으로 자르거나 4등분을 하더라고요. 그러니까, 이 아이들은 인지 기능이 약한 거예요. 자기가 뭘 잘못하고 있는지 인지하지 못하고 범죄를 저지르는 경우가 있다는 거죠. 저자는 그런 아이들에게 무작정 처벌을 내리고 방치할 게 아니라 무엇을 잘못한 건지 자세히 알려주고 교육할 필요가 있다고 이야기해요. 그렇게 알려주면 뉘우치는 경우가 많다고 하더라고요. 그래서 우리도 잘못한 사람들이 형기를 채우고 사회로 나왔을 때, 똑같은 짓을 반복하지 않게 교육해야 한다고 생각해요.

룸에 오는 남자들을 보면, 그들끼리의 그 공동체가 건강

---

*   미야구치 코지, 부윤아 옮김, 인플루엔셜, 2020.

백날 지워봐라, 우리가 사라지나

한 공동체라는 생각은 전혀 안 들어요. 제가 활동하고 있는 퀴어 커뮤니티인 홍예당과 정말 180도 다른 곳이라고 할까요. 홍예당에서는 내가 나인 채로 존재해도 아무도 뭐라고 하지 않거든요. 성소수자인 것뿐만 아니라, 성노동자인 걸 밝혀도 아무도 놀라지 않아요. 그래서 그 공간에서는 어떤 안전함을 느끼죠. 제가 자유발언 한 게 화제가 되고 나서는 홍예당의 한 친구가 '너는 우리의 자랑이다' 이런 식으로 말해주기도 했어요(웃음). '창녀 개그를 칠 수 있는 건 너밖에 없다'며 스탠드업 코미디를 함께해보자는 권유도 받았어요. 그래서 지금 홍예당에서 스탠드업 코미디도 하고 있어요. 거기서는 저의 존재 그 자체로 인정받고, 저를 안전하게 드러낼 수 있어요.

반면에 룸에 오는 남자들의 공동체를 보면, 타인을 억압하면서 모두가 무조건 그 공동체에 흡수되기를 요구하는 것 같아요. 그리고 그 공동체에서는 여성혐오가 정상성이에요. 홍예당과 완전 반대죠. 일베 밈을 써야 하고, 지저분한 욕을 써야 동화될 수 있는 것 같아요. 하지만 누군가를 혐오하는 공동체가 건강한 공동체일 수는 없잖아요. 이렇게 건강한 공동체가 없다는 게 우경화에 큰 영향을 미치는 게 아닐까 싶어요.

한번 각성한 시민은 그전으로 돌아가기 힘들죠

제가 한 자유발언이 생각보다 많은 관심을 받았어요. 그래서 토론회에 초청받아 가기도 했고, 인터뷰도 많이 했어요. 기왕 스포트라이트 받은 거, 이걸 써먹자는 생각을 하고 있어요. 인터뷰할 때 용주골 이야기를 꼭 언급한다거나, 성소수자 이야기를 꽉꽉 채워 넣어달라고 부탁드린다거나, 성노동 의제도 이야기하고요. 저 같은 정체성을 가진 사람이 목소리를 낼 기회가 많지 않잖아요. 목소리를 내더라도 잊혀질 때가 많고요. 그래서 아카이빙 할 수 있을 때 최대한 해두려고요, 나중에 누군가 관련 자료를 찾을 때 볼 수 있게. 그리고 그걸 보는 사람이 자기가 혼자가 아니라는 걸 느낄 수 있으면 좋을 것 같아서 최대한 목소리를 내고 있어요.

윤석열을 탄핵시키는 것만이 우리 목표가 아니잖아요. 그 이후에도 할 일이 많아요. 전반적인 정서를 뜯어 고칠 필요가 있다고 느껴요. 어쨌든 과반수 이상이 뽑아서 당선된 거니까. 왜 다수가 윤석열이 하는 혐오 정치를 지지하는지, 그 이유를 파악하고 고쳐야 할 것 같아요. 사실 광장에 나온 사람들 중에서도 성소수자 혐오, 외국인 혐오, 조선족 혐오 같은 걸 아무렇지 않게 하는 사람들이 많아요. 깨어 있다고 하는 20대 여성 페미니스트들 중에도 트랜스젠더를 혐오하는 터프TERF*가 많

---

* '트랜스 배제적 래디컬 페미니스트'를 뜻하는 'Trans-Exclusionary Radical Feminist'의 두문자를 따 조합한 약어로, '여성 인권'이라는 수사를 동원해 반-트랜스젠더 담론을 설파하는 페미니스트 집단을 말한다. 여성범주의 생물학적 기반을 강조하면서, 트랜스여성trans woman을 '여성의 공간에 침범하려는 남성'으로 인식하고 배척한다.

백날 지워봐라, 우리가 사라지나

고…… 이런 혐오의 정서를 전반적으로 해체해야 한다고 생각해요. 우리 이웃 중에 성소수자가 있고, 조선족이 있다는 걸 가시화하는 게 우선일 것 같아요. 제도도 당연히 바뀌어야 할 거고요.

제가 인상 깊게 읽은 책 중에 《가난한 아이들은 어떻게 어른이 되는가》[**]라는 책이 있는데, 거기에 가난은 개인이 게을러서 생기는 문제가 아니라 사회가 만들어내는 계급적인 문제라는 이야기가 나와요. 최근에는 《제로에서 시작하는 자본론》[***]이라는 마르크스 입문서도 읽었는데, 거기서도 비슷한 말을 하더라고요. 자본주의 체제가 사람을 얼마나 착취하는지, 그리고 그게 어떤 악순환으로 이어지는지를 짚어주니까, 개개인이 잘못된 게 아니라 구조 자체가 잘못된 거라는 걸 알게 됐어요. 우리 삶을 낫게 만들기 위해서는 구조부터 바꿔야 하는 거죠.

저도 제도나 정책을 바꾸는 데 기여하고 싶은 마음이 있어요. 언젠가는 정책에 영향을 끼칠 수 있는 일을 하고 싶고요. 여성단체나 인권단체 같은 곳에서 일하는 것도 좋고, 정부랑 연계해서 할 수 있는 일을 하면 좋겠다고 생각하고 있어요. 그래서 지금 사회학과를 목표로 입시를 준비하고 있어요. 어렸을 때부터 정치 쪽에 관심이 많았어요. 어떻게 해야 좀 더 좋은

[**] 강지나, 돌베개, 2023
[***] 사이토 고헤이, 정성진 옮김, 아르떼, 2024

세상이 될까, 어떻게 해야 고통받는 사람들이 줄어들까, 이런 생각을 굉장히 많이 했어요. 그런데 개인으로서 제가 가진 힘이 너무 약하다는 걸 느꼈어요. 그렇다 보니 제도를 바꾼다거나 시스템에 영향을 줄 수 있는 사람이 되려면 사회구조에 대해 공부해야 하지 않을까 생각하게 돼요. 우리 사회가 어떤 구조인지 알고, 사회의 각 구성 요소들이 어떤 영향을 주고받는지 알아야 피상적으로 제도만 보지 않을 수 있을 것 같아요. 대학 졸업 후에는 남들처럼 9시에 출근하고 6시에 퇴근하는 생활을 하면서, 제도권 안에서 일해보고 싶어요.

더 나아져야 할 것들에 대해 이야기하긴 했지만, 저는 탄핵 광장으로 파생된 다양한 연대 활동들을 긍정적으로 봐요. 특히 시민들이 동덕여대나 전장연 시위에 많이 가는 모습들을 볼 때 그런 걸 많이 느껴요. 물론 다들 체력적으로 지쳐서 시간이 지날수록 현장에 잘 안 나올 수도 있겠지만, 한번 각성한 시민이라면 그전으로 돌아가기는 힘들지 않을까요. 연대라는 게 일단 무작정 나오는 데서 시작된다는 걸 인지한 사람들이라면 언젠가 다시 또 튀어나올 수밖에 없을 것 같아요. 사람들의 몸 건강, 마음 건강이 걱정되긴 하지만, 이 사람들이 앞으로 이런 사회적 문제를 외면하진 않을 거라는 믿음이 있어요.

백날 지워봐라, 우리가 사라지나

무지개교실,
우리를
포기하지
않는 법

구술: 김희승
기록: 최나현

2002년생 김희승, 필명은 꽁치. 그는 인터넷 어느 공간에 둥지를 틀고 일상의 경험과 자기만의 생각을 술술 풀어두는 사람이었다. 작년 11월쯤, 트위터에서 누군가가 '동덕여대 투쟁 상황에 관한 글'이라고 소개하며 걸어둔 링크를 통해 희승씨의 둥지를 알게 되었다. 거기에는 트랜스젠더로 살아가는 삶에 관한 이야기도 조금씩 적혀 있었다. 나는 희승씨 팔뚝에 그려진 고양이가 무척 귀엽다고 생각하면서 즐겨찾기에 페이지를 추가해두었었다.

하지만 희승씨와의 인터뷰가 성사된 것은 뜻밖의 경로였다. 우리는 MtF Male to Female 트랜스젠더 인터뷰이를 찾기 위해 여기저기 요청했고, 우리 셋 모두와 인연이 있는 누군가가 희승씨의 글을 캡처해 보내주면서 그를 소개했다. 눈에 익은 글이었다. 내가 아는 그 '꽁치'였다. 인터뷰이를 찾으려 며칠을 고생했으면서도 '꽁치'를 떠올리지 못했다니. 소영은 곧바로 연락을 취했다. '꽁치'는 망설이지 않고 인터뷰에 응했다.

사실 우리가 MtF 트랜스젠더를 찾은 데에는 이유가 있었다. 탄핵 광장이 무르익을 즈음, 온라인에서 '여성' 범주에 대한 해묵은 논쟁과 트랜스젠더에 대한 공격이 다시 시작됐다. '차별 없는 광장'을 자부하는 광장에서는 이들에 대한 야유도 흘러나왔다. 온라인에서의 공격이 그곳에만 머무르지 않는다는 증거였다. 우리는 당사자의 입장에서 이 논쟁이 얼마나 '고통스럽게 다가오는지'를 책에 담겠다는 계획으로 인터뷰이를 섭외했다. 하지만 희승씨와의 인터뷰는 자꾸만 다른 방향으로 흘러갔다. 이제야 고백하자면, 나는 내가 들었어야 하는 이야기를 듣지 못했으므로 이 인터뷰가 '망했다'고 생각했다.

그러나 인터뷰는 망하지 않았다. 희승씨는, 내가 섣불리 설정해둔 '전형적인 트랜스젠더'의 틀 바깥에서 자기의 이야기를 일관되게 하고 있었다. 인터뷰 다음 날 아침 녹취록을 읽으며 그 사실을 비로소 이해할 수 있었다. 그는 자신이 오래전부터 트랜스젠더 커뮤니티의 중요성과 조직화의 문제를 고민해왔다는 것, 그리고 지금까지 해왔던 일들이 무엇이고, 그것이 어떤 의미인지를 상세히 전달했다. 뒷장에서 펼쳐질 이야기의 한 줄기를 담당하는 '무지개교실'은, 희승씨의 오랜 고민이 구체적으로 펼쳐지고 있는 공간이다. 희승씨는 무지개교실에 대해 이야기할 때 가장 마음이 편해지는 듯했다.

"스터디 카페라 연락을 이제야 봤네요." 어느 날의 저녁 무렵, 오전의 내 연락에 답하며 희승씨는 이렇게 말했다. 2025년 2월 대학을 졸업한 그는 이제 막 노무사 시험 준비에 돌입한 참이었다. 트랜스젠더 친구들에게 도움이 될 수 있는 길이 무엇일까 고민한 끝에 내린 결정이었다. 대학에 진학하게 된 것도, '학교 밖 청소년'인 트랜스젠더 친구들이 일자리에서 부당한 대우를 당하면 "편의점 사장한테 가서 따져줄 수 있는" 대학생 친구가 되어주고 싶었던 마음 때문이었다고 했다. 이런 결정을 해온 그는 내게 투철한 활동가로 비쳤다. 슬쩍 넘겨짚어보자면, 희승씨가 앞으로 해나갈 결정 역시 지금까지 해왔던 것과 크게 다르지 않을 것이다.

백날 지워봐라, 우리가 사라지나

2002년생 김희승의 목소리가 담긴 이 글에서는 한국사회가 '누구도 배제하지 않는 사회'로 나아가기 위해 무엇을 고민해야 하는지 담아보고자 했다. 희승씨는 우리 사회의 '정상' 범주가 어떤 사람들을 낯설게 만드는지 설명한다. 동시에 그는 그런 '낯설음'과 함께할 때, 우리의 일상이 더 재밌어질 것이라고 강조한다. 속 깊은 한 트랜스젠더의 사유가 오해 없이 전달되기를 바라며 이 글을 정리했다.

매주 집회라니, 사실 미치는 거죠

12월 3일 밤에 그냥 집에 누워 있었는데, 뉴스에서 계엄령이 터졌다고 하더라고요. 계엄령 소식을 곧바로 노조 텔레그램방에 올렸더니, 처음엔 다들 제가 실없는 농담을 한다고 생각했어요. 그날 노조에 기쁜 일이 있어서 다들 술 마시는 중이었거든요. 계엄령이 진짜라는 걸 알고는 일제히 택시를 탔고, 저도 인천에서 택시로 국회의사당까지 갔어요. 제가 활동하고 있는 '노동·정치·사람' 단체 깃발이 하필 저한테 있어서 빠지기 어려운 상황이라⋯⋯ 깃발을 들고 급하게 갔어요. 도착했을 땐 다행히 군대나 차량은 다 빠진 상황이었고요, 국회에서 몇 시간을 대기하다가 다시 집으로 돌아왔어요.

그 이후로 매주 집회에 나가고 있는데, 사실 저처럼 윤석열 계엄 이전부터 단체에서 뭔가를 해왔던 사람들은 안 그래도 12월에 이런저런 사업으로 바빴거든요. 다른 투쟁들도 계속 있었고요. 그 와중에 계엄령까지 터진 거예요. 원래 2주에 한 번씩은 주말에 쉬어야 하는데, 매주 집회를 나가야 하는 상황이 오니 사실 미치는 거죠. 새로운 조합원분들이야 평소 광장에 잘 안 나왔으니 '이런 진풍경을 보다니 대단하다' 하는데, 사실 저희 입장에서는 갑자기 낯선 분들하고 광장에서 매번 만나니까 다들 좀 지치는 것 같다는 생각이 있어요. 근데 실제로 그렇더라고요. 광장에 무지개존(성소수자 운동 관련 깃발들이 모이는 곳) 열었던 분들도 몇 주간 쉬지 않고 일해서 힘들다고 들었고.

한편으로는 지금 광장 행진할 때 시민들이 반기는 모습이나 다들 적극적으로 광장에 참여하는 모습을 보면 좀 감동적인 것 같아요. 이전에 노조 집회 나갈 때는 자동차들이 막 클랙슨 빵빵대면서 지나가고, 괜히 욕하고, 다들 우리를 엄청나게 꺼림칙해했거든요. 저는 박근혜 탄핵 집회 때가 첫 광장이었고, 그 이후로 계속 광장에 나갔었어요. 주로 노조 아니면 성소수자, 그러니까 전혀 공감받지 않는 투쟁만 하다가 갑자기 사람들이 확 환영하니까 되게 신기했던 것 같아요. 쩔었다, 뭐 이런?(웃음)

우리가 우리 스스로를 조직화해야겠구나

탄핵 광장에 퀴어 깃발이 많고, 퀴어 당사자들이 자유발언을 통해 자기 정체성을 밝히는 일이 적극적으로 이뤄지고 있잖아요. 그런데 저는 그 현상을 그저 '퀴어'로 묶지 않고, 퀴어 중에서도 트랜스젠더들이 더 적극적으로 자신을 드러내고 있다고 봐요. 동성애자인 게이나 레즈비언보다 트랜스젠더, 그러니까 MtF, FtM_{Female to Male}, 논바이너리_{non-binary} 같은 단어들이 자유발언에서 더 자주 등장한다고 생각하거든요.

이건 각 퀴어 커뮤니티의 형성, 아니면 결속이나 성숙의 문제랑 연관이 있는 것 같아요. 일단 게이나 레즈비언들은 확실히 과거보다 가시화도 많이 되고 있고, 자기들끼리의 네트워크가 만들어지는 환경이 분명 있어요. 뭐 일단 자기들끼리 연애를 하니까…… 옛날에 서울에는 청소년 게이나 청소년 레즈비언 모임이 꽤 많았거든요? 근데 요즘은 없어요. 왜일까 생각해보면서 게이나 레즈비언인 친구들한테 물어보기도 하는데, 얘네는 이제 예전만큼 힘들지는 않은 것 같아요. 그러니까 여고에서도 나름대로 자기 커뮤니티가 있는 사람들이 있고, 남고의 게이라 할지라도, 일상에서는 적당히 숨기지만 청소년 때부터 열심히 게이 전용 데이팅 어플을 돌리면서 사람들을 만날 수 있어요. 그리고 게이 바나 레즈비언 바가 있으니까 서로 만날 수가 있잖아요.

근데 트랜스젠더는 아직 그런 상황이 아니거든요. 퀴어라는 이름으로 게이, 레즈비언과 한데 묶이지만, 그 안에서 인구수를 따지면 그들보다 훨씬 더 적어요. 그러니까 일상에서부터 계속 혼자인 경험을 해요. 저 대학에 다닐 때 진짜 너무 힘들었거든요. 거기 있는 게 너무 소름 끼쳤어요. 그러니까 다 트랜스젠더가 아니에요. 그리고 다 퀴어도 아니야. 말도 안 되잖아요. 어떻게 이래 대학이…… 그래서 트랜스젠더들이 남들을 늘 부러워하는 게 같이 밥 먹는 거예요. 맨날 혼밥하니까. 동시에 남들한테 이해시키기 쉬운 삶이 아니다 보니 스스로 계속 움츠러들게 되고, 그러니까 계속 방구석에만 있게 되고, 사회성도 낮아져요. 그러면 서로 모이기 더 어렵죠.

뭐 물론 트랜스젠더 바도 있어요. 트랜스젠더들에게 그나마 존재하는 거점이에요. 그런데 트랜스젠더 바는 임시적으로 거쳐 가는 곳의 특성이 강하거든요. 거기 나름의 유대도 당연히 있지만, 어쨌든 거기는 시장이잖아요. 자기의 어떤 매력이나 성을 자원화해서 고객들한테 끊임없이 제공하는 공간인 거죠. 그러면 꼭 트랜스젠더 바가 아니더라도 노동자로서 성애화되는 상황에 놓이다 보면, 서로 괜히 자격지심을 갖게 돼서 껄끄러워지는 일이 많아요. 그러면 같은 정체성을 가졌더라도 연대감을 느끼기가 어렵죠.

또 한편으로 그런 것도 있어요. 어렵사리 자기와 되게 닮아 있는 사람을 만나게 되면 마냥 좋을 것 같지만, 그리고 처음에는 좋은 것도 맞지만, 같이 어울리다 보면 자기의 꼴 보기 싫은 모습들을 서로에게서 너무나 쉽게 발견하는 게 인지상정이잖아요. 그러니까 한때 트랜스젠더들끼리 어울렸던 경험이 막상 살아가는 데 자양분이 되지 않을 때가 많아요. 트랜스젠더들이 많이 사용하는 온라인 커뮤니티에 서로 외모 평가하고, 헐뜯고, 저격하는 글 되게 많아요. 그런 과정에서 마음 아픈 경험들만 남기도 해요. 또 트랜스젠더들은 지역에 인구도 별로 없고, 존재 자체가 음지화된 상황이다 보니, 빠르게 자기 삶을 찾고 트랜스젠더의 상태를 어서 벗어나려고 하는 경향도 강해요. 그러니까 모였다가도 흩어지고, 모여 있을 때의 경험은 남지 않는 일들이 반복되는 것 같아요. 저는 광장이 커뮤니티를 갖지 못한 사람들이 갈 수밖에 없는 장소라고 생각하는데요. 트랜스젠더가 지금 탄핵 광장에서 도드라지고 있는 것도 그런 맥락이 아닐까 해요.

트랜스젠더 청소년들 사이에서도 그렇게 흩어지는 현상이 있어요. 그 친구들이 모이는 오픈채팅방 같은 거 쭉 둘러보면 '빨리 수술하고 도망가자' 이런 식의 이야기들이 많아요. 아니면 서로 트랜지션transition* 정도나 외모로 서열화하기도 하고. 존재로 인해 억압받았거나, 가출하고 궁핍하게 살았던 경험들이 새로운 사회운동이나 해방적인 방향으로 나아가기보다, 오히려 '우리 더 스텔스stealth** 해야 한다' 이런 쪽으로 흘

---

* 트랜스젠더가 자신이 정체화하는 성별의 모습으로 이행하는 과정을 말한다. 외모(화장, 복장, 헤어 스타일 등) 가꾸기, 호르몬 요법, 성형수술과 같은 의료적 조치 등을 포괄한다.
** 트랜스젠더들이 자신이 트랜스젠더라는 사실을 숨긴 채 시스젠더 '남성' 혹

러가는 경우가 더 많더라고요. 그런 상황을 보고 있으면 어린 트랜스젠더 친구들에게 우리 나름의 모습을 계속 보여줄 수 있는 환경이나 커뮤니티가 되게 중요하겠다는 생각이 들어요. 그러니까 단순히 남들의 삶을 선망하고 모방하는 형태가 아니라 우리의 삶을 보여주는 공간요. 앞으로도 어린 트랜스젠더 친구들이 일정 비율로 계속해서 나타날 거잖아요. 그래서 광장을 보면서도 '우리가 우리 스스로를 정말 더 열심히 조직화해야겠구나'라는 생각이 절실하게 들었어요.

그런 역사를 다시 반복하고 싶지 않은 마음 아닐까요

솔직히 저는 그런 생각도 해요. 광장에 나오는 퀴어가 대표성을 갖는 인구인가 묻는다면 약간의 의문은 있어요. 예를 들면, 제가 접속해 있는 트랜스젠더 단톡방이 있어요. 거기에 트랜스젠더가 80명쯤 있다 치면 탄핵 광장에 적극적으로 나가는 사람은 너덧 명 정도거든요. 나머지 사람들은 그 너덧 명이 집회 참석하는 걸 보면서 '열심히들 사시나보다' 하고 말아요. 그리고 이 너덧 명은 주로 오타쿠 정체성이 강한 트위터리언들이에요. 그러다 보니 제 입장에선 언론이나 트위터에서 말

은 '여성'으로 패싱되는 데 완벽하게 성공하는 것을 말한다.

하는 것만큼 그 현상이 와닿지는 않았어요.

그럼에도 그 소수의 퀴어들이 왜 그렇게 열심히 자기 정체성을 드러내는지를 생각해보면…… 제가 생각하기엔 우리가 그동안 해왔던 광장 경험의 맥락도 있고, 아니면 의회 정치의 장에서 계속해서 퀴어가 혐오의 제물로 바쳐졌던 장면들을 실시간으로 봤기 때문인 것 같아요. 우리가 우리 스스로를 증명하지 않으면, 그러니까 뭐 깃발을 들고 나온다든가 '이 광장에도 트랜스젠더가 있다' 이런 식으로 외치지 않으면 묻히고 마는 일들이 그동안 끊이지 않았던 거죠.

광장에 20~30대 퀴어나 여성들이 많이 보이잖아요. 저는 거기에도 두 부류가 있다고 생각해요. 2016년 박근혜 탄핵 광장을 경험해본 사람과 그렇지 않은 그 이후의 어떤 세대로 나눌 수 있다고요. 2016년에 저도 같이 깃발 들고 한참 싸돌아다녔었는데요. 그때 '페미존femi-zone'이 만들어졌잖아요. 박근혜가 여성이라는 이유만으로 그 사람에 대한 여성혐오적인 발언이나 이미지가 탄핵 광장에서 너무 많이 쏟아지니까, 거기 저항하자는 취지로 페미니스트들이 그런 공간을 만든 거죠. 그걸 경험했던 분들이라면 광장에서 여성을 위한 공간, 퀴어를 위한 공간을 만드는 게 얼마나 중요한지를 체감하셨을 거라고 생각해요. 자기 자신을 지키기 위해서요.

그렇다면 2016년 탄핵 광장을 경험해보지 않은 퀴어들은 왜 그렇게 자기를 드러내려고 하는가도 생각을 해봤어요. 문재인 때든 윤석열 때든 정치권에서 들려오는 굵직굵직한 성소수자 관련 뉴스들이 있었잖아요. 예를 들어 2021년 초에는 변희수 하사가 강제전역을 당하고 결국 돌아가셨죠. 임태훈 전 군인권센터소장은 2022년 총선 때 시민사회 몫으로 추천받은 더불어민주연합의 비례대표 후보였다가 막판 공천 심사에서 컷오프 당했고요. 저는 이런 장면들이 정치권이 어떻게 성소수자 문제를 계속 배신하는지, 그 과정에서 성소수자 의제가 어떻게 후퇴해버리는지를 보여주는 증거라고 생각해요. 성소수자들로선 이런 역사를 다시 반복하고 싶지 않다는 그런 마음이 아니었을까, 그리고 확실히 자기를 증명하고 싶은 그런 욕구가 아니었을까 싶어요.

터프와의 논쟁에도
새 언어가 필요하다 느껴요

온라인에 늘 있는 터프와의 논쟁이 탄핵 정국에서도 또다시 '성중립 화장실', '여자 목욕탕' 같은 형태로 계속 반복되는 걸 보면서 진짜 낡은 망령들이 되살아 돌아오는 느낌을 받았어요. 그러니까 페미니즘 리부트 이후에 잘 짚고 넘어가지 못한 채, 늘 뭔가에 휩쓸려서 지나쳐버렸던 '트랜스젠더 배제', '분리주의' 같은 문제들이 있는 거죠. 개인적으로는 트랜스젠더를 지지하는 쪽이나 반대한다고 그렇게 설치는 쪽이나, 문제 상황을 정확히 진단하지 못하고 있다는 생각이 많이 들었

백날 지워봐라, 우리가 사라지나

어요. 트랜스젠더에게 화장실 이슈가 중요한 건 사실이지만, 그것과 별개로 양쪽 모두 논쟁에 있어서는 별로 좋지 않은 습관들을 반복하고 있는 것 같아요.

트랜스젠더 앨라이ally(성소수자에 대한 연대를 표명하는 비성소수자) 쪽에서는 '성중립 화장실을 설치해야 한다', '성중립 공간을 설치하는 것과 성범죄율이 증가하는 것은 무관하다'라는 식으로 말하고, 터프 쪽에서는 '성중립 화장실을 설치하면 여성 안전이 위협받는다', '여성 대상 성범죄가 늘어날 것이다'라는 식으로 말하는데요. 논쟁을 지켜보면서, 이런 식의 이야기라면 전혀 서로에게 가닿지 않을 거라는 생각이 들었어요. 각자의 세계에 갇혀서 서로가 알아들을 수 없는 말들로, 각자의 방식으로 얘기하고 있잖아요. 이런 스타일의 논쟁이 계속 반복되고 있다는 게 저한테는 아주아주 불쾌하게 느껴졌어요. 일종의 피해자 경쟁이거든요. 예를 들어 터프는 여성 안전에 대한 위협을 강조한다면, 앨라이는 '트랜스젠더들은 공중화장실 사용이 부담돼 외출을 제한한다', '소변을 오래 참으니 방광염에 걸린다'는 식으로 트랜스젠더가 받는 피해를 이야기해요. 이런 구도가 반복되는 걸 볼 때면 이젠 좀 다른 언어가 필요하지 않나 하는 생각을 늘 하게 돼요.

저는 '래디컬 페미니스트', '터프', 아니면 '스까'* 같은 복

---

* 터프들이 젠더의 교차성을 사유하는 페미니스트를 비하하기 위해 사용하는 용어. '생물학적 여성이 우선되어야 한다'는 입장을 견지하는 터프는 스까의

잡한 이름들을 걷어내면 좋겠다는 생각을 많이 했던 것 같아요. 온라인에서 트랜스젠더가 싫다고 떠드는 여자애들도 실제로 만나면 다 평범한 애들이고, 우리랑 별반 다르지 않은 사람들이라 생각해서요. 열다섯 살 때 트위터에서 만난 한 살 어린 애랑 사흘 내리 키배(키보드 배틀, 온라인상에서 발생하는 언쟁)를 뜬 적이 있어요. 그때 걔가 워마드*에서 활동했거든요. 잠시 휴전한 상태에서, 제가 담배 좀 피우겠다고 트위터에 글을 썼어요. 근데 걔가 갑자기 저한테 DM으로 "담배 뭐 피우노?" 이러는 거예요. 그래서 "아프리카 마파초 피운다" 하니까 "나도 그거 피우는데ㅋ" 하고 답장이 오더라고요.

그 짧은 대화로 서로 갑자기 그냥 친해져서 제가 대학에 들어온 이후까지도 연락하고 지냈어요. 어느 날은 걔가 집에서 쫓겨났다고 울면서 전화를 했길래 제가 차비 내주면서 서울로 오라고 하기도 했어요. 그러니까 이렇게 사람들을 직접 만나보면 쟤네나 우리나 다 사연 많은 사람이고, 학창 시절에 학교에서 만났으면 그냥 잘 섞여서 놀았을 거라는 게 눈에 보여요. 그런데 페미니즘 어쩌고저쩌고 하다보니…… 어쩌면 이런 식의 이름들이 서로에 대한 이해를 막아서 앙금이 모래성처럼 쌓이는 게 아닌가 싶어요.

입장이 여성 대상 성범죄 등 소위 '여성 의제'의 사회적 중대성을 희석한다고 주장한다.

*   터프들이 주로 활동하는 온라인 커뮤니티.

의회 정치의 한계가 트랜스젠더를
욕받이로 만들어요

성중립 화장실 논쟁이 계속되는 것 자체의 문제점? 잘 모르겠어요. 논쟁이 끝까지 끝나지 않을 것 같다는 생각이 들긴 해요. 탄핵 광장이 열리는 동안에 여초 커뮤니티 게시글을 봤어요. 언젠가 트랜스젠더가 자유발언을 하니까 군중 속에서 야유가 나온 일이 있기도 했죠. 온라인에도 비슷한 내용의 게시물이 올라와요. '지금 광화문에 있는데 트랜스젠더의 발언이 많이 나와서 너무 힘들다'는 내용 같은 것들요. 저도 고민이 많았어요. 광장 안에서도 트랜스젠더에게 적대감을 보내고, 불편하다고 공격하고, 연대감을 느끼지 못하는 그 사람들을 어떻게 이해해야 할까 싶더라고요.

그런데 한편으로는 그런 말이 나타나는 맥락도 자세히 들여다볼 필요가 있다고 봐요. 그런 종류의 말이 주로 나오는 커뮤니티가 민주당 지지세가 엄청나게 강한 커뮤니티들이거든요. 민주당…… 거기선 이재명 포토카드도 만들고 이재명 다이어리 꾸미기 같은 것도 하더라고요. 저는 그런 것들을 보면서, 트랜스젠더에 대한 반대가 단순히 트랜스젠더라는 정체성 혹은 트랜스젠더 개개인에 대한 직접적인 적대감이라기보다는 결정적으로 선거나 투표 수랑 얽혀 있는 문제라는 생각이 들었어요.

이번 광장에서 새어 나오는 트랜스젠더 혐오의 흐름이,

지난 대선 때 여초 커뮤니티에서 심상정 후보를 욕하던 흐름과 비슷해요. 그때 이재명 후보가 정말 근소한 차이로 낙선했잖아요. 그런데 그 차이가 심상정 후보의 득표수보다 적다는 이유로, 어떤 사람들은 그가 사퇴하지 않은 걸 엄청나게 비난했죠. 당연히 정의당이나 사회운동에 대한 적대감도 있었고. 그 이후로 커뮤니티 내부에서 '민주당은 얘네랑 같이 가면 안 된다', '민주당은 수박들 다 쳐내고 이재명 일극 체제로 가야 한다' 이런 식의 내러티브를 쌓아갔었거든요. 트랜스젠더도 그 '얘네들' 중 하나예요. 3번 찍는 애들, 5번 찍는 애들…… 민주당 아닌 이상한 진보정당 찍어서 '우리'를 분열시키는 그런 애들…… '얘네들이 좋아하는 장혜영이 우리를 방해한다'고 생각해서 장혜영 전 의원한테도 시비를 거는 거예요.

여자애들한테는 윤석열 당선에 대한 트라우마도 실제로 있을 거예요. 지난 대선 직후에 학교에서 줌으로 수업을 하는데, 남자애들은 웃는 표정으로 있고, 여자애들은 울상으로 있더라고요. 꼭 선거라는 차원을 떠나서도, 성별 간에 적대심이 존재하고 그게 현실에서도 나타나는 상황에서 자기의 이권이 흔들리고 있다는 생각이 분명히 존재하는 거죠. 가뜩이나 살기 팍팍한 와중에 우리 같은 트랜스젠더들이 걸림돌로 여겨지는 게 아닐지…… 그렇게 이해하고 있어요. 그렇지만 단순히 이걸 혐오로만 느끼고 싶지는 않아요. 그러면 내가, 우리가 너무 상처받잖아요. 상처가 아닌 이유도 있어야죠(웃음).

탄핵 정국에서 남태령이 되게 중요했던 건, 아마도 트랜스젠더를 정말, 진짜 정말 싫어하는 애들, 그러니까 온라인에서 터프 입장에 서서 선동하고 열심히 찌라시 뿌리고 다니는 애들은 사실 소수였다는 게 딱 드러나서였다고 생각해요. 그러니까 그동안 여초 커뮤니티에서 막 이상한 선동꾼들이 '여장남자들이 범죄를 저지릅니다'라는 식으로 어그로를 끌었잖아요. 그러면 이 사안에 대해 잘 모르는 여성들이 '쓰니야(글쓴이야) 어떡해ㅠㅠ' 하면서 댓글을 다는 식으로 트랜스젠더에 대한 거부감이나 혐오가 재생산됐었단 말이에요. 터프들이 워낙 조직적으로 여론전을 하니까, 탄핵 광장 이전까지는 그런 여론이 여성 내부의 주류인 줄 알고 있었는데, 남태령이 상황을 반전시킨 거죠. 그런 걸 보면서 일희일비하지 말아야겠다는 생각이 들었던 것 같아요.

그렇기 때문에 온라인에서 보이는 지금의 이 조류로 '20대 여자들이 트랜스젠더를 혐오한다'고 단정할 수도 없고, 또 다른 한편으론 '트랜스젠더의 자유발언이 남태령 이후로 엄청나게 새로운 연대의 혁명을 일으키고 있다'고 섣불리 의미를 부여하기도 어렵다고 생각해요. 결론적으로 온라인에서의 터프 논쟁은 서로 하고 싶은 말을 빙빙 돌려서 하고 있지 않나 싶어요. 여자들은 '트랜스젠더 너네 알겠는데 그냥 좀 조용히 있어라' 이런 거고 트랜스젠더들은 억하심정이 너무 많은 거고……

다만 2020년에 숙명여대 사건을 겪을 때는 저도 너무 힘들었는데요. 그 문제에서는 여자들이 트랜스젠더를 얼마나 지지하느냐 아니냐를 떠나서, 구체적인 한 개인에게 이렇게까지 집단적으로 린치를 가할 수 있나 생각했어요. 그러니까 그분의 인터뷰에서도 나왔듯이, 정말 어려서부터 수술할 비용을 모아왔고, 공부도 열심히 해서 대학까지 합격했잖아요. 그런데 2019년에 조국 사태 때는 공정 어쩌고저쩌고 떠들던 20대들이 정작 트랜스젠더는 대놓고 내쫓으려 한다는 게…… 심지어 이 사람은 되게 모범적으로 '소수자를 위해서 대학에 왔다'고 하는 사람이었는데도 그렇게 한 거였으니. 반면에 지금은 트위터에서 '파란딱지'*가 가져오는 수익성에 미칠 대로 미쳐서, 트랜스젠더로 이슈몰이를 해 돈을 벌려는 것에 더 가깝지 않나 하는 게 제 생각이에요. 그래서 두 사례는 좀 구별을 해서 봐야 하지 않나 싶어요.

트랜스젠더가 페미니즘 동아리를 하는 게 이상한가요?

대학 다닐 때 페미니즘 동아리 활동을 했어요. 사실 트랜스젠더 커뮤니티에 페미니즘에 대한 반감이 없지 않아 있는

---

* 트위터에 구독료를 지불하는 사용자에게 부여되는 인증 표시를 말한다. 구독료를 지불하는 사용자는 일반 사용자가 쓸 수 없는 차별화된 기능에 접근할 수 있으며, 트위터 측에서 트윗의 조회수, 리트윗수 등을 집계해 해당 사용자에게 수익을 지급한다.

건 사실이거든요. 근데 그 마음이 '여성혐오를 하겠다'는 방향이라기보다는 숙명여대 사건의 영향 탓이 커요. 페미니즘의 '페' 자만 나와도 무서운 거죠. 자기를 해코지할까봐…… 저는 그래서 일부러 더 동아리 활동을 했던 것 같기도 해요. 어떤 금기들을 깨고, 우리를 차별한다고 이야기되는 집단 속으로 뛰어 들어가서 다른 경험들을 남기고 와야 한다는 생각에. 그러면 우리 스스로 할 수 있는 이야기도 더 많아지고, 또 뭔가 좀 달라지지 않을까 하는 기대가 있었던 것 같아요.

3학년 1학기 끝나고 여름방학 때, 한 대학 캠퍼스에서 어떤 여학생이 성폭행당한 채로 살해됐다는 뉴스를 보게 됐어요. 진짜 멘붕이었던 게, 그때 15학번 선배들이 다 졸업하고 저만 남아서 제가 억지로 동아리 회장을 맡아야 했거든요. 그 소식 듣고 어떤 선배 집에 찾아가서 '이거 어떻게 해야 해요?' 하면서 대자보를 썼었어요. 술 진탕 마시고 쓴 거죠. 15학번 MTF 선배 한 명은 대자보 붙일 때 같이 있었어요. '우리는 이정도 책임을 다하자' 하고 학교 게시판에 딱 붙였죠.

어느 날 다른 대학의 페미니즘 동아리 구성원분들이 그 대자보를 보고 연대차 저희 동아리를 찾아왔어요. 그런데 처음 딱 만났을 때 저를 레즈비언 부치butch**로 착각하더라고요. 왜냐하면 트젠(트랜스젠더)은 이런 거 안 하니까…… 자기

** 레즈비언 커뮤니티에서 사용하는 용어로, 남성적인 외모와 태도로 연애를 주도하는 위치에 있는 쪽을 지칭한다.

네 대학에 트젠이 없으니까, 트젠이 페미니즘 동아리 활동을 하면 트젠으로 식별을 안 하고 엄청나게 강한 부치로 보는 거죠. 그분들이 저를 너무 못 알아채길래 제가 계속 힌트를 보냈어요. 그제야 "근데 혹시 정체성이 어떻게 되시는지⋯⋯?" 하더라고요. 그래서 "저 트랜스젠더⋯⋯" 하니까 "여자에서 남자인가요?"라고 묻더라고요. 그래서 제가 "아니요, 하리수 같은 거⋯⋯"라고 대답했어요. 그러니까 얘네가 "저 원래 '젠더론'* 에 비판적이었는데⋯⋯"라면서 급히 반성하더라고요.

다들 그랬어요. 살해된 여학생에 대한 대자보를 올리니까 '응원한다, 연대한다, 지지한다'며 어쩌고저쩌고 떠들었는데, 그런 입장을 말하는 커뮤니티들이 변희수 하사나 숙명여대 사건 때 트랜스젠더를 엄청나게 반대한 커뮤니티이기도 하고⋯⋯ 그 사건 때 제일 열심히 반대하고 까불었던 애가 하나 있거든요? 걔가 인스타그램의 대자보 계정으로 연락해서는, 우리 대자보를 필사하는 영상을 자기 유튜브 채널에 올려도 되겠냐고 묻더라고요. 사실은 너무 짜증났어요. 그러니까 저한테도 당연히 앙금이 있죠.

그런 일을 차례로 겪으면서 언젠가 들었던 생각인데, 돌아가셨던 여학생분이든, 아니면 만약에 학교에서 무슨 사건이 터진다면 연대했을 여학생들이든, 사실 평범한 사람들이고

---

* 터프 진영에서 트랜스젠더 지지를 표명하는 페미니스트 혹은 페미니즘 이론을 비하하기 위해 만들어낸 용어.

백날 지워봐라, 우리가 사라지나

평범한 여자들이라는 거…… 그러니까 트랜스젠더 이슈를 봤을 때 얼마든지 '뭐야 징그럽다' 이런 식의 댓글을 달 수 있는 사람들인 거예요. 하지만 그렇다 하더라도 그런 사람들이 살아 있는 세상이, 그런 사람들이 남자 손에 살해돼서 제가 대자보를 붙이고 대단한 영웅으로 치켜세워지는 세상보다 훨씬 더 멋진 곳이라는 생각을 했던 것 같아요.

이건 우스갯소리인데요. 저는 대학에서 남자 화장실을 쭉 썼어요. 저한테는 그게 오히려 편했는데, 대학은 일단 소위 교양인들끼리 모이는 곳이니까 최소한 서로 때리지는 않잖아요. 그리고 솔직히 남학생들이 저한테 뭐라고 하겠어요? 남자애들 소변기에 서 있는데 제가 딱 들어가면, 소변 줄기가 쫄쫄쫄 이렇게 끊기는 소리가 (웃음)…… 그런 소리 들으면서 '결국 이게 페미니즘 아닐까?', '내가 페미니스트인 거 아닐까?' 하면서 그냥 썼거든요. 그래서 지금의 성중립 화장실 이야기만으로는, 지하에 있는 트랜스젠더의 이야기들을 잘 끌어올리지 못하는 측면이 있는 것 같아요.

'무지개교실'을 만들어봤어요

캠퍼스에서 여학생이 처참하게 살해된 사건을 겪으면서 정말 마음이 찢어지게 아팠어요. 그런데 그 와중에 이런 생각이 들더라고요. '만약 내가 익명으로 활동하지 않았더라면, 더 당당하게 활동할 수 있는 조건이었다면 학교 안에서 더 많은 걸 해볼 수 있었을 텐데……' 동시에 이 정체성이 걸림돌이 돼서, 사람들, 특히나 페미니즘 동아리에서 같이 활동하는 여학생들한테 제가 낯선 존재로 여겨지는 순간들이 되게 힘들기도 했어요. 지금 여기서 내가 하는 활동이 학교의 페미니즘에 과연 도움이 되긴 하는 건지 확신이 사라지더라고요. 다른 한편으로는 학교 밖에 있는 내 친구들한테 내 활동이 어떤 의미로 다가갈지도 모르겠다는 생각까지 겹치면서 그때는 되게 많이 부끄러웠던 것 같아요.

그래서 그다음 학기에 휴학을 했어요. 휴학하고 해보고 싶었던 게 있었어요. 아무래도 페미니즘 동아리는 책임감이 우선이었거든요. 마침 노동·정치·사람에서 청년사업팀장을 맡게 됐는데, 네가 할 수 있는 거, 특히 퀴어로서 할 수 있는 걸 좀 해보라고 단체에서 권해줬어요. 그 이후에 우연치않게 술자리에서 성소수자들이 많이 자퇴하니까 그런 사람들을 위한 검정고시 교실을 열면 좋겠다고 의견을 냈어요. 그랬더니 다들 엄청나게 좋아하더라고요. 그래서 '무지개교실'이라고, 학교 밖 성소수자를 대상으로 하는 검정고시 교실을 만들었어요. 지금도 하고 있고요. 여기에 트랜스젠더 친구들이 되게 많아요. 레즈비언, 게이도 있고요. 어떻게 설명해야 할지 모르겠는데, 그냥 너무 학생들이에요. 그러니까 남들 못지않은 학생이거든요. 다들 막 엄청나게 잘 삐지고, 공부 고민이 많은 그런 학생들요.

학생들은 제가 한 명 한 명 다 주워왔어요. 주로 오픈카톡에서 보이스룸이라는 음성채팅방을 열고, '성소수자', '트랜스젠더'라는 해시태그를 걸어서 찾아오게 해요. 강태공처럼 기다리다 보면 한두 명씩 와요. 그러면 바로 무지개교실을 권하는 게 아니고, 먼저 두 시간 정도 이야기 들어주고, 계속 농담도 치고, '너 밥은 먹고 다니냐? 형아가 밥 좀 사줄게' 이러면서 불러내고, '검정고시 준비할 수 있는 데가 있다, 나도 검정고시 출신이다'라고 꼬드기면서 한 명 한 명 모았어요. 성소수자 업소나 성소수자 카페에 포스터를 붙여두기도 하고요. 진짜다 한 명당 몇 시간씩, 새벽에 전화 통화하고 같이 담배 피우면서…… 그렇게 모은 거예요. 대부분 커뮤니티를 생판 처음 만나본 친구들이에요. 완전히 혼자서만 지냈던 사람들요. 트랜스젠더를 어디서도 본 적 없고, 자기 혼자 '엄마 나 몸이 이상해요' 하는 사람들이 다 모여요.

사실 친화력이 그닥 좋지 않은 사람들끼리 모이면 한 번 만나고 다들 흩어지게 마련이거든요. 근데 저도 여러 번 흩어져봤으니까 최대한 같이 있을 수 있도록 되게 많이 노력했던 것 같아요. 같이 있을 거리들을 만들어주려고. 사소한 거지만 설날에 떡국 먹는 모임도 열고, 진보적인 교회 하나 빌려서 추석 파티도 열고, 영상 동아리도 운영하고, 공부도 계속 가르쳐주고, 박물관 같은 데 같이 놀러 다니고 하니까 자연스럽게 여러 사람이 찾아오더라고요. 검정고시 준비반은 처음에 열 명쯤 모아서 가르쳤었는데, 지금은 온라인까지 다 합쳐서 한 80

명 정도 있을 거예요. 15~30세까지 연령대도 정말 다양해요.

무지개교실 학생들이랑 노는 게 너무 좋아요

저도 되게 되게 재미있었어요. 제가 인프피INFP* 라서, 사람들 만나서 이렇게 저렇게 하는 게 처음에는 되게 낯설었거든요. 근데 학교 밖에 있는 친구들하고는, 어쨌든 제가 한번 살아본 삶이고, 이 사람들이 어떤 포인트에서 거시기한지도 아니까 얘기가 잘 통하더라고요. 그래서 그 친구들이랑 같이 담배 피우면서 어울리고 이것저것 해보는 게 엄청 행복했던 것 같아요. 무지개교실 친구들 학원비 벌어줄 생각으로 알바를 하기도 하고…… 휴학한 1년 동안 무지개교실을 만들어서 참 보람 있었죠. 물론 처음 시작할 때 향린교회 임보라 목사님 돌아가셨다는 소식을 듣고 되게 마음이 힘들긴 했는데, 그것마저 무지개교실 덕분에 잘 넘겼어요.

일단 지금 저한테는 무지개교실이 제일 중요한 것 같아요. 제가 얼마 전에 대학을 졸업했는데, 거의 10년 만에 졸업식이란 데를 갔어요. 초등학교 졸업식 이후로는 처음이니까. 그래서 그런지 부모님이랑 캠퍼스를 한 바퀴 도는데, 좋으면서

---

*   MBTI(성격유형검사)에서 제시하는 16가지 성격 유형 중 하나로, 인터뷰이는 자신의 내향적인 성향을 설명하기 위해 해당 용어를 사용하고 있다.

도 복잡한 기분이 들었어요. 어렸을 때 만났던 친구 중에 세상을 떠난 친구들도 있고, 소식이 끊긴 친구들도 있거든요. 그 친구들한테 어떻게든 작은 도움이라도 되고 싶어서 대학에 왔는데, 막상 대졸자가 된 지금 그 사람들이 내 곁에 없다고 생각하니 오묘한 기분이 들더라고요. 그때 무지개교실 친구들이 졸업 축하 영상을 찍어서 저한테 보내줬어요.

엊그제도 무지개교실에 갔는데, 학생들이 저한테 편지 하나 주겠다고 두세 시간씩 들여서 와준 걸 보면서 또 많은 생각이 들었어요. 진짜 너무 소중하죠, 진짜. 이렇게 남들 앞에 선생으로 서기도 하고, 아니면 선생이 아니라도 어린아이들을 우연찮게 마주치다 보니까, 그리고 학생들하고 정말 진심으로 재미나게 놀다 보니까 남들 같은 학창시절이 없더라도 재미있게 살 수 있다는 걸 깨달았어요. 우리끼리 재미있게 소통하고 의미 있는 경험을 남길 수 있으니까. 그러면서 지금껏 여자애들한테 품었던 한도 되게 많이 사라졌고요. 학창 시절에 여자애들이랑 못 어울렸던 것도 있고, 아니면 '너희는 학교 편하게 다녔지? 나는 가출해서 짜장면 나르고 있었는데' 하는 한이 맺혀 있었거든요.

그래서 트랜스젠더나 페미니즘 이슈도 딱 그런 시각으로 보고 있어요. 각자 사정과 사연이 많을 거고, 또 당연히 서로를 싫어할 수밖에 없는 맥락이 있겠죠. 그래도 막상 만나서 이야기를 나누다 보면, 재밌게 놀기도 하고 때로는 싸우기도 하면서 생각지 못한 경험을 남길 수도 있다고 생각해요. 그래서 앞으로도 이런 맥락에서 문제를 이해해보려고 하고 있어요.

트랜스젠더들이 학교에 많이 보이면 좋겠어요

계엄 직전 10월쯤에 정근식 서울시 교육감이 취임했어요. 이전에 조희연 교육감 같은 경우는 나름대로 성소수자 관련해서 뭔가를 조금이나마 했는데, 정근식은 성소수자 의제에 되게 유보적이었어요. 그때 저희 무지개교실이랑 여러 성소수자 단체들이 연합해서 공동으로 질의서를 보냈거든요. 또 최근에는 무지개교실에 잠깐 나온 적이 있는 FtM 트랜스젠더 학생이 학교 수련회 때 성별 분리 시설 사용 관련해서 차별받은 일을 국가인권위원회에 진정하기도 했어요. 그것 때문에 학생이 자퇴하고 우울증을 겪었거든요. 그런 일들을 쭉 지켜보면서, 앞으로 성소수자 학생들이 자라날 수 있는 환경을 학교에 조성하는 일이 무척 중요하겠다고 생각했어요. 정말이지 학교가 중요해요.

학교에서는 또래들끼리 교실에 섞여서 같이 급식도 먹고, 체육도 하고, 옆자리에 앉기도 하고, 이렇게 매일매일 지내잖아요. 그런 경험을 하면서 사람에 대한 이해가 알게 모르게 쌓여간다고 생각하거든요. 근데 성소수자 학생들은 학교에서 늘 내몰리기만 하니까, 학교 밖에서 살아가니까, 성소수자가 아닌 학생들에게 똑같은 한 명의 인간으로 받아들여질 여지가

백날 지워봐라, 우리가 사라지나

안 생기는 거예요. 성소수자 하면 클럽에서 술 마시고 놀고 있는, 아니면 공중화장실에서 엄청나게 불쾌한 행동을 하는 그런 사람들로만 떠올려지는데, 그게 제 마음에 계속 걸렸어요. 그러니까 성소수자를 위해 뭔가를 해야 한다거나 제도를 만들어야 한다면, 성소수자 학생에게 학교를 돌려주는 게 제일 중요한 일이라고 생각해요.

이 문제를 단순히 '성소수자 학생을 위해 학교에 성중립화장실을 만들어야 한다', '별도의 탈의시설을 만들어야 한다' 이런 틀에서 이야기하지 않으면 좋겠어요. 어떤 면에서는 그냥 서로 다른 사람들끼리 어떻게 섞일 것인가의 문제거든요. 학교에 소수자가 정말 없어요. 성소수자만 말하는 게 아니에요. 특히 4년제 대학에는 장애인도 이주민도 없고, 유학생들이랑도 정말 섞이기 어렵잖아요. 진짜 가면 갈수록 비슷한 부류의 애들만 모이는 것 같아요. 언제 한번 학교에서 진짜 가난하게 산 친구랑 얘기를 나눈 적이 있었는데, 페미니스트이거나 저와 같은 트랜스젠더인 친구보다 더 이야기가 잘 통한다고 느꼈어요. 제가 가출해서 어렵게 지낸 경험이 있으니까. 저한테는 학교가 다양함을 수용하지 못해서 특이한 사람들이나 힘없는 사람들이 밀려나는 장면들이 제일 견디기 어려워요. 그게 우리 사회를 재미없게 만드는 것 같아요.

여자 청소년이나 젊은 여자들이 트위터에서 트랜스젠더를 두고 그 난리를 치는 것도 학교에서 성소수자를 못 보고 자라온 영향이 엄청 클 거예요. 물론 여자들이 어려서부터 학교에서 딥페이크 성범죄 위험에 노출되고, 남학생들한테 말도 안 되는 차별과 혐오를 당하면서 사는 것도 분명 맞아요. 그렇지만 일상에서 느끼는 성적 위험에 대한 반작용이 괜히 자기가 잘 모르는 트랜스젠더를 배제하는 방식으로 가는 거라고 생각하거든요. 그래서 진짜 평등한 학교, 진짜 평등한 교실을 만드는 게 앞으로 정말 중요한 과제일 수 있다는 생각이 들어요. 앞으로 한국사회가 어떤 성소수자 의제를 받아들여야 하냐고 한다면, 트랜스젠더들이 학교에 많이 보이는 게 무엇보다 중요하다고 말할 수 있을 것 같아요.

치유하는 저항, 광장의 간호일지

구술: 조은영

기록: 양소영

《오마이뉴스》에 먼저 연재한 인터뷰 기사에도, 이 책에도 실지 못한 인터뷰들이 있다. 야간 교대 근무가 끝나고 남태령 대첩의 현장으로 달려간 간호사 고은씨와의 인터뷰가 그중 하나다. 고은씨는 당시 남태령에 있었던 사람들의 건강이 너무 걱정돼 근무가 끝나자마자 남태령에 들렀다고 했다. 다행히 그곳에는 의료부스가 있었는데, 거기서 '행간'(건강권 실현을 위한 행동하는 간호사회) 깃발을 봤다고 전해주었다. 우리와 인터뷰를 했던 또 다른 이는 남태령에서 밤샘 집회를 하는 과정에서 저체온증에 걸렸다고 했다. 집회에 나온 사람들의 건강 문제에 대해 더 자세히 알 필요가 있었고, 의료부스를 운영하는 사람들을 인터뷰하고 싶어졌다. 고은씨가 알려준 행간에 연락을 취했더니 은영씨를 소개해주었다.

처음에는 서면 인터뷰를 요청했다. 하지만 은영씨가 보내온 답변지를 읽고는 꼭 얼굴을 보고 인터뷰해야겠다는 생각이 들었다. 자신이 간호사가 된 이유를 명확하게 적어내려간 답변지였기 때문이다. 어린 시절 '엘리트 체육'을 하며 코치에게 폭행을 당해 운동을 그만둬야 했고, 그 경험으로 아동 인권과 인본주의에 관심을 갖게 되었으며, 생명과학에 대한 학문적 관심까지 겹쳐져 간호학과를 선택했다는 이야기가 빼곡히 적혀 있었다. 어떤 현장에서든 이렇게 명확한 언어로 해당 직업을 선택한 이유를 설명할 수 있는 사람은 많지 않을 것이다. 기대를 안고 시작한 인터뷰는 그 기대를 훌쩍 뛰어넘었다.

어린 시절 코치에게 당했던 폭력과 그 여파, 간호사가 된 이후 병원에서 겪은 임금 체불 문제와 직장 내 괴롭힘까지, 은영씨의 삶은 녹록지 않았다. 하지만 은영씨는 늘 이 문제들을 이겨냈다. 몸과 마음을 회복하기 위해 마라톤을 시작하고 러닝크루를 꾸린다거나, 자신이 겪은 일에 대해 구조적 문제를 파악하는 방식으로 고난을 극복하고 있었다. 자신이 하고 싶은 바를 명확하게 그려나갔고, 그 목표를 위해 공부도 게을리하지 않았다. 간호학과와 체육학과를 졸업한 은영씨는 지금 식품영양학과에서 공부하고 있다. 환자들이 건강을 회복할 수 있도록 식단과 운동 루틴을 짜주고 싶다고 한다.

은영씨의 꿈은 나에게도 희망이 되었다. 유행성 질병을 꼭 앓고 넘어가는 편인 나는 은영씨 같은 의료인의 존재가 정말 고맙다. 내 건강을 이렇게 생각해주는 전문가가 있다는 게 얼마나 다행인가. 은영씨를 비롯한 의료부스 운영진들에게 마음을 표현하고 싶어서 삼일절이 낀 짧은 연휴 기간에 광화문으로 달려갔다. 삼일절이라 더 기세등등해진 태극기 부대의 탄핵 반대 집회를 뚫고, 탄핵 찬성 집회 쪽으로 향했다. 부산에서부터 이고지고 온 BnC(부산의 3대 빵맛집이다) 빵을 한가득 든 채로 말이다. 은영씨를 만나 인사를 나누고 빵을 전달했다. 은영씨는 의료부스 멤버들과 함께 그 많은 빵을 다 먹었다며 인증샷을 보내주었다. 흔치 않은 뿌듯함을 느꼈다.

은영씨가 역사의 아픔을 외면하지 않는 사람이라는 것도 좋았다. 광주에 집을 사둔 이야기를 하면서 그는 집에 대해 '1970년대에 지어져 5·18을 겪었다'고 소개했다. 그 집에 있으면 광장에서 시위하는 소리가 들려서 좋다며 마치 광장을 산 것처럼 느껴진다고 했다. 모든 인터뷰를 정리하는 과정이 그랬지만, 특히 이 꼭지는 팬레터를 눌러 적듯 작성했다. 은영씨의 꿈이 나에게 희망이 되었듯, 독자들에게도 은영씨가 가진 힘이 전달되기를 바란다.

그날 상황을 할머니랑 애타게 지켜봤어요

저는 2024년 12월에 임금 체불과 직장 내 괴롭힘 등의 문제로 다니던 병원을 그만두고 구직급여를 받고 있었어요. 일은 해야 하는데, 한국에서 일하고 싶지 않아서 해외 취업을 준비하고 있었어요. 우선 엔클렉스(미국, 캐나다에서 시행하는 국제 간호사 시험)를 앞두고 있었고, 환자들 식단에도 관심이 많아서 방통대 식품영양학과에도 지원해둔 상태였어요. 12월 3일 낮에 지원이 완료되었다는 문자를 받고, 저녁에는 엔클렉스 공부를 하고 있었어요.

그런데 밤 10시 반에 가족들이 모여 있는 단톡방에 계엄이 터졌다는 메시지가 일제히 올라왔어요. 특히 외할머니가 정말 많이 우시면서 불안해하셨어요. 외할머니가 저희 아파트 옆 동에 사셔서 제가 할머니랑 같이 있었어요. 저도 그날 알았는데, 이모랑 삼촌이 80년대에 사회운동을 하셨더라고요. 이모는 야학 선생님이었고, 삼촌은 대학 때 민중가요 만드는 동아리 편집장이었대요. 그 당시에는 그런 활동을 하면 끌려가고 그랬잖아요. 저희 이모나 삼촌도 기무사(국군기무사령부, 현 국군방첩사령부)에 끌려갔었나봐요. 그때 그 학부모들이 기무사 앞에서 데모를 했대요. 외할머니도 그중 한 분이셨고. '어머니회'랬나? 학부모들이 모여서 만든 단체가 있었다는데 거기 소속돼 있으셨대요.

거기다 저희 엄마 아빠도 87년에 민주화운동 하다가 만나셨거든요. 엄마는 밀양 출신이고, 아빠는 광주 출신이에요. 한강 작가님의 《소년이 온다》 작품 있잖아요. 그 소설 주인공이 중학교 3학년인데, 저희 아빠랑 동갑이에요. 아빠가 5·18 당시에 중 3이었거든요. 실제로 소설 속 인물들처럼 계엄군에게 학살당한 사람들의 시신을 보기도 하셨대요. 그러다가 두 분 다 대학을 서울로 오게 됐고, 6월항쟁 때 연극 동아리에서 만나서 사귀신 거죠. 가족들이 다 민주화운동을 한 거예요. 외할머니는 그 과정을 다 봐오셨으니까 계엄령이 선포됐을 때 굉장히 불안하셨겠죠.

가족들도 할머니가 걱정되니까 단톡방에는 "그래도 우리는 내일 일상을 살아가야 되니까 안정 취하고 집에서 자자, 굿나잇" 이런 안심용 카톡을 남겨놓고 다들 국회 앞으로 나갔어요. 저는 같이 있으면서 할머니를 돌봐드렸고요. 자꾸 트라우마 일어난다고 우시니까, 할머니 붙잡고 계속 뉴스를 볼 수밖에 없었어요. 할머니도 저도 밤새 잠 한숨 못 자고 실시간으로 상황을 지켜보면서 애를 태웠죠.

의료인이 왜 정치에 신경 쓰냐고요?

계엄령 선포됐을 때, 포고령 5항이 제일 눈에 들어왔어요. "전공의를 비롯해 파업 중이거나 의료 현장을 이탈한 모든 의료인은 48시간 내 본업에 복귀해 충실히 근무하고 위반 시는 계엄법에 의해 처단한다." 이 말이 뉴스에서 계속 들리더라고요. 듣고 있자니 정말 많은 생각이 들었어요. 의료인이지만 일을 하고 있지 않은 상태였기 때문에 더 그랬던 것 같아요. 단어 하나하나 뜯어보면서 제가 해당되는지 아닌지를 엄청 고민했어요.

"파업 중이거나 의료 현장을 이탈한 모든 의료인". 이 구절에 대해서 말하자면, 저는 어쨌든 의료 현장을 이탈했고 동시에 '의료인'이기도 하죠. 그럼 복귀 명령이 내려지면 어떻게 해야 하나 궁금했어요. 저는 직장 내 괴롭힘을 당하고 병원 측과 합의하에 권고사직 처리가 돼서 그 병원으로 다시 돌아가기 힘든 상황이었거든요. 누가 직장 내 괴롭힘을 고발한 노동자를 받아주겠어요. 받아준다고 해도 다시 가면 저를 좋아하겠어요? 복귀하고 싶어도 못하는 상황인데 48시간 내에 복귀하라고 하니 그럼 나도 복귀할 수 있는 건가 싶어서 오히려 반갑기까지 했어요(웃음).

이건 저만의 문제가 아니에요. 많은 간호사들이 저처럼 생각하지 않았을까요? 왜냐하면 지금 한국에 간호사가 65만 명 정도 되는데, 그중에 실제로 일하고 있는 사람들은 25만 명도 안 되거든요. '면허가 있는데 일을 못하고 있는 간호사들도 모두 복귀할 수 있다는 건가?' 싶었죠. 그러면 40만 명 정도 되는 간호사들이 다 복귀해야 한다는 건데, 그건 불가능하잖아요. 결국 포고령 5항은 간호사를 '의료인'으로 생각하지 않고 쓴 문구인 거예요. 간호사는 둘째 치고 다른 의료인이라고 고려했을까 싶어요. 의사만 의료인으로 생각하고 쓴 문항인 거죠. 정말 황당했어요. 지금까지 '의료인'의 범위도 모르면서 의료 민영화니 뭐니 하며 의료 정책이라는 걸 펼쳐온 거잖아요.

그리고 엔클렉스가 해외에서 치러야 하는 시험이라 출국도 준비하고 있었는데 출국 금지 명령이 떨어지더라고요. 웃어넘기기에는 너무 큰 사건이었어요. 제 삶이랑 너무 가깝게 맞닿아 있었거든요. 비상계엄이라는 게 역사적으로 보더라도 결코 가볍게 여겨선 안 될 일이기도 하고요. 그런데 주변 반응은 제가 생각한 거랑 좀 달랐어요. 대학병원에서 일하는 간호사 친구 한 명은 저한테 자기는 나이트 뛰고 있어서 바빴다면서, 한밤의 해프닝처럼 지나간 일인데 그런 걸 신경 쓸 여력이 있냐는 식으로 이야기하더라고요. 의료인이 왜 정치에 신경 쓰냐고, 정치 상황에 너무 예민하게 반응하지 말라는 식으로 얘기하는 친구도 있었고요. 그래서 제가 친구들한테 간호 정책도, 간호법 제정하는 것도 다 정치랑 연관될 수밖에 없는데 어떻게 관심이 없을 수 있냐고 대꾸했어요.

친구들의 이런 태도가 저를 힘들게 하기도 해요. 사실 이번 계엄 사태 전에도 친구들한테 이런 말 많이 들었거든요. 제

백날 지원봐라, 우리가 사라지나

가 행간이라는 단체에서 활동하고 있어요. 그래서 간호협회장 직선제 요구 같은 거 동의 요청하는 서명을 받으러 다닐 때가 많은데, 그럴 때 거부하는 친구들이 진짜 많거든요. 그러면 그 친구들이 서명운동에 대해 가지고 있는 오해와 편견을 매번 바로잡아줘야 해요. 용기도 북돋아줘야 되고, 이거 서명한다고 블랙리스트에 오르지 않는다고 또 말해줘야 되고, 깨우칠 수 있게 도와줘야 되고, 정말 힘들어요. 저랑 친한 친구들인데도 한 번도! 정말 단 한 번도! 서명을 해준 적이 없어요. 제 앞에서는 했다고 하는데 막상 명단 보면 없는 거예요. 혹시라도 일하는 데서 불이익을 받게 될까봐 소극적인 방식으로라도 자기 의견을 내는 걸 두려워하는 것 같아요. 그래도 어떡해요, 친구들이 이런 문제에 관심을 가질 수 있을 때까지 기다려줘야죠.

그런데 비상계엄이 터지고도 그런 말을 들으니까, 이건 좀 아니라는 생각이 들었어요. 그리고 제가 세월호 참사 피해 학생들이랑 동갑이거든요. 저희는 '가만히 있으라'는 말을 들으면 안 된다는 걸 알고 있는 세대잖아요. 그래서 세월호 참사 때가 떠올랐어요. 다들 나한테 '가만히 있으라'고 하는 것 같은데 그러니까 더더욱 가만히 있으면 안 되겠다, 이런 생각이 들었어요.

잠을 줄여가며 의료부스를 운영했어요

탄핵 집회 의료부스는 '보건연'(건강권 실현을 위한 보건의료단체연합)*에서 주최한 거예요. 저희 보건연 쪽에서 의료부스를 꾸려서 의료 봉사 활동을 하겠다고 먼저 뜻을 밝혔고, 주최 측에서도 찬성했어요. 시위에 참여자들이 급증하니까 탄핵집회 주최 측(윤석열즉각퇴진·사회대개혁 비상행동)에서도 안전문제를 고려하게 된 거죠. 위험 상황에 대비해 프로토콜이 필요하겠다고 판단했던 것 같아요.

박근혜 퇴진 집회 때는 중년들, 그리고 가족 단위의 사람들이 많이 나왔던 걸로 기억해요. 그런데 이번에는 청년들이 많이 나왔잖아요. 그래서인지 의료부스도 청년들끼리 모여서 해보자는 이야기가 나왔어요. 보건연에 있는 20~30대끼리 회의를 한 끝에 청년 모임 '윤석열 퇴진! 보건의료 청년학생 모임'을 만들게 됐어요. 그런데 막상 모임에 나가보니 간호사가 저밖에 없는 거예요. 다 의사들이었어요. 그러니까 제가 더 책

---

*　보건연은 '건강권 실현을 위한 행동하는 간호사회'(행간), '인도주의실천 의사협의회'(인의협), '건강사회를 위한 치과의사회'(건치), '건강사회를 위한 약사회'(건약), '참의료실현 청년한의사회', '노동건강연대' 등 6개 시민단체의 연합체이다. 그간 보건연의 주된 구성원은 의사나 약사였고, 간호사가 합류한 것은 비교적 최근의 일이라고 한다. 간호사가 구성원에 포함되면서 행간 역시 보건연에 연합하게 된 것이다. 보건연의 정확한 규모를 파악하기는 어려운데, 각 단체에서 통계를 내지도 않을뿐더러 단체 가입만으로 블랙리스트에 오르는 상황을 피하기 위해 익명으로 활동하는 이들이 많아서다.

　　백날 지워봐라, 우리가 사라지나

임감을 느낄 수밖에 없죠. 결국에는 제가 간호사들을 다 불러 모아야 했어요. 저는 일개 2년 차 간호사고, 달랑 저 혼자인데 전국의 간호사들과 간호대 학생들한테 홍보를 돌리려니까 정말 막막하더라고요. 그래도 어떡해요, 해야죠.

그래서 '간호사'라는 키워드가 포함된 모든 카카오톡 오픈채팅방이랑 SNS를 통해서 보건의료부스 참여 신청 폼을 돌렸어요. 그리고 다행히 그걸 본 한 간호대 학생이 전국에 있는 간호대 학과 단톡방에 공지를 할 수 있게 큰 도움을 줬어요. 그러자 사흘 동안 200명 가까이 되는 사람들이 모였어요. 보건의료직에 종사하는 청년들, 그리고 보건의료대 계열 학생들 중에서 의료부스의 필요성에 공감하는 사람들이 모인 거죠. 그 단톡방에 200명이 있었는데 그중 160명이 간호사거나 간호대 학생이었어요. 그러니 책임감을 안 가질 수가 없었죠. 제가 모았잖아요(웃음).

의료부스가 본격적으로 설치된 건 12월 7일 탄핵 입법이 부결된 날이었어요. 이날 많은 사람들이 국회 표결을 지켜보려고 광장으로 나왔잖아요. 인파가 많이 몰리니까 더더욱 안전 문제가 걱정이 됐어요. 날씨가 엄청 추우니까 아픈 사람이 있을 가능성도 높았고요. 그래서 의료부스 열겠다고 자처해서 열었는데, 사실 그때는 첫날이라 아무런 체계가 안 잡혀 있었어요. '저희가 하겠습니다!' 이렇게 호기롭게 말해놓고 떡하니 자리만 차지하고 있었던 거죠. 구급차 부를 수 있는 통로 정도만 확보해놓고 그냥 있었던 거예요.

나중에 더 많은 인력이 모이면서 의료부스도 점점 체계를 잡아나갔어요. 저희끼리 회의도 계속했고요. 불만이나 요구 사항이 들어오면 어떻게 해야 하는지, 위급 상황이 생기면 어떻게 대처해야 하는지 등등 프로토콜을 만들어나갔죠. 집회가 거듭될수록 저희도 발전에 발전을 거듭했던 것 같아요. 정세가 워낙 빠르게 흘러갔잖아요. 한강진 집회도 사실은 갑자기 열린 거고. 언제 어디로 나가서 의료부스를 열게 될지 모르니까 무슨 일이 생기면 바로 대처할 수 있게 계속 준비해야 했어요. 매번 밤새 회의하고, 필요한 것들 이것저것 만들고…… 의료부스 열면서부터는 잠을 거의 못 잤어요.

집회 현장에서 의료진이 해야 할 가장 중요한 일은

의료부스에서는 의사 1명, 간호사 2명이 팀을 이뤄서 진료를 봐요. 구급차가 들어올 통로를 확보하고, 물품을 정리하고, 환자가 오면 원무과처럼 접수를 받아요. 접수받을 때 환자 이름은 필요 없고, 나이대, 연령, 성별, 증상 정도만 확인하고 있어요. 차트에는 어떤 처치를 했는지, 예후가 어떤지를 주로 적고 있어요. 그런 기록들은 제가 다 보관하고 있고요. 접수를 받으면 기본적인 바이탈 체크는 간호사가 하고, 그 뒤에 의사가 필요한 응급 처치를 해요. 간단한 외상을 입은 환자면 드레

백날 지워봐라, 우리가 사라지나

싱을 해드리거나, 저희가 가지고 있는 약을 드릴 수 있으면 드리고. 골절이나 염좌가 의심되면 부목을 대주거나, 뭐 그런 처치예요. 그리고 의료부스에서 해결할 수 없는 상황이면 구급차를 부르고요.

의료부스에 보건의료대 계열 학생들도 있는데, 학생들한테 그런 처치를 맡기기에는 아직 경험이 부족하니까 다른 일을 맡겼어요. 집회에 참여해서 현장을 처음부터 끝까지 쭉 돌아보라고 했어요. 그렇게 돌아다니면서 저체온증 때문에 꾸벅꾸벅 조는 분은 없는지, 아니면 넘어져서 압사 위험에 처한 분은 없는지, 이런 걸 살피는 거죠. 환자가 있는지 없는지만 살필 게 아니라 외치고 싶은 메시지를 작은 손 피켓 같은 걸로 만들어서 들고 다녀보라고도 권유했어요. "말하고 싶은 거, 이 많은 사람들한테 외치고 싶은 거 적어서 들고 다녀. '취업시켜주세요' 이런 것도 괜찮아" 이렇게 얘기해줬죠. 정말 재밌었던 게 학생 한 명이 현장에서 고등학교 때 선생님을 봤대요. 선생님이 자기한테 대단하다고 그랬다는 거예요. 그 뒤로 그 친구가 현장에 매일 나오더라고요. 정말 대단해요, 학생들도.

의료부스 운영은 거의 저희 사비로 해요. 저도 의료부스 갈 때 매번 물품들을 사서 가고요. 뭐가 없는지 아니까. 공황장애 있으신 분들은 이어플러그로 소음만 차단해줘도 도움이 좀 되거든요. 그래서 이어플러그랑, 열 손실을 막아줄 수 있는 은박 담요랑 박스째로 구매해서 가져갔었어요. 그런데 그걸 들고 가는 게 또 문제예요. 집회 때는 근처 편의점에서 물 한 병도 사기가 어려워서 미리 사서 들고 가야 하는데, 생수도 무겁잖아요. 2리터짜리 여섯 개 묶음을 들고 지하철을 두 시간씩 타고 다닌 거예요. 깃발, 의료 가방, 생수 이런 걸 한꺼번에 들고 다니니까 지나가던 시민분들이 깃발도 만져보시고 엄청 신기해하세요. 이것저것 들고 메고 다니니까 사람들이랑 부딪힐 수밖에 없잖아요. 얼마나 사과를 하고 다니는지 몰라요, 정말.

　의료부스에 찾아오시는 분들 중에는 특히 두통, 복통, 메스꺼움 같은 증상을 호소하시는 분들이 많아요. 이 증상들에 대해 공부해보려고 했는데, 집회 현장에서 나타나는 증상을 다루는 의학 논문이 정말 없더라구요. 그래도 소방이나 경찰 분야 논문에서는 소음의 진동으로 인한 두통, 복통, 메스꺼움 같은 증상을 설명하고 있어서 그런 자료에서 도움을 받고 있어요.

　그리고 체온을 지키는 것도 정말 중요해요. 체온 문제로 의료부스를 찾아오시는 분들이 적지 않은데, 주로 노인분들과 여성분들이에요. 찬 바닥에 오랜 시간 앉아 있다 보니 생리통으로도 많이 오시고요. 추운 겨울철에 집회가 길어지게 되면 방한용품을 챙겨 입어도 저체온과 감기 몸살이 올 수 있어요. 집회 열리고 얼마 안 됐을 때는 주변에 먹을 것도 없었어요. 그 후로 푸드트럭들이 하나 둘씩 와주셔서 너무 감사하지만, 먹고 마시면 화장실을 가야 하니까 그조차 안 먹는 분들도 계시는데, 그럼 쓰러지거나 탈수 증세가 올 수 있어요. 자주 먹고 자주 화장실을 가주는 게 번거롭더라도 훨씬 나아요.

이번 집회에 나온 분들은 다들 정말 일상생활이 힘들어서 나오셨을 것 같아요. 도저히 이렇게는 살기가 어려워서. 그렇다 보니 공황장애라든지, 이미 기저 정신질환이 있으신 분들이 꽤 많았어요. 이 많은 사람들 앞에 나오기까지 얼마나 큰 결심을 하셨겠어요. 지하철 타는 것조차 어려운 분들도 있을 텐데. 그걸 이겨내고 왔는데 결국 몸이 버티지 못해서 간질 발작 같은 증상이 일어나는 경우도 있어요. 한남동 철야 집회가 있던 날에도 간질 발작을 일으킨 분이 계셨어요. 뇌전증 환자였죠. 이분 외에도 뇌전증 환자가 정말 많았지만, 이분은 갑자기 쓰러졌고 떨림이 심해서 혈압을 재기도 어려웠어요. 그야말로 응급 상황이었기 때문에 이날이 제일 기억에 남아요.

집회는 소음이 굉장히 심하고 긴밀한 소통을 주고받기가 어려운 환경이잖아요. 이런 상황에서는 주최 측에 양해를 구해 스피커 소리부터 줄여달라고 요청해야 해요. 혼잡한 상황이어서 환자가 안정을 취하기도 어려운 데다, 카메라로 상황을 찍으려고 하는 사람들도 많다 보니 너무 곤란한데요. 환자가 있을 공간을 확보하고 응급 처치를 하는 것도 중요하지만, 의료진이라면 무엇보다 환자의 신변부터 보호해야 해요. 누군가가 환자를 찍지 못하도록 막는 게 최우선인 거죠. 그날도 그 뇌전증 환자분이 무사히 병원으로 이송돼서 안정을 취하고 귀가하셨는데, 그분이 심정지를 일으켜 사망했다는 오보가 나온 거예요. 그래서 저희 의료진들이 언론사에 하나하나 전화를 돌려서 기자분들께 정정 요청을 해야 했어요.

의료 조끼를 입고
찬성 집회와 반대 집회를 오갔죠

12월 21일에도 의료부스를 열었어요. 이날은 특별했던 게, 의료부스를 두 군데서 열었어요. 광화문에서 의료부스를 여는 건 당연히 예정돼 있었고요. 광화문에서 집회 끝나고 회의차 뒤풀이를 하고 있었는데, 끝 무렵에 남태령 소식이 들렸어요. 다행이었던 게, 저희 같은 의료진들은 뒤풀이 때도 술, 담배를 잘 안 해요. 응급 상황에 대비해야 하니까. 근데 그때 저희도 체력이 정말 바닥나 있었거든요. 계~속 집회에 나가다 보니까.

그래도 안 갈 수가 없었어요. 농민분들이 정말 걱정 됐거든요. 탄핵 집회에는 아무래도 청년층이 많지만, 거기 계신 농민분들은 연령대가 높잖아요. 위험할 수 있겠다는 생각이 들었어요. 그래서 의료진들 체력을 고려해서, 몇 사람씩 가서 교대 근무를 서자고 이야기가 됐어요. 철야 집회라 약품이나 물품을 전달하려고 해도 지하철이고 뭐고 다 끊겼더라고요. 경찰이 택시도 못 들어가게 집회 장소 앞뒤로 다 막고 있었고. 그래서 저희가 직접 약품이랑 의료 물품을 이고 지고 들어가야 했어요. 그런데 그 무거운 짐을 누가 다 옮겨요. 의료진들만으로는 안 됐어요. 들고 간다고 해도 집회에 있는 사람들한테 하나하나 나눠줄 방법이 없고. 그때 자원봉사 하시는 분들이 큰 도움이 됐어요. 저희가 부스를 열긴 했지만, 자원봉사자분들

백날 지워봐라, 우리가 사라지나

아니었으면 물품 옮기는 일부터 나눠드리는 일까지 정말 불가능했을 거예요.

그날 남태령 쪽 체감 온도가 거의 영하 15도, 20도 막 그랬어요. 심지어 딱 동지여서 밤도 엄청 길었고요. 게다가 몇몇 농민들은 이미 구타를 당해서 눈탱이가 밤탱이가 돼 있고. 대부분 다 고령이다 보니 저체온증도 많았죠. 또 여성분들도 많았는데, 그분들도 저체온에 약하잖아요. 그분들이 더 안타까운 건, 이 집회만 오신 게 아니고 그전에 있었던 집회를 여태다 돌고 또 거길 간 거예요. 따뜻한 집에서 나간 게 아니라. 그러니까 몸이 이미 한계를 넘었던 거죠. 그래서 더 힘든 상황이었어요. 저는 솔직히 '트랙터가 서울까지 갈 수 있도록 남태령의 막힌 길을 뚫어야 한다' 이런 건 잘 모르겠고, 그냥 사람들이 너무 걱정됐어요. 다치거나 어떻게 잘못될까봐.

21일 밤에는 구급차나 들것조차 못 들어왔어요. 사진도 트위터에 많이 돈 걸로 알고 있는데, 경찰차가 차벽을 만들어서 사람도 차도 못 드나들게 했잖아요. 구급차도 예외는 아니었어요. 최소한 들것이라도 들어오게라도 해줬으면 좋았을 텐데, 제 마음처럼 되지는 않았죠. 그래서 첫차가 다니기 시작할 때가 되어서야 응급실에 가야 하는 분들을 구급차에 태워 보낼 수 있었어요. 그전까지는 난방버스에라도 가 계셨어야 했는데, 거기까지 갈 기력이 없는 분들도 있어서 위험했죠. 그래도 다행히 지하철역이랑 멀지는 않아서 지하철 첫차 다니기 시작하고는 응급실로 환자들을 보낼 수 있었어요.

의료부스는 보통 탄핵 찬성 집회 쪽에 설치돼요. 그래서 의료부스를 운영하다보면, 공격이 너무 많이 들어와요. 사람들이 막 "너네 탄핵 반대 집회 나온 사람들도 치료해줬어?" 이렇게 물어봐요. 너무 편향적인 거 아니냐고 저희를 계속 공격하는 거죠. 사실 해줬거든요. 윤석열 체포 실패했던 1월 3일에 한남동에서 철야 집회가 있었잖아요. 그때 탄핵 찬성 측도 있었지만 반대 측 집회도 같이 열렸어요. 딱 남북 축소판 같은 풍경이었는데, 경찰들이 비무장지대를 쫙 가로막고 있고, 이쪽에는 찬성 집회, 저쪽에는 반대 집회 해가지고 팽팽했어요. 사실 반대 집회 쪽에 고령층이 더 많잖아요. 그래서 저체온증이나 이런 거에 더 취약해요. 계속 체온을 올려야 하니까 거의 스탠딩으로 방방 뛰면서 버티더라고요.

아마 탄핵 반대 집회 참석자였던 것 같은데, 어떤 분이 오셔서는 "찬성 집회 쪽까지 오는 거 정말 두려웠지만 힘들게 왔습니다. 용기 내서 왔어요. 저희도 도와주세요" 이렇게 말씀하시는 거예요. 그래서 반대 집회 쪽에도 갔죠. 노란색 의료 조끼를 입고 있으면 경찰들이 다른 집회 쪽으로 넘어갈 수 있게 통과시켜줬거든요. 사실 반대 집회 쪽 어르신들도 달랑 오뎅 국물 하나 들고 얼마나 고생이에요. 가서 치료해드리면서 왜 나오셨냐고 여쭤봤더니 이재명 구속해야 된다면서 욕만 하시더라고요. 그럴 때는 그냥 "잘못한 게 있으면 법적 책임을 져야죠~" 이렇게 애매하게 동조해드려요. 치료가 필요하면 해드리고, 구급차 태워서 보내드리고, 귀가시키고…… 그럴 때 참 마음이 아파요.

병원도 저를 보호해주지 않았어요

처음 입사한 병원이 집 앞에 있는 종합병원이었어요. 한 1년 정도는 임금이 제대로 나오긴 했죠. 그 뒤부터는 코로나 지원금 끊겼다느니, 의료 수가가 적다느니 하면서 월급을 적게 주거나 입금일을 계속 늦췄어요. 한 달은 아예 못 받았고요. 두 달째 넘어가는데 또 지연된다는 거예요. 말이 지연이지 언제 줄지 모르는 상태였죠. 주더라도 전체 금액의 15프로만 준다던가, 원래 제 급여의 월 실수령액이 320만 원인데 50만 원만 주는 거죠. 언제 들어올지도 모르고, 얼마를 받을지도 몰라요. 근데 이메일로 날아오는 급여명세서에는 항상 온전한 금액이 찍혀 있어요. 실질적으로 제 통장에 떨어지는 금액이랑 전혀 달라요. 그렇게 급여 수령이 계속해서 지연되고, 받아야 하는 액수는 점점 더 늘어나고, 그런데 매번 제대로 받지는 못하고, 악순환이 계속되는 거예요. 통장에 들어오는 금액이 일정치 않으니까 계획을 세우는 것도 힘들뿐더러, 정신적으로도 힘들어지더라고요. 그렇다고 노동청에 신고하는 것도 참 어려웠어요.

그나마 저는 간호사라서 신고를 할 수 있는 구조였어요. 그래서 신고했죠. 그때 신고자가 저 포함해서 두 명밖에 없었어요. 병원 측에서 의사나 약사는 임금을 다 챙겨줬어요. 그 사람들이 그만두면 큰일이니까. 사실 간호사나 다른 의료진들은 그만두면 다른 사람 채용하면 되거든요. 그나마 간호사한테는 임금을 늦게 주더라도 결국 주긴 줘요. 고용계약에 명시된 금액의 100프로를 주진 않지만요. 근데 다른 직종들은 아예 못받았어요. 아예 못 받고 언제 줄지 모르는데 노동청에 신고도 못하는 거예요. 왜냐면 병원에서 일하는 것 자체가 불법인 직종들이었거든요.

간호사를 구하기 어려우니까 병원 측에서 그 자리에 응급구조사들을 고용했어요. 간호조무사나 요양보호사가 해야 하는 일인데 아예 관련 자격 자체가 없는 일반인이 와서 불법적으로 일하는 상황이 반복돼온 거죠. 신고했다가는 본인들도 거기서 일을 못하고, 그렇다고 다른 데서 일할 용기도 안 나고 나이도 찼고. 그러니까 언젠간 주겠지 하면서 마냥 기다리는 거예요. 신고라도 할 수 있는 제 상황이 그나마 나았던 거죠. 물론 신고하면 업계에서 블랙리스트에 오르긴 해요. 결국에는 제가 노동자 입장인데 당연하잖아요. 간호사는 의사처럼 개업을 할 수 있는 것도 아니니까. 결국 취업길이 막히고 아예 다른 직종으로 전향해야 되는 거예요. 그러니까 사실상 신고하기 힘든 구조죠. 노조도 없었는데, 병원 측의 압력이 세서 노조 만드는 게 불가능했어요.

병원도 나를 보호해주지 않는다는 걸 깨닫고서 녹음을 해야겠다고 생각했어요. 처음에는 녹음을 해도 될지 상대의 허락을 받고 진행했는데, 그럴 수 없는 상황들이 계속 터졌어요.

수시로 녹음기를 켜둘 수밖에 없었죠. 동료 간호사들뿐만 아니라 의사들도 의료적 처치에 대해 계속 앞뒤가 다른 말을 하는 경우가 많았어요. 아까는 분명히 A라고 말했는데, B라고 말을 바꾸는 식으로. 그래서 녹음이 필요하다고 생각한 거예요. 또 환자나 보호자한테서도 너무…… 못 들을 말들을 너무 많이 들어서…… 저는 정말 쌍년, 잡년 같은 온갖 욕설들도 많이 들었거든요. 스스로를 보호하기 위해서라도 항상 녹음기를 가지고 다닐 수밖에 없었어요. 그러다 보니 나중에는 센터장이랑 간호팀장한테까지 불려 가서 "야, 녹음기 켜, 녹음기 켜고 시작해, 너 녹음하는 거 그렇게 좋아한다며" 이런 말까지 들었어요. "너는 간호사가 뭐라고 생각해? 친절한 거? 똑똑한 거? 아니야. 입이 무거워야 돼"라고 압박하면서 제 기를 죽이려고 했어요.

처음 입사한 병원에서 임금 체불에 직장 내 괴롭힘까지 당했는데, 신고는 임금 체불로만 했어요. 처음 신고했을 때는 지금까지 밀린 것도 다 줄 거고, 이제 잘 지급해줄 테니까 신고 취하하는 게 어떻겠냐고 하더라고요. 그래서 취하했는데 체불이 계속됐고, 결국 '응급사직'을 했어요. 원래 간호사들은 근무 스케줄이 있어서 부서장이랑 면담을 하고 퇴사하는 게 보통인데, 면담 절차 없이 일방적으로 퇴사하는 걸 응급사직이라고 해요. 응급사직 하면서 사직서에 사유를 '임금 체불'이라고 적어서 내니까 안 받아주더라고요. 그래서 어쩔 수 없이 '개인 사유'라고 적고 사직했죠.

그 후에 지방에 있는 일자리를 알아보고 구직했어요. 경력에 공백을 만들기보다는 일을 하는 게 좋을 것 같아서 지방의 큰 종합병원으로 갔죠. 그런데 거기는 더 어마어마했어요. 수직 관계가 엄청나더라고요. 화장실 가는 것까지 보고해야 했거든요. 선배가 마실 커피를 58분에 타야 되는데 57분에 타서 식었다고, 식은 커피 먹게 할 거냐고 그러고. 일하고 있는데 갑자기 불러내서 시험 보게 하고. 이런 일들 때문에 일하기가 너무 힘들었어요. 직장 내 괴롭힘도 정말 심했어요. 선배 간호사가 폭언은 물론이고, 저를 때리려고 손을 올린 적도 많았어요. 실제로 때리지는 않았지만 잡아끌거나 하는 강압적인 행동도 했고요.

그래서 이 병원에서는 증거를 모았어요. 녹음도 하고, CCTV에 찍힌 것도 다 기록해뒀죠. 병원 측에 '심장내과 외래 앞에서 저를 때리려고 한 거 CCTV에 다 찍혔으니까 찾아보셔라' 하면서 몇 월 며칠 몇 시에 당했는지 다 이야기했어요. 그런 일이 있었다는 게 실제로 확인이 돼서 보호받을 수 있었고, 가해자 선배한테도 형식적으로나마 사과를 받았어요. 그렇게 회사랑 합의해서 권고사직으로 구직급여를 받을 수 있었는데 이건 정말…… 정말 드문 케이스라고 보고요. 근로기준법에는 가해자한테 사과받고 다른 부서에 가서 일을 하는 식으로 퇴사하지 않는 게 이상적이라고 쓰여 있는데, 그게 정말 이상적이겠어요? 이미 병원 내에서 눈도장이 찍혔는데 피해자한테는 지옥이죠.

이 모든 게 간호사만의 문제는 아니니까요

취업을 못해서 백수가 되는 신입 간호사들이 매년 4만 명이나 돼요. 대학병원 신규 인력 정원이 1년에 20명이면 많은 거고, 뽑힌다 하더라도 2년 동안 기다려야 하거든요. 종합병원에서 일하다가 대학병원으로 가는 수순은 사실 옛날이야기예요. 5년 전에는 가능했지만 지금은 지방 종합병원에서도 19명 뽑는다고 하면 3000명씩 몰려요. 경쟁률이 엄청 센 거죠. 그런데 병원에서는 정작 간호사가 없대요. 어떤 간호사가 없냐 하면, 경력직 간호사가 없는 거예요. 근데 경력직을 뽑으면서도 임금은 최저임금을 줘요. 그럼 오겠어요? 그렇게 어렵사리 데려온 간호사들을 또 신규 취급하고. 그건 그나마 괜찮은데, 기누르려고 새로 온 간호사를 괴롭히고, 말 한마디 마음대로 못하게 하고, 화장실도 허락받고 가게 하고, 심지어 물리적인 폭력까지 행사하면서 텃세를 부리는 거죠. 숨도 못 쉬게. 그런 취급을 받으면 정말 언제까지 이렇게 희생해야 하나 싶어요.

간호사를 뽑아야 할 자리에 응급구조사를 대신 뽑는 병원이 되게 많아요. 병원에서 응급구조사를 의료 인력으로 쓰는 게 불법인데, 간호사보다 임금이 훨씬 싸니까 응급구조사를 뽑는 거예요. 저희는 나이트 뛰면 9~11만 원씩 받는데 응급구조사들은 똑같은 일을 하면서도 5~6만 원밖에 못 받거든요. 그리고 목소리도 못 내죠. 일하는 것 자체가 불법이니까. 그나마 남자 응급구조사들은 상황이 나은 편인데, 2년 정도 일하다가 경찰이나 소방직으로 빠지는 경우가 많거든요. 거기는 300명씩 뽑으니까 그쪽으로 지원하면 붙을 가능성이 높잖아요. 그런데 여자 응급구조사는…… 서울시 소방직 뽑는 거 한번 보세요, 몇 명 뽑나. 딱 한 명 뽑을 걸요? 여자들은 진짜 갈 데가 없는 거예요. 체력 갖추고, 다른 스펙들이 남자보다 더 좋은데도. 그러니 그 사람들한테 일자리가 얼마나 소중하겠어요. 임금을 제대로 못 받아도 말을 할 수가 없는 거죠. 이런 것들을 보면 정말 사회구조의 문제가 심각하다는 생각이 들어요.

누군가가 자기 이름을 걸고 목소리를 내는 순간 직장을 잃게 되고, 여태까지 일을 하기 위해 배워온 기술이나 지식을 사용할 수 있는 길이 막히는 거잖아요. 단지 보건의료 업계만의 문제는 아니라고 생각해요. 얼마 전 영주시에서 일하던 공무원 한 분도 직장 내 괴롭힘으로 돌아가셨잖아요. 그런 사건들 보면서 직장 내 괴롭힘이라는 게 정말 이 업계만의 문제가 아니라는 생각이 들었어요. 하지만 그런 괴롭힘을 당하는 상황에서도 자기 권리를 주장할 수 없는 게 지금의 현실인 거죠.

그러니까 그런 사람들이 목소리를 낼 수 있으려면 그렇게 해도 괜찮은 환경이 먼저 조성되고, 그걸 귀 기울여 들어줄 수 있을 만큼 사회적 인식이 끌어올려져야 하는 게 아닌가 싶어요. 단순히 나 혼자 용기를 가지고 강경하게 목소리를 낸다고 되는 게 아닌 거죠. 사회구조가 바뀌고, 사람들의 시선이 바뀌어야 '목소리를 내도 다치지 않는구나', '목소리를 내도 안전하구나' 하는 감각을 가질 수 있을 테니까. 그런 세상이 빨리 오면 좋겠어요. 제가 살아 있을 때.

자기 뜻을 펼치는 사람들이 있다는 게 희망이죠

이번 탄핵 광장이 저한테 터닝포인트가 됐어요. 그전에는 제가 별로 주체적이지 않았거든요. 행간 회원이긴 했어도 소식이 있으면 그때 맞춰서 한 번씩 나가는 정도였으니까. 사실 부모님은 제가 간호사로서 사회 문제에 목소리를 내는 걸 싫어하셨어요. 아직 실력이나 경험이 충분히 쌓이지 않았는데 나가서 다칠까봐 걱정된다며 울타리를 치셨죠. 이제는 저도 경험을 쌓을 만큼 쌓아서 그런 울타리에서 벗어나고 싶다는 마음이 계속 꿈틀거렸는데, 이번 일을 계기로 그런 것들이 빵 터진 것 같아요.

얼마 전에 방문의료를 주로 하는 사회적 협동조합에 취업을 하게 됐어요. 의료 사각지대에서 의료 활동을 펼치는 협동조합이라 저랑 뜻이 맞는 곳이라고 느꼈거든요. 주로 노인분들이나 탈시설하신 장애인분들을 찾아뵙고 진료하고 있어요. 거기서 일하는 것 자체가 저한테 좋은 자극이 돼요. 제가 생각했던 '간호'를 하고 있는 것 같아서요. 환자 한 명을 한 시간씩 보면서 정말 밀착 케어를 하고 있어요. 병원에 가기 어려운 분들이 더 큰 병에 걸리지 않도록 케어해드릴 수 있다는 게 보람차요.

저는 간호사가 인본주의를 바탕으로 만들어진 직종이라고 생각해요. 구조적인 문제들 때문에 지금은 간호사들도 먹고살기 바쁜 처지이지만, 결국 미래에는 이런 모습으로, 약자를 위한 의료 서비스를 제공하는 방향으로 바뀌어야 하지 않을까 생각해요. 여기서 일하시는 분들이 저한테는 희망인 것 같아요. 이런 뜻을 펼치는 사람들이 있다는 게.

백날 지워봐라, 우리가 사라지나

촛불 들던 소녀에서 탄핵 집회를 이끄는 활동가로

구술: 소진희

기록: 김세희

소진희와 나는 95년생 동갑이다. 소진희가 중학생 때 일제고사에 반대하며 OMR 카드에 'MB OUT'을 적어냈던 그 시절을 나도 기억한다. 희미하게나마 일제고사에 대한 문제의식을 갖고 있었지만, 그럴 만한 기개는 없었다. 고등학생 소진희가 위안부 할머니들의 팔찌를 학교 친구들과 대량 구매했을 때, 나도 학교에서 위안부 할머니들을 위한 캠페인을 열었다. 그때부터 우리는 어떻게든 한 번은 닿을 인연이었는지도 모른다.

우리는 같은 대학에 다녔고, 실제로 나는 학생회 활동을 하는 소진희를 본 적이 있다. 그때 나는 새내기의 설렘을 가득 안고 잘생긴 오빠와 사귀기 위해, 학점을 따기 위해, 대외활동과 토익 점수를 위해 사력을 다했다. 그러는 동안 가끔 소진희 같은 친구들을 마주치면 '지금 세상에 운동을 할 만큼 바꿔야 할 게 있나'라는 생각을 하곤 했다. 돌이켜보면, 그 시절 나는 소진희가 가꾼 세상에 기생했던 게 아니었나 싶다. 그들이 만든 민주주의에 무임승차한 그 빚과 시간을 되갚을 길이 없다. 이 지면을 빌려 과거의 그에게 꼭 고맙다는 말을 전하고 싶다.

광장에서 다시 소진희를 만난 건 탄핵안이 가결된 지난 12월 14일이었다. 그는 사회자로서 7만 명의 인파를 이끌고 있었다. 소진희는 여성이 만든 사회자였다. 2030 여성이 물밀듯 쏟아져 나오자 광장의 얼굴은 순식간에 바뀌었다. 소진희를 비롯한 젊은 운동권 여성이 없었다면, 부산 집회가 이토록 매끄럽게 진행되진 못했을 것이다. 그는 각종 행사 기획부터 SNS

운영까지 남다른 역량을 발휘했다. 부산 운동권 바닥에서 10년을 구른 소진희 덕분에 부산 집회 특유의 분위기와 활력이 생겼다고 해도 과언이 아니다. 심지어 그는 운동권 선배들에게 트위터 강의를 하며 2030 여성과 기존의 운동권을 연결하는 역할까지 하고 있다.

소진희와의 인터뷰가 끝난 뒤, 그가 활동하고 있는 진보당에 가입했다. 평소 정당의 정책을 샅샅이 찾아볼 만큼 나름 치밀한 편이지만, 그 자리에서는 그런 게 중요하지 않았다. 그가 있어줘서 고마웠고, 그저 그의 궤적을 응원하고 싶었다. 나는 그에게 선거에 나와달라고 간곡히 부탁했다. 이렇게까지 공동체를 지향하고 약자를 위하는 정치인이 있으면 좋겠다는 생각이 절로 들었기 때문이다. 오죽했으면 "예수를 영접하고 온 것 같다"는 농담을 던질 정도였다.

그는 3월 8일 여성의 날을 맞아 준비하고 있는 기획이라며 내게 교제폭력과 딥페이크 성범죄에 대한 발언을 부탁하기도 했다. 나는 인터뷰와 책 일정이 바쁘다는 이유로 거절했다. 그러나 정말로 일정 때문이었는지 생각해보면 그건 아니었던 것 같다. 내가 겪은 교제폭력에 대해 아직 발화할 준비가 되지 않았다는 것이 진짜 이유였을 것이다. 만약 내가 이 사실을 소진희에게 말했더라면, 그는 분명 '그럴 수 있다'며 다음을 기약하자고 했겠지. 내가 본 소진희는, 가장 말하기 어려운 자리에 있는 사람들의 마음까지 헤아리는 사람이었다.

소진희는 인터뷰 과정에서도 단단한 심지 같은 면모를 보여주었다. 쉽게 휘둘리지 않았고, 어려운 질문 앞에서도 단단하고 일관된 태도를 끝까지 지켰다. 소규모 지역 집회가 왜 제대로 운영되지 못하는지, 앞으로의 연대는 어떤 방향으로 나아가야 하는지 묻는 말에도 또렷하게 자신의 생각을 밝혔다. 누가 운동권을 두고 세뇌당했다고 했나. 사람들이 이 인터뷰를 적어도 세 번쯤은 읽어주면 좋겠다. 책을 읽다 보면 주인공들이 왜 이렇게까지 하나 싶은 순간도 있기 마련이다. 그 '왜 이렇게까지'에 소진희가 알려준 민중가요의 가사 한 구절을 빌려 대답하고 싶다. "좋은 이들과 함께한다는 것, 내가 걸어가는 이 길의 전부".

부산 집회에서는
청년 여성들이 사회자로 나섰죠

저는 부산 집회에서 행진 사회자로 트럭에 오르고 있어요. '윤석열즉각퇴진·사회대개혁 부산비상행동'에서 기획과 SNS 소통을 담당하고 있죠. 그동안 큰 규모로 진행되는 지역 시위 사회자를 맡아온 건 주로 운동 경력이 많은 단체 대표들이었어요. 실제로 부산에서도 계엄 발생 초반에는 '윤석열퇴진부산운동본부(준)' 김동윤 공동대표가 사회자로 올라갔고요. 그런데 이번에는 좀 달랐던 게, 초반 며칠 동안 광장 분위기를 지켜보면서 기존의 관습적인 사회자 구성을 그대로 유지할 수 없다는 공감대가 빠르게 형성된 거예요. 당시 부산 광장에 10~30대 여성들의 참여가 두드러지기도 했고요. 그러다 보니 청년 여성들이 현장의 분위기와 감성을 가장 잘 이해하고, 참여자들의 마음을 움직일 수 있다는 판단이 나온 거죠.

그래서 12월 9일부터는 주로 청년 여성이 사회를 보게 됐어요. 저도 그때부터 행진 트럭에 올라 행진 진행을 맡았어요. 진보당에서 진행하는 수요행진같이 작은 행진만 진행해보다가 이렇게 트럭에 오르는 건 처음이었어요. 저랑 '청년, 오늘'이라는 단체 대표인 지희씨를 비롯해 여러 여성 동료들이 함께 사회를 봤는데, 그러면서 집회의 얼굴도 청년 여성들로 빠르게 바뀌어갔어요. 여성들이 직접 사회를 진행하고 무대에서 발언도 하다 보니 갈수록 참여층이 다양해지는 것 같아요. 기존 운동권 문화가 여성과 청년들의 목소리를 적극적으로 반영하게 된 거죠.

특히 12월 7일 부산 집회에서 여성들의 참여가 굉장히 두드러졌어요. 저는 그날 서울에 있어서 현장을 직접 보지는 못했지만, 아이돌 응원봉을 들고 광장을 찾은 여성들이 많았다고 하더라고요. 2030 여성들이 이렇게 광장에 많이 나오고 있는 건 그들이 한국사회에서 오랜 시간 억압받아왔기 때문이라고 생각해요. 그동안의 억압이 축적돼서 폭발한 거죠. 여성들은 성차별을 포함한 다양한 억압을 겪어왔잖아요. 특히 2030 여성들은 이미 온라인 등을 통해 사회 이슈에 대해 자신의 목소리를 내고 싸워본 경험이 있고요. 직접 광장에 나오지 않았

백날 지워봐라, 우리가 사라지나

더라도 온라인상에서 연대하고 싸우는 여성들에게 지지와 응원을 보내온 경험들이 이렇게 거리로 뛰쳐나오는 데 큰 원동력이 된 게 아닐까요.

청년 운동권의 감각을 느끼고 있어요

제가 윤석열즉각퇴진·사회대개혁 부산비상행동에서 시민 소통을 담당하고 있거든요. 주로 '뭐라카노'라는 이름으로 인스타그램과 트위터 계정을 관리해요. 유튜브 커뮤니티와 페이스북 계정도 운영하는데, 영상팀에서 콘텐츠 제작을 담당하고 저는 관리자로 참여하면서 댓글들을 모니터링하고 있어요. 시민들이 태그하거나 직접 서치한 반응들을 모아서 회의 자료로 활용하기도 하죠. SNS를 잘 활용하지 않으시는 선배님들께 '지금 청년들이 이런 이야기를 하고 있어요'라고 전달하면 반응이 좋아요. 온라인상에서의 적극적인 반응들을 접하시곤 신기해하면서도 되게 기뻐하시더라고요.

최근에는 '2030 집회 기획단'을 구성했어요. 총 25명의 구성원 중 20대와 30대가 절반씩 참여하고 있는데, 특히 여성이 많아요. 기획단에서는 깃발 입장식을 비롯해 다양한 아이디어를 제안하고 있는데요. 매주 수요일에 열리는 시민부스도 시민들이 직접 목소리를 낼 수 있는 공간이 있었으면 좋겠다는 기획단의 취지에서 시작된 거예요. 집회 행진 때 사용된 노래 역시 대부분 기획단에서 직접 추천한 곡들이었어요.

서울과 비교할 순 없겠지만, 특히 부산은 다른 지역 도시들에 비해 집회 진행 역량이 상당히 뛰어난 편인 것 같아요. 현실적으로 여러 지역들이 '청년 없는 청년 문제'를 겪고 있잖아요. 청년들이 너무 부족하니까. 그에 비해 부산에는 꾸준히 활동해온 청년들이 있어서 이런 변화가 가능했던 것 같아요. 또 부산 광장에 청년 여성이 정말 많이 나왔거든요. 그걸 보고 저도 바로 '뭐라카노'라는 트위터 계정을 개설하고 청년층이 공감할 수 있는 형태로 집회 안내문을 만들어 올렸어요. 이전 방식대로라면 시민단체 활동가 단톡방에만 공유하고 결국 기존 회원들만 참여하는 형태가 반복됐을 텐데, 집회 참여층이 달라져서 홍보 방식도 자연스레 변화한 거죠.

피켓 디자인도 엄청 달라졌어요. 원래 피켓은 흰 바탕에 빨간 글씨거나 검은 바탕에 흰 글씨였어요. 조금이라도 예쁘게 만들면 다 탈락이었죠. 12월 4일까지만 해도 딱딱한 고딕체로 구호가 명확히 보이게만 했어요. 그런데 지금은 피켓 디자인이 청년층이 선호하는 스타일로 완전히 바뀌었어요. 같은 사람이 피켓을 제작하는데도 이렇게 달라진 건, 새롭게 부상한 청년 운동권의 감각 덕분이 아닐까 싶어요.

너 이제 민주노총으로 출근해라

계엄령이 선포된 날, 밤늦게까지 야근을 하다 10시 넘어서 퇴근했어요. 12월 7일 서울에서 열릴 '3차 범국민대회' 준비로 분주했거든요. 각 지역에서 서울로 올라갈 버스를 배치하고 깃발 제작과 명단 정리까지 하느라 정신없었죠. 오랜만에 동료들과 술 한잔하려고 자리를 잡았는데, 앉자마자 계엄령 소식이 터진 거예요.

순간 '내가 아는 그 계엄령이 맞나?' 싶었죠. 모두가 한참 동안 휴대폰을 붙잡고 정신없이 뉴스를 확인했어요. 그러고는 곧바로 술자리를 정리하고 사무실로 달려갔죠. 퇴근한 지 겨우 한 시간 만이었어요. 사무실에 도착하니 선배들이 이미 TV 앞에 다 모여 있더라고요. 다들 말없이 상황을 지켜보다가 새벽 즈음에야 '이건 헌법 파괴다. 강경하게 대응해야 한다'는 결론을 내렸어요.

그날 아침, 서면 교차로에서 정당 연설회를 열기로 했어요. 현수막을 제작할 시간도 없어서 A4 용지에 급히 문구를 출력해 피켓을 만들어 들고 나갔어요. 밤을 꼬박 샌 상태로요. 그 연설회를 기점으로 부산 지역의 탄핵 집회가 본격적으로 시작된 거죠. 몇몇 단체들 간의 연대를 넘어 지역 전체 차원의 공동 대응이 필요하다는 판단하에 부산 지역의 진보정당과 시민단체에서 곧바로 긴급회의를 소집했고, 12월 4일 오전에 민주노총 회의장에서 대책회의가 열렸어요. 그 자리에서 당장 그날 저녁부터 수, 목, 금 평일 집회를 열기로 결정하고 즉시 실행에 옮겼죠.

그날 이후로 제 삶은 오전부터 오후까지 집회를 준비하고 저녁에는 집회를 진행하는 날들의 연속이었어요. 보통 집회 당일 아침에 전날과 달라진 상황을 뉴스로 확인하면서 집회의 구호를 떠올리며 기획을 해요. 행진 트럭에 올라 어떤 말을 건네야 시민들의 속이 시원할까 고민하고, 집회에 나오는 다양한 세대가 함께 즐길 수 있는 음악도 준비하는 거죠. 집회가 한창 하루도 쉬지 않고 열릴 때는 진보당 사무처장님이 "너 이제 민주노총으로 출근해라"라고 하셔서 2주 정도 민주노총 사무실에 출근하며 매일같이 집회를 준비하기도 했어요. 탄핵안이 가결된 뒤로는 매일 집회를 진행하진 않게 되면서 원래대로 진보당 부산시당으로 출근하고 있어요.

탄핵 가결의 날, 그야말로 생방송 그 자체였죠

탄핵안이 가결된 12월 14일은 지금도 생생하게 기억이 나요. 이렇게 큰 규모의 집회는 보통 철저한 사전 준비가 필수인데, 그날은 그럴 여유조차 없었어요. 거의 모든 게 라이브로 진행되는 상황이었거든요. 매일 탄핵 찬성 집회를 이어가던 와중에 갑자기 빅 이벤트가 터졌던 거죠. 엄청나게 많은 사람

백날 지워봐라, 우리가 사라지나

들이 나올 게 예상됐기 때문에 자유발언만으로는 도저히 행사를 끌어갈 수 없었어요. 결국 저희는 밤을 새워가며 집회에서 틀 영상의 주제를 정했고, 영상팀 역시 밤을 꼬박 새워가며 영상을 준비했어요.

저는 1부에서 공연팀과 발언자를 순서대로 무대에 올리는 역할이었는데, 현장은 제 생각처럼 흘러가지 않았어요. 분명 몇 시까지 오라고 미리 공지했는데 발언자분들은 나타나지 않고, 공연팀도 여유 없이 딱 시간 맞춰서 움직이고…… 심장은 터질 것처럼 조급한데 마이크를 받아야 할 분은 저 멀리 있고, 결국 제가 직접 뛰어가서 데려오는 상황까지 벌어졌죠. 그렇게 오전 내내 1부 준비에만 매달렸어요.

오후의 2부는 현장 라이브 상황과 호흡해야 해서 베테랑 사회자와 함께 진행했어요. 사실 2부는 순서를 미리 정해놓을 틈도 없었어요. 무대 옆에서 공연팀이 대기하고 있다가 상황실장님이 "금강필 선생님 올라갑시다!" 하면 바로 올라가고, "행진팀 지금 갑시다!" 하면 그냥 그때 올라가는 식이었어요. 음원조차 미리 정해놓지 않아서 무대 위에서 "이 노래 틀어주세요!" 외치면 음향팀이 즉석에서 틀어주는, 그야말로 생방송 그 자체였죠. 공연팀이 무대 위에서 공연할 때 상황실장님이 "지금 라이브 화면 틀어야 합니다!"라고 하면 공연 중이라도 바로 영상을 틀었고, 그러면 공연팀은 허겁지겁 내려왔어요.

너무 긴박했던 탓에 어떤 노래를 틀었는지, 무슨 말을 했는지조차 잘 기억이 안 나요. 그저 "이거 틀어주세요!" 하고,

다른 노래가 나와도 그냥 "에라 모르겠다, 그냥 가자!"의 연속이었죠. 한 치 앞도 예상할 수 없는 상황 속에서 오직 시민들의 목소리와 현장 분위기에만 집중한 날이었어요.

중앙 정치의 판을 뒤흔드는 지역의 힘을 느꼈어요

12월 28일 박수영 의원 사무실 점거 투쟁*도 잊지 못할 기억으로 남아 있어요. 시민단체랑 진보단체가 부산 남구에 있는 국민의힘 박수영 의원 지역구 사무실에서 "국민의힘은 내란에 대한 입장을 취하라"고 요구한 건데요. 이후에 '윤석열 구속 파면 부산시민대회' 참가자들도 합류했고요. 그날 저는 박 의원 사무실에 들어가서 면담 좀 하자, 사과해라 하면서 열 몇 시간 동안 앉아 있었어요. 그러다가 창문으로 아래를 내려다보게 됐는데, 서면에서 출발한 행진 대오가 끝없이 이어지고 있더라고요. 그래서 그 모습을 '뭐라카노' 계정에 올리려고 동영상으로 찍기 시작했어요. 4시에 이미 서면 집회가 끝났고 거리도 너무 멀어서 사람들이 많이 오지 못할 거라고 생각했거든요. 그런데 정말 추운 날씨에도 불구하고 시민들이 몇 시간씩이나 걸어서 도착하는 모습을 보니 정말 감동적이었어요.

---

*   **이 사건에 대해서는 72쪽 주를 보라.**

백날 지워봐라, 우리가 사라지나

4분 정도 동영상을 찍었는데, 계속 눈물이 나왔어요. 먼 거리를 기꺼이 달려와준 시민들의 열기가 느껴져서 가슴이 벅찼죠.

지방에서 열리는 시위에 대해, 서울에 비해 의미가 적다고 생각하는 사람들이 많아요. 하지만 저는 박수영 의원 사무실 점거와 그 이후 부산 지역 국회의원들의 행보를 보면서 지역 정치의 중요성을 더 실감하게 됐어요. 국민의힘 의원들이 1월 6일에 윤석열 대통령 관저 앞에서 공수처의 체포영장 청구에 반대하는 시위를 벌였는데요. 국민의힘 의원 45명 중 부산 의원은 단 두 명밖에 참석하지 않았어요. 기존의 정치 지형을 생각하면 부산 의원들이 적극적으로 참여하는 게 자연스러운데 말이죠. 국회의원들이 자기 사무실 앞에 엄청난 규모의 시민들이 몰려든 걸 이미 봤기 때문에, 대통령 관저 앞에서 열리는 반대 시위에 함부로 참여할 수 없었던 거예요. 박수영 의원 사무실 점거 투쟁 같은 시민들의 적극적인 행동 덕분이었다고 생각해요.

선배들에게 트위터 사용법 강의도 했어요

이번 시국을 겪으면서 기존의 운동권과 청년 세대를 연결해야 한다는 책임감이 더 커졌어요. 아마 제가 기존의 운동권 문화도 경험했고, 최근 광장에 나온 새로운 세대의 문화도 잘 아는 처지라 그런 것 같아요. 집회 현장에서 서로 물품을 나누거나 선결제를 하는 건 분명 전에는 없던 문화였거든요. 어떻게 하면 새로운 세대와 더 잘 호흡할 수 있을지, 어떻게 집회를 혁신할 수 있을지 항상 고민이었는데, 어찌 보면 윤석열 덕분에 이 모든 게 빠르게 해결된 셈이죠(웃음). 더 많은 사람들이 참여하고 싶어 하는 집회를 만드는 과정이 압축적으로 이뤄진 것 같아요.

운동권 선배들한테 트위터 사용법 강의를 하기도 했어요. 이번에 특히 청년 여성들이 트위터를 보고 광장으로 엄청나게 쏟아져 나왔잖아요. 선배들이 도대체 트위터가 뭐길래 이러냐고 궁금해하시길래 활용법을 알려드렸어요. 단문으로 정보를 빠르게 전달하는 데 최적화된 플랫폼이라는 것, 리트윗 기능이 있어서 확산성이 크다는 것, 뭐 이런 핵심들 위주로 설명드렸죠. 또 공식 계정 운영하는 방법도 알려드렸어요. 유튜브나 인스타그램에는 정제된 공식 정보를 주로 올리지만, 트위터에서는 밈과 같은 친근하고 재치 있는 콘텐츠가 인기를 얻잖아요. 트위터 내에서 자주 쓰이는 밈으로 공지를 올리면 폭발적인 반응과 마케팅 효과를 얻을 수 있다고 말씀드렸죠. 선배들 눈에 직관적이지 않더라도 트위터 사용자들에게 익숙한 문화를 적극 활용해야 한다고 강조했어요.

그리고 진짜 중요한 거, 트위터가 익명성을 기반으로 해서 주의해야 할 점들이 있다는 것도 당부드렸어요. 집회에서 친해진 청년들한테 절대 트위터 계정을 물어봐선 안 된다고요. 연락처는 물어볼 수 있어도, 트위터 아이디를 묻는 건 큰

실례라고 하니까 선배님들이 굉장히 흥미로워하셨어요.

민주노총에 대한
열기와 관심이 식지 않으면 좋겠어요

이번 집회 현장에서 가장 크게 느낀 점은 민주노총에 대한 인식이 변했다는 거예요. 12월 7일 여의도 집회에서 양경수 위원장이 "민주노총이 길을 열겠습니다"라고 외치자 길이 확 열리던 그 순간이 지금도 생생해요. 다 함께 "나가라!"를 외치던 장면도 인상 깊었어요. 더 새로웠던 건 이 장면에 많은 사람들이 감동했다는 사실이었어요. 이렇게까지 화제가 될 거라고는 예상하지 못했거든요. 민주노총이 집회 현장에서 늘 이런 역할을 해오긴 했지만, 트위터를 통해 그 장면이 퍼지면서 "민주노총이 길을 열겠습니다"라는 문장이 하나의 슬로건처럼 퍼져나가는 과정은 참 인상적이었어요. 덕분에 "민주노총이 부르면 우리가 간다"는 말도 생겼고요. 오랫동안 사회운동을 해왔지만, 이번에는 민주노총에 대한 사회적 인식이 바뀌었다는 것을 정말로 실감하게 됐어요.

흔히 언론에서는 민주노총을 악마화하잖아요. '귀족 노조', '밥그릇 싸움' 같은 프레임에 가둬버리면서요. 폭력적이고 과격하다는 편견도 있고요. 그런데 최근 부산에서 양경수 위원장 강연에 참석한 청년들과 이야기를 나누면서 그런 인식

변화를 더 또렷하게 느꼈어요. 청년들이 '뉴스로만 볼 때는 나와 관계없는 일로 느껴졌는데, 광장에서 같은 목소리를 내는 민주노총을 직접 보면서 인식이 바뀌었다. 시민이 필요로 할 때 길을 열어주는 존재라는 걸 깨달았다'는 식의 이야기를 전해주더라고요. 민주노총이 하는 일들을 보면 인식이 달라질 수밖에 없어요. 언제나 앞장서서 길을 뚫어왔으니까요. 꼭 노동 의제뿐 아니라 투쟁이 있는 곳 어디에나 민주노총이 있었죠. 이제야 민주노총이 제대로 인정받기 시작한 느낌이에요.

실제로 요즘 집회 현장에서 민주노총 굿즈를 착용한 청년들을 자주 봐요. 부산 집회의 맨 앞줄을 지키는 분이 있는데, 처음엔 직접 제작한 민주노총 머리띠를 착용하고 나오셨어요. 그런데 어느 날 보니 진짜 민주노총 머리띠를 하고 계시더라고요. 민주노총 소속 조합원한테 받으셨다고. 본부의 한 상근자께서 그 모습을 보시고는 "보건 머리띠네요"라고 하셔서 머리띠도 종류가 다 다르다는 걸 알게 됐죠. 민주노총에 대한 이런 열기와 관심이 식지 않으면 좋겠어요. 우리 사회를 지탱시켜주는 필수적 존재로 자리매김했으면 해요. 한국에서 가장 크고 조직화된 노동단체잖아요. 조합원이 늘어나면 언론도 지금보다 더 소수자의 목소리에 주목하지 않을까 싶어요.

집회에 나온 학생들한테서
10대의 저를 봤어요

12월 9일 부산 집회에 나온 한 고등학생의 자유발언을 듣는데, 문득 제 자신이 겹쳐 보였어요. 자유발언 시간이 3분이라 끊어야 했는데, 도저히 그럴 수 없는 가치 있는 이야기였죠. 하고 싶은 말을 자기다운 언어로 명확히 표현하는 모습이 너무 인상적이었어요. 어른이 되면 점점 눈치를 보게 되잖아요. 그런데 그 고등학생들은 '나는 이렇게 배웠는데, 왜 세상은 이렇지 않은가?'를 당당히 외치더라고요. 제가 막 박수를 치며 환호했어요. 학생들이 사회에 첫 질문을 던지고, 세상에 외치는 그 순간이 얼마나 소중한지 저는 알기 때문에, 광장에서 그들의 목소리가 더 많이 들리면 좋겠어요.

그 학생의 모습에 중학생 때 제 모습이 겹쳐 보였어요. 이명박 정부의 일제고사 정책에 반대하는 취지로 친구와 함께 OMR 카드에 'MB OUT'이라고 적어 제출했었거든요. 그 일로 교무실에 불려가서 엄청 혼났죠. 친구가 많이 위축돼서 제가 친구를 데리고 집으로 가서 엄마한테 상황을 설명했어요. 엄마는 그때까지 제가 시험지에 그런 말을 적은 줄 모르셨는데, 반성문을 써 오라는 선생님의 말을 듣고 바로 말씀하셨어요. "반성문을 왜 써? 내가 내일 연차 쓰고 학교 갈게." 다음 날 엄마가 직접 학교에 찾아와서 선생님한테 항의했어요. 지금 생각하면 약간 협박 같기도 한데 엄청 단호하게 이야기하셨어요. "이거 언론사에 제보할 수도 있어요. 왜 학생들의 자주적인 표현을 막으세요?"

저는 학창 시절에도 사회 문제에 관심이 많았어요. 그렇다 보니 교지 편집부에서 기자로 활동하기도 했는데요. 원래교지 편집부가 학생들의 작품을 모아서 문집 형태로 발간하는 곳인데, 저는 교지를 제대로 된 학내 언론으로 만들고 싶었어요. 그래서 학교 안에서 이슈가 될 만한 소재를 찾아 기사로 작성하고, 학생 기자들도 따로 모집했죠. 어떻게 기사를 써야 하는지 함께 공부도 하고요. 어느 날 교장 선생님이 컬러 인쇄소에서 출력해줄 테니까 미리 기사를 보여달라고 하는 거예요. 누가 봐도 딱 검열이잖아요. 그때는 지금보다 더 대쪽 같았던 때여서, "저희는 필요없습니다. 검열하지 마세요"라고 단칼에 거절했죠. 지금 생각해보면 특별히 검열할 만한 내용도 없었는데 말이에요. 결국 학교 안의 작은 인쇄실에서 흑백으로 인쇄해서 배부했어요.

즐거운 학창 시절을 보냈지만 학교라는 공간 자체에는 회의감이 컸어요. 학교의 경쟁 구조가 너무 싫었거든요. 좋은 대학을 나와야만 좋은 직장에 들어갈 수 있고, 그래야만 사회적으로 인정받는 사람이 된다는 그 압박이 정말 싫었어요. 학교가 감옥처럼 느껴졌죠. 사실 학교에는 저를 지지해주시는 선생님들도 많았어요. 저는 기장 정관읍에서 고등학교를 나왔는데, 그 학교에 전교조 소속 선생님들이 유독 많았거든요. 학생들이 하고 싶은 활동을 적극적으로 보장해주시는 분들이었죠.

연기를 꿈꾸던 친구를 위해 연극부까지 만들어주실 정도였으니까요.

대학생활을 정말 스펙터클하게 했어요

사회 문제와 역사에 관심이 많다 보니, 자연스럽게 역사교육과를 선택하게 됐어요. 본격적으로 운동권 활동을 시작한 것도 대학에 들어간 뒤부터였어요. 입학도 하기 전부터 토요일마다 국정원 대선 개입 규탄 촛불집회에 꾸준히 나갔어요. 저희 아빠가 운동권 출신인데, 어느 날 저한테 집회에 가서 부산대 운동권 선배들을 만나보라고 제안하시더라고요. 그렇게 해서 철도 민영화 반대 집회 현장에서 12학번, 10학번 선배들을 처음 만났어요. 선배들도 저를 알아본 것 같았어요. 딱 봐도 새내기였으니까요. 선배들이 그 자리에서 동아리 활동을 해보면 어떻겠냐고 친절히 제안해주셨어요. 역사 동아리를 하고 싶었는데, 마침 딱 있더라고요. 바로 가입해서 본격적으로 활동을 시작했죠.

대학생이 되고 처음으로 써봤던 '안녕들하십니까' 대자보도 기억에 남아요. 그때가 2013년 겨울이었는데 박근혜 정부의 철도 민영화 정책에 맞선 철도 파업 이후에 고려대에 안녕을 묻는 대자보가 붙었거든요. 그 이후로 전국 각지의 사람들이 수천 장의 대자보를 쏟아내면서 응답했고요. 저도 그때 철도 민영화가 되면 우리 삶이 안녕할 수 있겠냐는 내용으로 대자보를 썼는데, 그게 제 첫 대자보였어요. 광장에서 오랫동안 활동해온 선배들과 함께하다 보니 불합리한 사회 현실에 어떻게 대응해야 하는지를 배울 수 있었죠. 실제로 집회에 나가서 발언도 해봤어요. 물론 매번 한 건 아니고, 시민단체나 민주노총이 함께하는 집회 말고 학생들이 자체적으로 발언대를 열어서 작은 집회를 할 때 돌아가면서 발언을 많이 했어요.

교내 활동도 정말 많이 했어요. 과 학생회장을 맡기도 하고, 동아리 연합회와 단과대 학생회에서도 일하면서 학교 안에서 낼 수 있는 목소리는 다 내보려고 했죠. 학교 본부가 국립대 통폐합을 추진했을 때도 반대 목소리를 냈고, 최저임금 1만 원 만들기 실천단을 꾸려서 서명운동도 했어요. 정말 스펙터클했던 시절이었어요(웃음).

소녀상 지키다 연행된 날, 동생까지 운동권이 됐죠

대학생 때 정말 많은 일들을 했는데, 그중에서도 가장 기억에 남는 건 일본 영사관 앞에 세웠던 소녀상을 지키다 연행당한 일이에요. 2016년이었는데, 그때 부산에서도 일본 영사관 앞에 소녀상을 세우자는 움직임이 있었거든요. 어렵게 소녀상을 설치했는데, 얼마 지나지 않아 동구청 측에서 갑자기 나와 강제로 소녀상을 철거해버린 거예요. 심지어 철거한 소녀상을 남구에 있는 일제강제동원역사관에 옮기겠다고 통보하기까지 했어요. 그때 소녀상을 지키려 했던 사람 중 한 명이 바로 저였고, 결국 경찰에 연행돼서 구치소까지 다녀왔어요.

그날 소녀상 앞에서 했던 발언이 지금도 선명히 기억나요. "우리가 소녀상을 꼭 일본 영사관 앞에 세우려는 이유는 이 소녀상이 단지 예쁜 조형물이라서가 아닙니다. 아픈 역사를 기억하고 다시는 이런 일이 반복되지 않게 하려면, 반드시 일본 영사관 앞이어야 합니다. 그런데 동구청은 도대체 이 소녀상을 무엇으로 생각하는 겁니까?" 저를 포함한 학생들이 소녀상 앞에 앉아 철거를 막으려 했지만 시간이 길어질수록 분위기는 점점 서럽게 변했어요. 나중에는 언론사 카메라까지 몰려들었는데, 딱히 준비된 발언도 없었어요. 억울하고 분한 마음에 우는 친구들이 많았어요. 소녀상은 할머니들의 아픔을 조금이나마 덜어드리기 위해 부산 시민들이 마음을 모아 세운 건데, 도대체 왜 경찰과 동구청이 철거하려 하는지 너무 화가 나고 분해서 울면서 발언했어요.

그런데 제 동생이 제가 경찰에 연행되는 영상을 우연히 본 거예요. 그때가 연말이라 동생이 수능을 막 끝내고 뒹굴거리면서 쉬고 있었거든요. 집에서 페이스북을 하다가 딱 그 영상을 본 거죠. 소녀상 주변에 웅크리고 앉아 있는 학생들 사이에서 제가 경찰에게 고래고래 소리를 지르고 있더래요. 그게 저라는 걸 알아보고 심장이 쿵 내려앉았다고 했어요. 아무것도 하지 않고 집에만 있던 자신이 부끄럽고 저한테 너무 미안했다고 하더라고요. 울기도 많이 운 것 같고.

며칠 뒤 박근혜 퇴진 촛불집회에 가려고 아빠 차에 탔는데, 그때 동생이 같이 타고 있었어요. 동생이 그러는데 출발 직전에 제가 처음으로 자기한테 "너도 같이 갈래?" 하고 물어봤다고 하더라고요. 동생은 잠시 고민하더니 흔쾌히 집회에 따라왔고요. 저는 잘 기억이 안 나는데, 동생한테는 그날이 무척 인상적이었던 모양이에요. 그날 이후로 동생은 한 번도 빠짐 없이 박근혜 퇴진 촛불집회에 참석했고, 저랑 같이 자원봉사 활동도 했어요. 지금도 시민단체에서 활동하고 있고요.

아빠랑 저는 같지만 달라요

이번 윤석열 탄핵 찬성 집회에서 처음으로 동생이랑 같이 행진 사회를 봤어요. 마침 엄마 아빠도 부산에 오셔서 저희 둘이 같이 사회 보는 사진을 찍어주셨어요. 저희 아빠가 87학번인데, 부경대에서 총학생회장으로 학생운동을 하셨거든요. 그래서인지 집회에서 저를 만나자마자 마치 딸이 아닌 후배를 대하는 것처럼 전문적으로 충고를 해주시더라고요.

행진 트럭을 타면 사회자는 스피커 뒤쪽에 위치하게 돼서 스피커 소리가 잘 안 들리는 구조예요. 그런데 아빠가 갑자기 "사회자는 스피커 뒤에 있어서 소리가 잘 안 들리니까, 네가 크게 말하든 작게 말하든 어차피 사람들한테는 똑같이 들린다. 무리해서 소리 지를 필요가 없다"고 조언해주셨어요. 저는 사회를 계속 보다 보니 목이 자주 쉬어서 일부러 소리를 더 크게 내곤 했거든요. 그런데 그런 충고를 들으니 순간 서운해서 아빠한테 그거 말곤 할 말이 없냐고 되물었어요. 엄마가 제 목소리 쉬는 걸 걱정해주셔서 마음이 풀리긴 했지만요.

저는 성이 특이하고 외모가 아빠를 많이 닮아서, 어딜 가든 아빠의 존재를 숨길 수가 없었어요. 운동권 선배들이 아빠를 워낙 잘 아시니까, 처음 활동할 때 부담감도 컸던 것 같아요. 아빠가 후배들한테 사랑을 듬뿍 주고, 다정하기로 유명하시거든요. 그런 저희 아빠를 존경한다고 이야기하는 사람들을 정말 많이 만났어요. 사실 선배들이 저한테 '너도 잘해야 한다'고 압박한 적은 한 번도 없었는데 오히려 저 혼자서 부담을 느꼈던 것 같아요. 운동을 하다 보면 발언할 때도 많고, 서명운동 같은 적극적인 활동도 해야 하는데 이런 게 어려울 수도 있잖아요. 다행히 저는 처음부터 잘 적응한 편이라서 모범적이라는 말을 많이 들었는데, 만약 못했다면 엄청난 스트레스를 받았을 것 같아요.

저랑 아빠 둘 다 운동을 하는 건 맞지만, 사실 하는 일은 서로 달라요. 일단 몸담고 있는 운동 부문도 다르고, 또 같은 사업을 함께하는 것도 아니라서 지금은 오히려 부담이 적어요. 요즘엔 부녀로서보다는 선후배로서 토론을 자주 하면서, 서로의 활동을 존중하고 배우는 관계가 됐어요.

아빠는 대학 시절에 학생운동을 빡세게 했어요. 수배된 적도 있었다고 하고. 할머니, 할아버지는 그런 아빠를 말리셨지만, 결국엔 아빠가 자기 신념을 따라가도록 두실 수밖에 없었죠. 아빠도 집을 여러 번 뛰쳐나갔고요. 한번은 경찰이 아빠를 잡으러 할아버지 집에 왔는데, 그중 한 경찰관이 "그래도 아드님이 좋은 일 하시는 겁니다"라고 하더래요. 할아버지가 그 이야기를 듣고 한동안 아무 말도 못하셨대요. 이 이야기를 할아버지가 직접 해주셨을 때, 왜 명절에 저한테 잔소리를 안 하시는지 좀 짐작이 갔어요. 보통은 '그런 걸 왜 하니?', '졸업은 언제 하니?' 같은 말을 하실 법도 한데, 전혀 안 그러시거든요. 아마도 아빠에 대한 반대와 걱정이 결국 지지로 바뀌었던 것처럼, 저한테도 그러지 않으시는 것 같아요. 어쩌면 '이 아이도 자기 길을 가게 두는 게 맞다'고 생각하고 계시는지도 모르죠.

아, 사실 제가 아직 졸업을 못했거든요. 그런데 가만히 보니까…… 아빠도 결국 졸업을 못했더라고요. 이건 정말 저희 집안 내력인가봐요(웃음).

제가 스스로 선택한 운동이에요

부모가 운동권 출신이라고 해서 반드시 자녀의 운동을 지지하는 건 아니에요. 오히려 스스로 경험했기 때문에 더 강하게 반대하시는 분들도 있죠. 저처럼 가족의 지지를 얻는 경우는 흔치 않아요. 사회적으로 '운동권'에 대한 인식이 좋지 않고, 세뇌당한 아이들이라는 편견까지 있으니까요. 심지어 '빨갱이'라는 이미지까지 덧씌워져 있잖아요. 실제로 제 주변에도 열정적으로 활동하다가 가족들한테 미안해서 그만두는 친구들이 많았어요. 부모님이 어렵게 돈 벌어서 대학 보냈는데, 왜 이런 활동을 하느냐는 말들이 상처가 되는 거죠. 그래서 가족의 지지를 받지 못하는 상황에서도 계속 활동하는 친구들을 보면 정말 대단하다고 느껴요.

저희 부모님은 항상 '네 삶은 네가 알아서 해라'라는 주의셨어요. 살면서 공부를 하라는 말은 단 한 번도 들어본 적이 없어요. 성적표가 나오면 부모님 사인을 받아서 제출해야 했는데, 엄마는 제 성적에 관심이 없어서 제가 대신 사인한 적도 있어요. 웃긴 건 성적이 좋을 때도 그랬다는 거예요(웃음). 부모님은 제가 공부를 잘하는지 못하는지보다, 제가 어떤 삶을 살고 싶은지가 더 궁금하셨던 것 같아요. 하고 싶은 건 다 해볼 수 있도록 항상 지지해주셨어요. 어른이 된 후에 알게 된 사실이 하나 있는데, 제가 했던 활동 중에서 부모님 마음에 들지 않았던 것도 있다고 하시더라고요. 그런데 막상 저한테는 그런 내색을 전혀 하지 않으셨어요. 제가 직접 경험하고 느낄 수 있도록 기다려주신 거죠.

부모님은 하고 싶은 걸 해보면서 살다 보면 제가 언젠가는 스스로 깨달을 수 있다고 믿으시는 것 같아요. 이런 믿음 덕분에 제가 지금처럼 자기확신을 가진 단단한 어른으로 성장할 수 있지 않았나 싶어요. 솔직히 부모님이 무언가를 강요하셨어도 제가 듣지 않았을 것 같기도 하고요. 저는 제가 원하는 무언가를 할 때 진정한 행복을 느끼고 배워왔거든요. 지금처럼 확신을 가지고 운동을 지속해나갈 수 있는 이유도 결국 스스로 경험하고, 느끼고, 선택했기 때문이라고 생각해요.

우리 손으로 연대를 만들어가야 하지 않을까요

제가 운동을 지속해나갈 수 있는 가장 큰 이유는 역시 동료들 덕분인 것 같아요. 제가 특히 좋아하는 민중가요 중에 〈이 길의 전부〉라는 곡이 있는데, "좋은 이들과 함께 한다는 건 내가 걸어가는 이 길의 전부"라는 가사로 시작해요. 민중가요를 보면 공동체에 대한 이야기가 정말 많거든요. 활동을 하다 보면 힘들 때도 많지만, 함께하는 동료들의 모습을 보면서 다시 힘을 내는 거죠. '나도 더 열심히 해야지!' 하는 마음이 들기도 하고요. 동료들이 힘들 때는 제가 다가가서 위로를 건네고, 반대로 제가 지치고 힘들 땐 동료들이 다독여줘서 서로 힘을 얻고 있어요.

저는 이런 공동체 문화를 너무 사랑하거든요. 한국사회가 갈수록 파편화되고, 공동체의 감각도 사라져가고 있잖아요. 그래서 광장에 나온 청년들이 여기서 만들어진 공동체에서 위로받고 돌아갈 수 있었으면 좋겠어요. 계속해서 집회에 나오시는 분들 역시 광장에서 위로받고 힘을 얻어서 다시 일상으로 돌아가시는 게 아닐까 싶고요. 저도 마찬가지로 사람들 속에서 에너지를 얻거든요.

제가 볼 때 연대를 구축하는 데 가장 큰 걸림돌은 청년 세대를 아우르는 공통 담론이 부재한다는 점 같아요. 지금 우리 사회는 정치권이 의도적으로 남성과 여성을 갈라놓는 방식으로 청년 담론을 억누르고 있어요. 그 때문에 청년들은 본질적인 문제를 인식하고 토론할 기회를 빼앗기는 거죠. 사실 가부장적 사회구조를 허무는 건 여성뿐 아니라 남성에게도 해방과 자유를 안겨주는 일이잖아요.

역사를 돌아보면, 일제강점기를 살아낸 이들에게는 독립이라는 명확한 과제가 있었고, 독재 정권 시절에는 민주화를 위한 투쟁이라는 공동의 목표가 있었어요. 마찬가지로 지금 우리 세대에게도 해결해야 할 명확한 과제가 있다고 봐요. 제2의 윤석열 정부 같은 비상식적인 정치가 다시는 등장하지 못하도록 이 시대의 내란을 종식시키는 게 바로 그 과제 아닐까요? 이 과제를 우리 것으로 인식하고 반드시 성취해나가야 할 것 같아요.

그러려면 청년 세대가 함께 문제를 정의하고, 해결책을 모색하는 경험을 쌓아가야겠죠. 그 성과를 이끌어낼 수 있는 담론과 실천의 장을 조직하면서요. 상황이 복잡해 보이지만, 사실 목표는 분명해요. 앞으로 더 이상 비상식적이고 독단적인 정권이 탄생하지 않도록 단단한 연대를 구축하고, 그걸 이뤄내는 경험을 우리 손으로 직접 만들어나가야 해요.

열한 번째 이야기

깻잎 한 장에 펼쳐진 수다

구술: 신이서
기록: 최나현

이서씨와의 인터뷰는 예정된 시간보다 1시간 15분 늦게 시작됐다. 그는 약속된 시간에 줌 화면에 나타나지 않았다. 메시지에도 답이 없었다. 애가 탔다. 먹은 것도 없는데, 마음을 다스리려 괜히 양치질을 했다. 그러다 40분쯤 지났을 때 드디어 이서씨에게서 답장이 왔다. 회사에서 갑작스레 걸려온 전화를 받는 통에 연락할 틈이 없었다고 했다.

곧바로 긴장이 풀렸다. 인터뷰를 할 수만 있다면, 한 시간쯤 늦는 건 정말로 문제가 아니다. 나는 커피라도 마시며 한숨 돌린 뒤에 인터뷰를 시작하자고 제안했다. 그리고 오전 10시 15분, 노트북 카메라에 얼굴을 비춘 그는 미안한 표정으로 뽀글거리는 긴 머리카락을 연신 쓰다듬으며 이렇게 말했다. "저 지금 상태가 괜찮나요? 예쁘게 보이고 싶었는데……" 나는 그 귀여운 한마디에 모든 것을 잊고 그의 '수다'에 빠져들었다.

그는 진정 재담꾼이었다. 12월 3일 밤에 동생과 함께 국회의사당으로 달려갔던 과정을 실감 나게 전했다. 마치 두 사람이 사는 집에 함께 있는 것처럼 눈앞에 풍경이 생생히 그려졌다. 그가 손동작을 보태 '계엄령에 놀란 동생이 편의점에서 급히 소주와 맥주를 사 와 텀블러에 콸콸콸 쏟아붓고 원샷을 했다'는 이야기를 할 때 나는 목젖이 보일 만큼 크게 웃었다. 이후로도 그는 자신이 무슨 생각으로 광장에 나가게 됐는지, 그곳에서 무엇을 어떻게 경험했는지를 적극적으로 이야기해주었다.

이서씨의 '수다' 재능은 투쟁 현장에서도 빛을 발했다. 이서씨는 남태령에서 만난 농민들과 열심히 수다를 떨었다. 지친 얼굴을 한 그들에게 힘을 주고픈 마음이었다. 그는 해외에 살며 어렵사리 깻잎을 키웠던 이야기를 꺼내고는 길게 길게 대화를 이어갔다. 농민들과 이야기를 하느라 시간이 가는 줄도 몰랐다고 했다. 나는 이서씨의 남태령 에피소드에 '깻잎 연대기'라는 이름을 붙였다.

이서씨 자신이 이미 잘 알고 있듯, 수다 떨기는 연대의 방법일 뿐 아니라 연대의 토대다. 각자 자신에 관한 이야기를 할 때, 우리가 서로를 이해할 수 있고 개인의 경험을 공공의 경험으로 발전시킬 수 있어서다. 그러므로 나는 언제나 수다 속에 연대의 씨앗이 있다고 믿어왔다. 그의 '깻잎 연대기'를 들으며 남태령의 긴긴밤에 이와 같은 대화가 얼마나 많이 오갔을지 상상했고, 어쩌면 그 무수한 대화가 '트랙터를 끄는 농민과 응원봉을 든 젊은 여성'이라는 이질적인 조합을 현실로 만들어 냈겠다고 생각했다.

첫 인터뷰 이후에도 그와의 수다는 계속됐다. 한강진 철야 집회가 예고됐을 땐 그도 참석하는지 궁금해 메시지를 보냈다. 2월엔 광화문 집회에서 만나 회포를 풀었다. 그리고 3월엔 그가 '크런치 모드'(개발자가 제품 출시를 앞두고 야근과 특근을 반복하는 기간)로 한창 지쳐 있을 때 두 번째 인터뷰를 진행했다. 표정과 목소리에 피곤한 기색이 역력했지만 그의 말솜씨는 여전했다. 그리고 이 글을 쓰는 지금, 나는 책이 출간되고 우리가 다시 만나는 날에 그가 들려줄 이야기를 기대하고 있다.

1992년생 신이서의 목소리가 담긴 이 글에서는 '수다 떨기'로 해낼 수 있는 일이 무엇인지를 담아보고자 했다. 그의 이야기는 연대라는 행위가 각자의 삶을 이야기하며 울고 웃는 일에서 출발한다는 것을 알려준다. 연대는 어렵지도 거창하지도 않다. 우리는 대화를 통해 타인과 연결되며, 바로 그 힘으로 사회를 바꿔나갈 수 있다. 그의 재잘거림에 모두가 빠져들기를 바라며 이 글을 정리했다.

엄청난 신념을 가지고 간 건 아니었어요

12월 3일에 몸이 안 좋았어요. 집에 일찍 들어와서 자고 있었는데, 동생이 방문을 두드리더니 빨리 나와보라는 거예요. 지금 계엄이라는 게 일어났다고. 근데 제가 고등학교 때부터 해외에서 학교를 다녀서 근현대사를 잘 몰라요. 좀 부끄럽지만 초등학교, 중학교 때 배웠던 국사 이후로는 역사에 대한 지식이 멈춰 있어서, 계엄이나 5·18이 뭔지 알았는데도 그런 상황이 현실적으로 와닿지 않는 상태였어요.

처음에 저는 그냥 멍했는데, 동생은 미친 사람처럼 난리를 치더라고요. 저는 가짜 뉴스일 수도 있으니까 일단 기다려 보자고 애를 달랬어요. 그런데 얘가 밖으로 뛰어나가서 소주랑 맥주를 사 오더니 두 개를 텀블러에 콸콸콸 털어 넣고 원샷을 하더라고요. 전 걔가 왜 그러는 건지 영문을 몰랐어요. 그래서 중간중간 계속 왜 그러냐고 했어요. 동생이 그때 멘탈이 나갔었거든요. 갑자기 술 마시고 취해서 막 고래고래 소리 지르고 화를 내더라고요. 저는 어떻게 해야 할지 몰라서 일단은 최대한 애를 진정시키려고 했죠.

동생이 민주당 이재명 대표 라이브 방송 클립을 보다가 갑자기 막 짐을 챙기는 거예요. 그러더니 옷을 입고서 나가더라고요. 바로 택시를 불러서 국회의사당에 가려고 하길래 저도 옷 입고 막 쫓아갔어요. 걔를 혼자 둘 순 없잖아요. 그러면서도 이 상태에서 무작정 갔다가는 무슨 일이 생길지 모른다는 생각이 들었어요. 무서운 마음에 길거리에서 애를 잡아서 못 가게 하고, 집에 돌아가자고 설득하기도 했어요. 그렇게 실랑이하다가 막상 국회의사당에는 늦게 도착한 거죠. 그래서 장갑차 같은 것들을 본다거나, 무력 충돌이 있는 상황을 겪지는 않았어요.

국회의사당에서 사람들이 시위 현장처럼 소리 지르고 있는 걸 보니까 그래도 좀 안심이 되더라고요. 저는 무슨 일인지 모르고 갔지만, 다들 제 동생 같은 마음으로 '나라가 걱정돼서 왔구나' 싶었어요. 국회는 봉쇄돼서 경찰들이 다 막고 있고, 시민들은 국회의사당 밖에서 버티면서 자리를 지키는 상황이었어요. 저희는 그 옆에 벌벌 떨면서 있었고요. 지금 생각해보면 좀 창피한데, 저는 멀뚱멀뚱 좀 눈치 보면서 있었다고 해야 할까요? '이게 다 무슨 일이야' 하면서 그냥 서 있었어요. 아직도

백날 지워봐라, 우리가 사라지나

잘 실감은 안 나는 것 같아요.

그날 이후로 인터넷에서 '12월 3일에 국회 앞에 갔었던 시민분들이 나라를 구했다' 이런 말을 하는 걸 되게 많이 보는데, 그럴 때마다 이상한 마음이 들어요. 저 같은 경우는 어떻게 보면 어영부영 간 것 같다는 느낌이 들어서요. '나는 엄청난 신념을 가지고 간 게 아닌데, 내가 뭘 했지?' 그때부터 반성을 하게 되더라고요. 그러니까 반성, 반성인 것 같아요.

한국에서는 '빨간약'을 먹고 싶지가 않았어요

이전까지 저는 이런저런 사회 활동에 참여하고 싶은 마음 반, 한편으로는 '나는 한국에서 안 살 건데'라는 생각으로 외면하는 마음 반이었어요. 페미니스트들이 페미니즘에 대해 알게 되는 과정을 보통 영화 〈매트릭스〉에 나오는 빨간약, 파란약에 비유하잖아요? 페미니즘이라는 '빨간약'을 먹으면 그걸 알기 이전으로 되돌아갈 수 없다는 의미로요. 한국에서는 그 빨간약을 끝까지 먹고 싶지 않다는 마음이 있었어요. 목소리 내는 사람들에 대한 괴롭힘이 심하니까요. 그때 제가 해외에 있었어서 뉴스나 기사로만 봤지만, 강남역 여성혐오 살인 사건 때도 일부 남성들이 추모 포스트잇을 훼손하거나 거기 간 여성들을 촬영해서 인터넷 게시판에 올리고 그랬잖아요. 그러니 동덕여대처럼 여성들이 주로 모이는 집회 현장에서는 혹시라도 사진 찍혀서 공격받을까봐 걱정할 수밖에 없고요. 심지어 에브리타임(대학별 커뮤니티 서비스)에서 학생들이 여성학을 가르치는 교수님들한테 욕을 하기도 하고……

해외에 살 때 페미니스트로 이리저리 활동해봤었으니까, 당연히 '내 나라에서도 하고 싶다'는 마음이 있었지만, 백래시로 인생이 뒤집혀서 활동 관두는 여자들을 보니 결국엔 나도 너무 힘들고 지치게 되지 않을까 싶더라고요. 그래서 '어차피 한국에 있다가 얼마 뒤에 나갈 거니까' 이런 생각으로, 그냥 머리 아픈 거 좀 뒤로 넘긴다는 생각으로 살았어요. 제가 페미니스트란 걸 아는 사람들 안에서만 잘 지내면, 사는 데 크게 불편함이 없잖아요. 약간 안일하게 생각한 부분이 있었던 것 같아요. 그러다가 계엄 상황을 본 거예요.

계엄령 때 국회에 간 이후로 동생이랑 계속 여의도 시위에 나갔어요. 분위기가 좋더라고요. 해외에서 여성의 날 총파업 시위 같은 걸 봤을 때랑 느낌이 비슷했어요. 아무도 뭐라고 하지 않고 하나의 풍경처럼 이해해주거나, 지나가면서도 막 지지해주는 그런 분위기요. 제가 알던 한국의 시위는 참여자들을 비난하거나 공격하는 분위기였는데, 탄핵 광장은 그렇지 않아서 나가도 괜찮겠다는 생각이 들었어요. 아무래도 탄핵이 전 국민의 공감을 받고 있기 때문이겠죠. 또 페미니즘이나 차별금지법에 동의한다는 이야기에도 다 찬성해주는 분위기가 있더라고요. 어떻게 보면 이 정도 수준에서만 찬성을 받는다는 게 속상하기도 하지만. 어쨌든 집회가 적대적인 분위기가

백날 지워봐라, 우리가 사라지나

아니라는 걸 눈으로 확인하니까 마음이 한결 편해졌어요.

이번에 동생에 대해서도 새롭게 알게 된 것 같아요. 제가 잘 몰랐는데, 동생이 행동으로 실천하면서 노력하는 애였더라고요. 고 3 때 부모님 몰래 KTX 타고 박근혜 탄핵 집회도 다녀왔었대요. 두 분 다 공무원이셔서, 집에서 정치 이야기는 절대 안 하거든요. 아빠는 늘 "내가 관심 있는 당은 혈당뿐이다" 이런 말씀을 하세요. 그래서 동생이 촛불집회 간 일도 12월 3일에 국회의사당 다녀온 이후에야 알았어요. 더구나 제가 해외에서 살았으니 동생이랑 특별히 친해질 기회도 없었어서…… 걔가 정치에 관심이 많은지도 잘 몰랐어요. 동생이랑 함께하다 보니 점점 더 내가 직접 움직이는 게 좋겠다는 생각이 들더라고요. 지금 움직일 수 있는 상황이면 가는 게 맞다는 생각이요. 동생이 곧바로 국회의사당으로 갔던 것처럼요.

광화문 시위가 끝난 분들, 혹시 시간이 되면 남태령으로 와주세요

12월 14일에 탄핵 소추안이 가결된 뒤로 사람들이 헌법재판소를 압박하려고 광화문에서 집회를 했잖아요. 저도 거기 갔어요. 동생이랑 광화문에서 처음부터 끝까지 자리를 지키고, 명동까지 걸었죠. 명동에서 밥을 먹고 집으로 돌아가려고 하는데, 트위터에 "광화문 시위가 끝난 분들은 혹시 시간이 되시면 남태령으로 와주세요"라는 글이 뜬 거예요.

솔직히 말하면 창피할 수 있지만, 사실 양곡법에 대해 잘 몰랐어요. 한덕수 전 총리가 양곡법을 거부한 건 알고 있었지만요. 전봉준투쟁단이 박근혜 탄핵 시위 때 왔던 것도 몰랐어요. 동생은 알고 있었더라고요. 트위터에서 남태령 소식을 보고 제가 동생한테 "여기 가야 할 것 같아, 트랙터가 부서졌어"라고 얘기하니까, 동생이 "그래, 우리는 시위 갔다가 차 끊기면 택시 타고 어떻게든 집에 갈 수 있지만 저분들은 트랙터 타고 당장 돌아갈 수 없잖아. 언니라도 일단 가"라고 하더라고요. 걔는 밤에 취업 스터디 모임 선약이 있어서 거기 가야 했거든요. 모임이 끝나면 바로 남태령으로 오겠다고 했어요. 그렇게 저만 바로 남태령으로 가게 됐어요.

동생은 결국 안 왔어요. 제가 오지 말라고 막 막 지랄을 해서요. 트위터를 보니까 경찰이 신분증을 검사한다고 하더라고요. 뭔가 무서웠어요. 제가 실제로 겪은 건 아니었지만 그런 내용을 보니까 동생이 걱정되는 거예요. 얘는 취준생이잖아요. 괜히 오다가 시비 걸려서 고소라도 당하면 취업에 문제 생길 테니까. 제가 한국 법을 잘 몰라서 인터넷으로 찾아보니까 '대학생들 시위하다가 잘못되면 유치장에 간다' 이런 글들이 있었어요. 동생한테 말했더니 '경찰에 연행돼도 상관없다, 내가 걔네한테 잘못한 게 뭐가 있냐, 신분증 보여달라고 하면 절대 안 보여줄 거다' 이러면서 길길이 날뛰더라고요. 그래도 제가 엄청나게 말려서 결국 안 왔어요. 대신 라이브 방송으로 지켜

백날 지워봐라, 우리가 사라지나

보다가 저한테 무슨 일이 있으면 바로 달려오기로 했어요.

수다 떨기도 연대의 방법이라면

남태령 집회 현장에는 8시 30분쯤 도착했는데, 그때는 사람이 그렇게 많진 않았던 것 같아요. 제가 광화문에 있다 와서 그런지 사람이 많다는 생각은 안 들더라고요. 아니면 제가 집회 무대에서 가장 먼 쪽에 있었기 때문에 더 사람이 적다고 느꼈을 수도 있을 것 같아요. 전봉준투쟁단분들이 현장 맨 앞과 맨 끝에 반씩 나누어져 있었는데, 무대가 가까운 앞쪽에는 사람들이 많았지만 뒤쪽에는 거의 없더라고요. 투쟁단분들만 좀 계시고. 현장에서 알게 된 한 여성분이랑 '추우니까 왔다 갔다 하면서 앞에도 있고 뒤에도 있자' 하다가 뒤에 남아 있었어요. 뒤에서도 열심히 자리 지키고 있는 모습을 농민분들께 보여드리면 좋을 것 같다는 생각이 들어서요. 뒤편에 사람들 듬성듬성 앉은 사이에 자리를 잡았죠.

그 와중에도 저는 트랙터가 너무 신기해서, 좀 자세히 보고 싶은 마음에 트랙터 주변을 막 "우와~ 우와~" 하면서 걸어 다니기도 했어요. 그때는 딱히 긴박한 상황이 없었거든요. 다들 알아서 자리만 지키고 있었어요. 경찰들도 일단 경찰차로 막고 마냥 서 있었고, 농민분들도 트랙터를 세워둔 상태로 서 있거나 앉아 계셨고. 이렇게 말하면 웃기지만 그냥 모두가 어슬렁어슬렁하면서 약간 대치하는 상태였어요. 그러다 보니 자연스레 농민분들이랑 이야기를 하게 됐어요.

　일부러 그랬던 건 아닌데, 어쩌다 보니 농민분들이 가만히 앉아 계신 모습을 물끄러미 보게 됐어요. 되게 지치고 힘들어 보이셨어요. 그러다 눈을 마주치니까 순간 뻘쭘하더라고요. 머쓱한 분위기를 풀려고 "안녕하세요?" 이렇게 인사했는데, 그분이 웃으면서 받아주셨어요. 그래서 저도 "어디서 오셨어요?" 하고, "얼마나 걸리셨어요?", "이 트랙터는 어떨 때 쓰는 거예요?" 이렇게 물어봤죠. 그 뒤에서 조끼 입고 앉아 계신 분들이랑도 수다를 떨게 됐어요. 먼저 어떻게 왔냐고 말을 걸어주시더라고요. 그래서 저도 '어디서 온 누구인데요~' 하면서 막 수다를 떨었어요. 그분들도 시위대라기보다는 시장에서 과일이나 채소 사러 온 손님한테 말 걸듯이 편하게 하셨어요. 그렇게 몇 번 주고받다가 문득 이야기를 더 많이 해드려야겠다는 생각이 들었어요. 제가 아는 한에서 그분들이랑 공감대를 형성할 수 있는 이야기를 나누고 싶었거든요.

　그래서 깻잎 이야기를 했죠. 제가 깻잎을 키워본 적이 있거든요. 해외에서 살 때 제일 먹고 싶었던 게 깻잎이었는데, 잘 팔지 않아서 어떤 한인 여성분한테 모종을 얻어 키웠거든요. 마침 휴대폰에 제가 실제로 키운 깻잎 사진이 남아 있어서, 그걸 보여드리면서 한참 수다를 떨었어요. "떡잎이 막 이렇게 났는데, 이럴 때는 비료를 어떻게 줬어야 하는 거예요?" 이런 것도 물어보고. 시간이 가는 줄도 몰랐어요. 저한테는 되게 좋은

　백날 지워봐라, 우리가 사라지나

시간이었어요. 그래서 앞쪽에서 무슨 일이 일어나는지 사실 신경도 잘 못 썼어요.

제가 원래 낮을 별로 안 가리고 친화력이 좋아요. 저는 이걸 제 장점이라고 생각해요. 처음 보는 분들이랑도 스스럼없이 말을 잘 섞고, 되게 수다쟁이라서 어른들이 저를 많이 좋아해주세요. 그래서 그런 재능을 한껏 발휘해서 막 수다 떤 거예요. 사실 그분들께 '양곡법에 대해 어떻게 생각하세요?'라든지 '법안이 거부됐을 때 어떠셨어요?' 이렇게 물어볼 필요는 당연히 없고, 그런 걸 이야기할 분위기도 자리도 아니었잖아요. 제가 법에 대해 물어볼 깜냥도 당연히 아니고요. '한남동까지 못 가시면 어떻게 하실 거예요?' 이런 질문을 해서도 안 되고. 무슨 느낌인지 아시죠?

그렇다고 희망찬 얘기라고 해야 하나요? 밑도 끝도 없이 무조건 '잘될 거예요' 막 이런 식으로 말씀드리고 싶지도 않았어요. 그러면 더 할 말이 없어지니까. '잘될 거예요, 파이팅!' 하면 '네, 고맙습니다' 하고 끝이잖아요. 오히려 일상적인 이야기를 계속 나누면서, 농민분들한테 이 상황이 마냥 힘든 분위기만은 아니라는 느낌을 최대한 드리고 싶었어요. 수다 떠는 것도 시위와 연대의 한 방법이라고 한다면, 저는 나름대로 제가 할 수 있는 방법으로 연대를 했다고 생각해요.

해외에 있을 때 활동가 교육을 받은 적이 있어요. 우연한 기회로 학교 성소수자 동아리에서 봉사활동을 하게 됐었거든요. 사회운동 단체들은 종종 시위나 캠페인을 나가잖아요. 그럴 때 거리에서 만나는 사람들에게 어떻게 하면 좀 더 효과적으로 단체의 의견을 전달할 수 있는지가 중요하니까, 그 방법을 교육해요. 페미니즘, 성소수자, 장애, 채식 같은 게 잘 모르는 사람한테는 낯설고 거부감이 있을 수 있는 주제니까요. 쉽게 흥미를 가질 수 있도록 사람들을 자연스레 설득하는 방법을 알아야 하는 거죠. 이야기를 최대한 많이, 길게 이어가면서 친근하게 다가가야 한다는 걸 활동가 교육에서 배웠어요.

아마 제가 그런 교육을 받고, 동아리에서 캠페인을 나가면 사람들한테 이것저것 설명하는 일을 돕기도 했었기 때문에 저도 모르게 농민분들한테도 자연스럽게 말을 걸 수 있었던 것 같아요. 그래서 그렇게 수다 떨고, 농민분들끼리 얘기하는 거 들으면서 같이 웃고 그랬어요. 그러다가 다시 대열로 들어가서 구호도 외치고, 노래 부를 때 같이 노래 부르고, 자유발언에 다 같이 환호도 하고요. 계속 농민분들 사이랑 대열 사이를 왔다 갔다 했던 것 같아요. 저는 그렇게 밤을 보냈어요.

'4공수처' 찍고 집에 갑니다

윤석열 체포 불발된 1월 3일 기억하시죠? 저 그날 바로 밤샘 시위 하러 갔거든요. 퇴근 시간에 맞춰 동생한테 "관저 앞 밤샘 시위 어때"라는 메시지를 보냈더니 동생이 곧바로 "얍얍 얍얍"이라고 대답하는 토끼 이모티콘으로 답장을 보냈어요.

백날 지워봐라, 우리가 사라지나

그래서 둘이 집에서 밥 든든하게 챙겨 먹고, 옷도 여러 겹 껴입고, 목도리도 두 개씩 두르고, 먹을 것도 챙겨서 한강진으로 갔어요.

한강진 딱 도착하니까 남태령 때랑은 확실히 분위기가 다르더라고요. 집회 베테랑이 많은 분위기? 집회하기 편하겠다 싶었어요. 남태령 때는 얼떨결에 온 개개인이 많았고, 거기서 밤샐 줄도 몰랐으니까 추위나 배고픔을 버틸 물자가 많지 않았잖아요. 반대로 한강진 집회는 처음부터 철야가 예정돼 있었고, 민주노총 주도로 진행되었다 보니 조합원분들이 캠핑 장비 챙기듯이 침낭이랑 이불 같은 것, 먹을 것들을 잔뜩 가져오셨더라고요. 그분들이 챙겨온 짐들을 보면서 '진짜 저분들은 다르구나' 하고 감탄한 기억이 나요.

실제로 민주노총 조합원분들이 집회 내내 참가자들을 정말 많이 챙겨주셨어요. 그분들이 소위 '응원봉 시민'으로 온 사람들한테 너무나도 고마워하셨거든요. 그런 마음이 막 느껴졌어요. 딱 봐도 노조원 아닌 것처럼 보이는 우리 같은 사람들한테 계속 말 걸어주시고, 필요한 거 없는지 먼저 물어봐주셨단 말이에요. 조금만 추워 보이면 "이불 줄까요?" 이러셨고요. 저희를 계속 돌봐주셨던 거죠.

난방버스도 되게 많았어요. 남태령 때 있었던 난방버스가 추위 버티는 데 엄청나게 큰 도움이 됐다는 이야기가 나오니까, 한강진 집회에서는 처음부터 난방버스 후원이 적극적으로 이루어졌거든요. 그리고 전국에서 전세버스를 타고 온 분들도 워낙 많았고, 그 버스들이 집회 장소 주변에 다 대기하고 있었어요. 그런 버스에도 웬만하면 다 히터가 틀어져 있었으니까 사람들이 자유롭게 이용하는 것 같았어요. 제 동생도 새벽에 난방버스 들어가서 자고 나왔고. 그래서 제가 농담으로 "이 정도면 남태령에 비해서는 귀족 밤샘이다" 했어요.

또 이태원이 워낙 주변에 뭐가 많은 동네잖아요. 남태령에서는 오도 가도 못했지만 거기는 도시 한복판이니까요. 몸이 좀 안 좋거나 배가 고프더라도, 조금만 걷거나 택시를 타면 식당이나 약국에 갈 수 있겠다 싶으니까 밤새우면서 거기 있는 게 그렇게 걱정은 안 됐어요. '남태령에서도 버텼는데 이건 껌이지'라는 생각이 계속 들었던 것 같아요. 아직까지도 그날 밤을 참 스무스하게 보냈다는 생각을 하거든요. 그리고 제가 워낙 철야를 많이 하는 직업이라 밤샘이 익숙해요. 커피 마시면서 자유발언 듣고, 노래 따라 부르면 시간이 잘 가요. 토요일 아침까지는 잠을 진짜로 안 잤어요. 토요일 아침 밝으니까 동생이 자기는 좀 있으면 갈 거라고, 같이 있는 동안에 눈 감고 좀 쉬라고 해서 그때 잠깐 바닥에 누운 상태로 자다 일어난 게 전부예요. 금요일에서 토요일 밤늦게까지 1박 2일 동안 있었는데, 일요일 밤까지도 있을 수 있겠더라고요.

그런데 친구는 그러면 안 된다고 저를 엄청나게 말렸어요. 정의당에서 활동하는 규현이라는 친구가 있어요. 걔가 토요일 저녁에 광화문 집회 끝나고 한강진으로 넘어와서 만났는데, 저를 보자마자 언제부터 여기 있었냐고 묻더라고요. 제가 금요일에 퇴근하고 바로 왔다고 하니까, 그럼 무조건 집에 가야 된다는 거예요. 너무 오래 있었다고요. 제가 괜찮다고 하는데도 무조건 집에 가야 한다고 밀어붙였어요. 한강진 집회에서는 경찰 충돌이랑 조합원 연행이 있었기 때문에 심리적으로든 체력적으로든 더 피곤하고 지쳤을 거라면서 저를 막 설득하더라고요.

그래도 저는 계속해서 '나는 괜찮은데, 아직 더 할 수 있는데……' 이런 생각이 들었어요. 그러다 결국에는 규현이가 기차 타려고 일어나는 시간에 맞춰서 저도 현장에서 빠져나왔어요. 걔 데려다줄 겸 저도 집에 가려고요. 그러면서 나현님한테도 메시지 보낸 거예요. "4공수처 찍고 집에 갑니다"라고. 1월 3일에 공수처가 관저에서 여섯 시간쯤 머무르다 체포를 포기한 걸 비꼬려고 그런 말을 하거든요. '4공수처'면 제가 한강진에 24시간 정도 있었다는 의미인 거죠. 그때가 밤 10시 반이었어요.

동생한테도 나 이제 집에 간다고 말해뒀었는데…… 결국엔 일요일 새벽에 집에 돌아왔어요. 규현이 가는 길 봐주고 저도 집 가려고 지하철역으로 향하는데, 극우 세력 집회 때문에 가는 길이 막힌 거예요. 그래서 버스를 타려고 정류소를 찾아 돌아갔는데 거기가 또 탄핵 찬성 집회 현장 근처더라고요. 분명 집에 가려고 마음을 먹었는데, 집회 현장에 여전히 사람이 많고, 발언하는 소리가 들리니까 다시 그 안으로 들어가고 싶단 마음이 들었어요. 실제로 체력이 괜찮다고, 아직 힘이 남아 있다고 느꼈거든요. 제가 언제까지 버틸 수 있는지 궁금하기도 했고요. 그리고 지금 아니면 이런 데 참여해볼 상황이 있을까 싶기도 했고……

무엇보다 사람이 줄어들면 어떡하나 하는 걱정이 컸던 것 같아요. 왜냐면 토요일 점심쯤 동생이랑 밥 먹으려고 잠깐 집회 현장을 뜬 사이에 민주노총 조합원이 체포됐거든요. 그 뉴스를 보고 웬만하면 자리를 비우지 말아야겠다는 생각이 들었어요. 제가 자리에 없을 때 그런 일이 생겼다는 게 마음이 편치 않더라고요. '시민들이 더 많았으면 경찰들이 조합원들을 체포해가지 못했을 텐데' 하는 생각이 들 수밖에 없잖아요. 불안한 마음에 '서울엔 심야버스가 있으니까' 하면서 눌러앉았어요. 그렇게 버티다 눈이 오기 시작하길래 그때 집으로 돌아왔어요. 그러니까 저는 '키세스단'은 못해본 거예요.

몇 시쯤 집에 돌아왔다면 좋았을까

일요일 새벽에 집에 돌아와서 쭉 집에서 쉬다가 저녁이 됐는데, 뭔가 지치는 느낌이 들기 시작했어요. 아픈 건 아니었고 그냥 너무 지치는 느낌요. 그때 비로소 이번 주에 무리를 했구나 싶었죠. 좀 놀랐어요. 개인적으로 남태령보다 한강진에서 몸과 마음이 더 편한 느낌이었는데, 이상하게 그때보다 더 힘들었어요. 막상 그 현장에 있을 때는 딱히 아프거나 지치지

백날 지워봐라, 우리가 사라지나

않았거든요. 그래서 동생이 토요일 오전에 먼저 간다고 했을 때, 제가 막 "나약한 놈"이라고 놀리기까지 했어요.

집에 와서 편히 쉬니까 그때서야 지친다는 느낌이 밀려왔어요. 그때부터 막 어디서부터 무리였는지를 곱씹게 됐어요. '몇 시쯤에 집에 돌아와야 했을까? 규현이 만나기 전에? 동생이 집에 간다고 할 때? 아니면 역시 규현이 데려다준다고 일어났을 때?' 동생은 저랑 있으면서 몸이 으슬으슬 떨린다는 말을 하기도 했었거든요. 그러다 토요일 오후에 취업 스터디 일정이 있어서 자리에서 일어났던 건데, 걔 결국에는 거기 못 갔어요. 집에 들어가자마자 그냥 뻗어버렸다고 하더라고요. 저도 그 이후에 감기 걸렸고. 그러다 보니 한강진 이후에 처음으로 체력에 대한 고민을 하게 된 것 같아요.

그런데 체력 핑계로 안 나갈 수는 없다는 마음도 여전히 있어요. 일단 예지님이 진짜 열심히 하고 있었고…… 사람이 180도 바뀌어서 막 여기저기 다니잖아요. 그런 분들이 트위터에 많거든요. 집회 나간 사람들이 트위터에 현장 사진 올리거나, '어느 집회에 사람이 부족하다' 이런 글을 올리면 저도 가야겠다는 마음이 들어요. 그래서 한강진 다녀온 다음부턴 수요일에 열리는 평일 집회에도 2주 연속으로 나갔어요. 거긴 사람이 많이 없다고 하니까…… 퇴근하고 가는 거예요. 어차피 집에 가면 누워서 뒹굴뒹굴하거나 자기 전까지 유튜브 볼 테니까, 그렇게 흘러갈 시간이라면 의미 있게 보내는 게 좋잖아요. 그래서 가는 거고, 가니까 좋았는데, 갔다 오면 목요일 금요일이 막 너무 힘든 거예요. 직장인 체력 빤하잖아요. 다음 날에 회사에서 졸고, 피곤해서 축 처지는 게 느껴지더라고요. 직장이랑 집회를 병행하고 싶은 마음이 굴뚝 같아도, 몸이 안 따라주니까 의지로만 되는 일은 아니구나 싶었죠. 그때가 딱 1월 중순쯤이었어요.

그 이후로 집회 나가는 횟수를 좀 줄였어요. 그전까지는 매주 토요일에 나갔다면, 2주에 한 번 정도 나가는 식으로. 제가 평일 집회 안 나가는 게 마음이 쓰여서, 규현이한테 원래 평일에 이렇게까지 사람이 없냐고, 걱정스럽다고 하니까, 규현이가 그런 거 신경 쓰는 것도 좋지만 너무 무리하고 있는 것 같다고 조언해주더라고요. 제 동생도 저한테 일상을 챙겨야만 더 오래 할 수 있다고 얘기해줬고요. 자기 할 거 열심히 하면서 건강 잘 챙겨야 오래 싸울 수 있다고. 그래서 생각을 좀 바꾼 거예요. 2월 8일에 나현님이랑 광화문에서 만났을 때, 사실 그날도 원래 쉬려고 했었어요. 근데 나현님이 서울에 오신다고 해서 나갔던 거예요. 물론 만나서 너무 좋았지만, 몸부터 챙기려던 다짐을 깨고 나간 거죠.

세상에 관심 두는 걸 습관으로 만들고 싶어요

1월부터 체력이 달리는 걸 느끼면서 현실적인 고민을 하기 시작했어요. 제가 활동가가 아니고 일반 시민이잖아요. 그렇다면 그 위치에 어울리는 지속가능한 투쟁이란 게 뭘까, 내가 할 수 있는 선에서 최선을 다한다는 게 뭘까, 그런 고민이 들더라고요. 그러는 와중에 정당 가입도 생각했는데, 이상하게 확신이 안 생겼어요.

그때 규현이가 '플랫폼C'라는 단체에 후원해보면 어떻겠냐고 권해줬어요. 시민단체라는 말이 정확할지 모르겠는데, 페미니즘이나 기후위기, 빈곤철폐 같은 주제로 독서모임도 하고, 자체적으로 읽을거리도 발행하고, 필요하면 사람 모아서 다 같이 집회 나가는 식으로 행동도 하는 곳이더라고요. 규현이 말로는 12·3 이후에 여성 가입자가 많이 늘었대요. 대부분 20~30대 여성이고, 후원자 성비도 여자 8, 남자 2 정도라고. 원래는 자기가 아는 분이 있는 곳이라서 일시후원금만 몇 번 냈는데, 이번에 탄핵 광장 열리고 시민들이 활동하는 거 보면서 세상이 바뀌려나 싶어서 정기후원을 하게 됐다고 했어요. 자기 같은 젊은 남성들이 아무것도 안 한다는 데 자괴감을 느낀 것도 있는 것 같고요.

저한테도 정당에 가입하기 부담스러우면 여기를 나가보라고 추천해줬어요. 플랫폼C에 젊은 여성들이 많으니까 정당 활동보다 나을 것 같다면서. 제가 활동하면서 에너지를 얻는 사람처럼 보인다고 좀 더 적극적으로 활동해보면 좋겠다고 얘기하더라고요. 노래 부르고 구호 외치는 거 보면 천성인 거 같다나 뭐라나. 걔가 저를 좋게 봐서 그런지 몰라도…… 어쨌든 플랫폼C 여기는 정기후원만 등록하고 실제로 나가보진 못했는데, 출국하기 전에 기회가 되면 나가볼까 생각하고 있어요.

또 하나는 아직 실현된 건 아닌데요. 해외 나가서도 모임을 하면서 한국이랑 계속 접점을 만들면 좋겠다는 생각이 있어요. 12·3 이후 트위터에 온라인 페미니즘 독서회 같은 걸 모집하는 글들이 눈에 띄더라고요. 제가 본 건 다양한 곳에서 다양한 시간대에 참여할 수 있게 하는 취지로 기획된 독서모임이었어요. 해외 사는 사람을 고려해 오전과 오후로 나눠서 할거라면서 구글폼으로 수요 조사를 하시더라고요. 직업이 뭔지, 어디 사는지, 외국에 산다면 시간대가 어떻게 되는지, 줌 구독료를 지불할 의향도 있는지 꼼꼼하게 체크해주셨어요. 당연히 지불한다고 했죠. 아직 확정된 건 아닌데, 좀 더 세부적인 내용이 정해지면 연락주겠다고 해서 소식을 기다리고 있어요.

저한테 새로 생긴 숙제라고 해야 할까요? 앞으로 정치적인 것에 대해 관심을 놓지 말자는 생각이 들어요. 살다 보면, 그러니까 일상으로 돌아오게 되면, 사회에 관심을 끊거나 소홀해질 수 있잖아요. 요즘도 일이 바쁘면 뉴스 기사 하나 제대로 확인 못하고, 국회 방송 못 듣고 그냥 넘어갈 때가 많은데, 해외에 나가면 더 심해질 수 있겠다 싶어요. 그래서 이런 식의 모임에 발을 걸치면서 세상에 관심 두는 걸 습관으로 만드는 게 필요하겠더라고요. 일주일에 한 번씩 독서모임에 참여하면 사람들 만나서 교류할 수 있으니까. 이런 모임이 생기면 저한테 너무 다행이죠. 해외에 살든 한국에 살든 지속가능한 활동을 할 수 있게 도와주는 방법이 될 것 같아요.

한국에서는 나로 살기 어려웠어요

저는 2025년 하반기에 출국을 앞두고 있어요. 이게 맞는 건지 아닌지는 모르겠지만. 사실 저는 한국이 정말 정말 좋아요. 여기가 너무 좋지만, 그래서 여기서는 못 살 것 같다는 생각이 들기도 해요. 한국에서는 나 자신을 잃어가는 것 같다는 느낌이 있어요. 한국에 살면 저로 사는 게 아니라 '30대 여성'으로 살아야 하는 거더라고요. '이 나이대, 이 성별이라면 이런 것을 해야 한다'는 게 딱 박혀 있잖아요. 소위 '정상성'이라고 불리는 것들을 수행하지 않으면 되게 이상한 사람이 되어버리는 거죠.

나는 이상한 사람도 아니고, 그렇다고 정상인 사람도 아닌데, 그냥 나의 인생을 살고 싶은 것뿐인데 그걸 되게 어렵게 만드는 사회인 것 같아요. 물론 어느 나라든 그렇지 않은 사회는 없을 거예요. 어딜 가도 편견이나 스테레오타입은 다 있으니까. 그럼에도 한국은 그 전형성의 압력이 훨씬 강한 곳이라는 생각이 들어요. 사람마다 생각하는 중요한 가치, 인생의 목표, 그리고 삶의 속도가 다 다르잖아요. 그러니까 제가 뭔가 추구하는 것을 이야기하면, 존중하지는 않더라도 그냥 '그렇구나' 하고 넘겨주면 좋겠는데 그게 안 되는 느낌이에요.

한국인들 집 얘기 되게 많이 하잖아요. 사실 저는 큰 집 필요 없어요. 일단 집이 크면 청소하기도 힘들고. 저는 땅콩집 같은 되게 작은 그런 집도 좋고요. 아니면 트레일러 하우스나 바퀴 달린 작은 집도 좋거든요. 캠핑카 같은 데서 사는 게 꿈이기도 하고. 이렇게 말하면 웃기지만, 히피처럼 숲속에 있는 트레일러 하우스에서 혼자 살면서 강아지 한 마리랑 같이 살고 싶은 게 꿈이거든요. 근데 이런 얘기 하면 다들 약간 미쳤다고 생각해요. 돈 욕심도 딱히 없어요. 회사에서도 승진 대상자라고 하길래 '별로 승진하고 싶지 않다'고 하니까 이상하게 보시더라고요. 중간 관리자가 되면 책임감이랑 부담감은 엄청나게 늘어나는데 그렇다고 월급을 충분히 받는 것도 아니잖아요. 회사 사람들이 왜 연애를 안 하는지 계속 물어보는 것도 너무 귀찮고…… '소개팅 시켜줄게요', '아는 공무원이 있으니 선을 보면 좋겠다' 이런 말들에 대답하는 것도 너무 힘들고. 이런저런 것들이 많아요.

제 삶의 이런 방향성은 해외에서 살았던 배경이나 거기서 사귄 친구들의 삶을 가까이서 지켜보며 만들어진 것 같아요. 제가 대학 때 에코 페미니즘을 지향하는 동아리에서 활동했거든요. 처음에는 페미니즘, 퀴어, 환경이 어떻게 연결되어 있는지 잘 이해를 못했었어요. 근데 동아리에서 같이 공부하면서 혐오가 연결되어 있다는 것, 착취라는 게 내가 모르는 사이에 이루어지고 있다는 것을 하나씩 이해하게 됐어요. 아주 간단하게는 '내가 산 이 값싼 옷이 방글라데시 아동을 착취하는 공장에서 만들어진 물건일 수 있다' 그런 것들 있잖아요.

그러다 보니 해외에서 살 때 저한테 당연하고 익숙했던 것들을 한국에서는 전부 설명하면서 살게 되더라고요. 특히 페미니스트들은 그렇잖아요. 또 꼭 페미니스트가 아니더라도 다수자에 속하지 않은 사람들은 내가 왜 이렇게 해야만 하는지에 대해서 아주 고분고분하고 착한 태도를 취하면서 살아가야 하는 것 같아요. 다수자들이 그걸 원하니까. 저도 그런 걸 많이 겪었어요. '왜 그렇게 (안) 살아?', '왜 그렇게까지 해야 해?' 이런 식의 질문들이나 시선을 계속 받다 보면 제가 잘못 살고 있다는 느낌이 들어요. 사방에서 가스라이팅을 당해서 이게 내 인생이 아닌 것 같다는 생각이 들기도 하고. 그런 게 반복되면 결국에는 제가 제 일부를 포기하게 되는 것 같아요.

그런데 바꿔 말하면 저한테도 한국에서의 생활 하나하나가 다 이상하고 불편해요. 예를 들면 회사 동료분이 "동성애자들 다 죽어야 해" 이런 말씀 하실 때마다 기가 차요. '다른 나라였으면 저 인간 당장 차별 발언으로 잘렸을 텐데' 싶거든요. 뭔지 아시죠? 어떻게 저런 얘기를 하나 싶은 거예요. 그걸 제대로 지적하는 사람도 없거니와 동조하면서 넘어가는 것도 너무 싫어요. 누군가 항의를 하면, 속으로는 그렇게 생각 안 하더라도 '미안해, 내가 말을 잘못했어'라고 사과하거나 적어도 부끄러워하는 인식이 있는 곳에서 사는 게 덜 답답할 것 같아요. 그래서 주체적으로 살기 위해서는 어느 정도 제 선택이 가능한 곳으로 가는 게 낫겠다는 판단을 하게 됐어요. 그 선택으로 제가 외로워지더라도요.

이어달리기를 한다는 느낌으로

그럼에도 어쨌든 저는 제가 한국인이라고 생각해요. 이건 바뀌지 않죠. 그렇다면 운명을 받아들이고 제가 해야 하는 일은 하면서 살아야 하는 거고. 저 재외국민 투표도 열심히 했어요. 대사관까지 두 시간 정도 기차 타면 갈 수 있는 곳에 살아서, 가는 게 그렇게 어렵지는 않았지만요. 저는 한국에 살지 않지만, '이런 방법으로라도 내 권리, 내 책임을 다 한다'고 생각하며 나름대로 뿌듯하게 지내왔어요. 물론 코로나 이후에 한국에 들어와서 정치적인 활동을 적극적으로 했냐고 물으면, 거기에 자신감 있게 답하기는 좀 어렵죠. 왜냐면 한국에 와서는 다 포기하고 저를 잘 아는 사람들하고만 지내면서 바깥세상에 관심을 끄고 있었거든요.

12·3 이후에 시위에 열심히 나간 이유의 절반은 제 동생일 수도 있을 것 같아요. 사실 저는 여기 언제까지 있을지 모르고, 이제 출국하면 다시 돌아올지도 확실치 않아요. 그렇지만 한국에 사는 제 동생 같은 청년들은 이 나라에서 이 정부와 더불어 살아가야 하잖아요. 그러면 나라를 어떻게든 때려 고쳐야죠. 그게 되려면 정말 이렇게 행동하는 수밖에는 없고요. 그걸 깨닫고 나서, 한국에서 목소리를 내고 활동할 수 있을 때라도 최대한 정치적인 무언가를 해야겠다고 생각한 거예요. 그리고 이제는 여길 떠나더라도, 한국에서 사는 사람들을 위해 제가 할 수 있는 걸 해야겠다고 다짐을 하게 돼요.

백날 지워봐라, 우리가 사라지나

또 세월호나 이태원 참사 같은 것들…… 최근에는 제주항공 참사까지…… 그 많은 일들을 겪으면서 투쟁하시는 분들한테 너무나 감사한 마음이 들었어요. 본인들이 원하든 원치 않든, 그냥 덮고 가려는 다른 사람들 몫까지 다 짊어지고 가시는 분들이잖아요. 그렇게 목소리를 내고 희생하는 분들 덕분에 점점 바뀌는 것들이 있는 거고요. 저도 그분들한테 빚진 게 있으리라 생각해요. 그래서 지금은 제가 빚졌던 그 몫을 받아서 이어달리기를 한다는 느낌으로 하고 있어요. 제가 할 수 있는 선에서 조금 더 하려고요.

마침 제가 돌아갈 나라에서도 한인회가 좀 진보적인 활동을 하거든요. 계엄 이후에 현지에 있는 친구한테 이런저런 이야기를 들었는데, 거기서도 하나의 방법을 찾을 수 있겠다 싶어요. 근데 또 너무 열정을 가지고 하면 지칠 수 있으니까…… 이게 길게 가야 하는 싸움이잖아요. 평생 투쟁하면서 살아야 한다는 건 본능적으로 알고 있어요. 아무래도 유토피아 같은 건 없으니까…… 그러려면 저 자신도 일단 잘 챙겨야 하겠죠. 싸우면서도 지치지 않을 방법을 찾으면서 살아보려고요.

열두 번째 이야기

: 기록 집담회[*]

[*] [편집자] 책 편집이 한창이던 지난 3월 22일, 부산에서는 저자들의 기록 집 담회가 열렸습니다. 소박하지만 탐스러운 이야기들이 피어오르는 와중에, 여 러 '마음들'이 우리가 함께 있는 그 공간을 둥둥 떠다녔습니다. 주로 인터뷰이 들을 향해 있는 그 마음들이 너무 귀하고 애틋해서, 조금은 신기하기도 했습 니다. 자기 자신이 아닌 타인의 삶과 경험에 내리 집중하는 데 그토록 열심인 마음은 대체 무엇일까. 집담회가 끝나고 나서도 한참을 곱씹다가, 문득 인터 뷰이들에게 미쳐 있는 이 저자들의 이야기를 더 널리 공유하고 싶어졌습니다. "여성의 목소리가 없는 자리에서 일방적으로 치켜세워지는 일"이 분하고 답 답해서 직접 마이크를 만들어 청년 여성들에게 쥐여주었다는 이 여자들에게, 편집자도 직접 마이크를 만들어 쥐여주기로 했습니다. 이 책의 뼈대와 기둥 을 이루고 있는 이야기를 지금부터 들어보겠습니다.

편집자: 저희 책이 청년 여성 13명의 광장 경험과 생애사를 담아내는 작업인데요. 그들도 그들인데, 저는 그 이야기를 기록한 선생님들의 이야기도 무척 궁금했습니다. 또 서문에 이런 묵직한 문장이 있기도 하고요. "(이 책은) 여성 개개인의 삶이 광장으로 연결되는 과정에 대한 구체적인 이야기다. 그래서 나와 친구들, 그러니까 '2030 여성'인 우리가 직접 나서 여성들에게 묻기로 했다." 이분들에게 '마이크를 만들어 쥐어줄' 생각을 어떻게 하시게 됐는지, 기획에 얽힌 이야기가 궁금합니다.

소영: 부산대 페미니스트 졸업생이랑 교수님 한 분이 모여 있는 단톡방이 하나 있어요. 남태령 대첩 직후에 나현이 그 단톡방에서 거기서 밤샘한 사람들 인터뷰해보고 싶다고 이야기했고, 세희가 흔쾌히 동의했어요. 거기에 제가 슬쩍 낀 거죠. 남태령 때 유례없이 빡쳤던 게, 제가 진짜 유교걸인데 나이 많은 농민분들을 그런 데 세워놓은 게 너무 화가 나는 거예요. 당시에 제가 입시 컨설턴트 일을 하고 있었는데 많이 지친 상태였어요. 나라가 이 꼴인데 돈 많은 애들 대학 잘 보내는 일을 하고 있다는 게 너무 현타 오는 거예요. 그래서 무리해서라도 하고 싶은 마음이 있었어요. 그때는 회사에서 일할 때 독립운동 자금 모으는 마음으로 했던 것 같아요. 이건 본업이 아니라 돈벌이 수단일 뿐이라고 생각하면서요. 그런데 이렇게 책까지 내게 될 줄은 정말 몰랐어요. 어쩌다 보니 이렇게 된 느낌도 있어요.

세희: 저는 원래도 기록하는 일에 관심이 많고 글 쓰는 걸 좋아하는데, 지금은 마케팅 일을 하고 있어서 엄청 제한된 글쓰기를 할 수밖에 없어요. 그래서 나현이 인터뷰 작업 해보자는 이야기를 꺼냈을 때, 빨리 기록하고 싶다는 생각을 했던 것 같아요. 특히 남

태령에 대해서. 그리고 저는 뭐든지 좀 쉽게 적극적으로 참여하는 편이에요. '언니가 하면 난 무조건 한다' 이렇게 된 거죠. 생각해보면 그때 정말 진지했어요. 진짜 무조건 기록해야 한다, 이건 역사에 남겨야 한다, 이런 사명감에 사로잡혀 있었어요. 회사 사람들이 남태령이든 탄핵이든 냉담하게 반응하는 것에 자극을 받기도 했는데, 그러다 보니 더더욱 일련의 일들을 기록해놓아야겠다는 생각이 들더라고요. 시작하고 나서는 또 책임감이 있으니까 무를 수 없게 됐고요.

나현: 저는 늘 현장을 궁금해하는 사람이에요. 남태령 대첩 라이브를 보다가 자연스럽게 '저기에서 밤을 새우는 사람들은 도대체 어떤 사람들일까' 싶었죠. 그래서 아까 소영이 언급한 단톡방에 정말 충동적으로 "저기 있는 사람들을 인터뷰하고 싶다"는 말을 던졌는데, 세희랑 소영이 그걸 덥석 받았어요. 원래 저는 올해 박사 논문 작업 시작하려고 했거든요? 그래서 사실은 이 친구들이 그냥 재미로 한 말이라고 해주기를 간절히 바라면서 개인적으로 연락해서 한 번 더 확인했어요. 일단 대화는 매듭을 지어야 하니까.

그런데 세희가 이미 인터뷰이를 섭외했다는 거예요. 몇 시간 다른 일을 하다 연락했더니 점심시간 틈에 벌써 섭외했다고. 그게 바로 저희 인터뷰이 중 한 명인 (최)혜수씨였어요. 그때부터 사실 좀 무서웠어요. 그 뒤에 소영한테 연락했더니, "전 제 돈으로라도 할 거예요" 또 이렇게 이야기하는 거예요. 작은 지원 사업을 받아서 프로젝트를 할 수 있으면 좋겠다는 이야기가 잠깐 나왔었거든요. 그때부터 '이거 진짜 큰일 났다' 생각했죠. 그렇지만 어쩌겠어요. 뱉은 말은 책임져야죠. 원래 제 인생이 이래요, 계획도 별로 없고 늘 충동적으로 모든 게 굴러가긴 했어요.

백날 지워봐라, 우리가 사라지나

편집자: 쓰신 원고들을 읽으면서 든 생각인데, 한 편 한 편마다 인터뷰이와의 깊은 관계성이 느껴져요. 인터뷰어-인터뷰이라는 의례적인 관계를 넘어 동지애가 느껴지는 순간이 정말 많았는데요. 특히 각 글이 시작되기 전에 나오는 인트로 지면에서는 인터뷰이를 경유해 기록자 자신의 이야기를 펼쳐내기도 하셨어요. 인터뷰이들과의 이런 관계성에 대해 좀 더 이야기해주시면 좋겠습니다.

소영: 저희 글에 인터뷰이들에 대한 애정이 묻어난다면, 그건 저희가 어떤 인터뷰이의 이야기를 책에 실을지 고민할 때 그 기준이 '내가 가장 사랑하는 사람'이었기 때문인 것 같아요. 그냥 냅다 마음이 가는 사람들을 선정했는데 다 모아놓고 보니 저희도 모르게 저희 스스로를 인터뷰이들한테 투영한 것 같아요. 사실 작업 초기에는 서울에 거주하는 인터뷰이들이 정말 많았어요. 반 이상이었죠. 그런데 최종적으로 선정하게 된 인터뷰이들 중에는 서울 거주자가 그리 많지 않았고, 소위 말하는 '인서울' 4년제 대학을 졸업한 사람은 거의 없었어요.

지역이야 저희가 처음부터 의도적으로 다양하게 배치하려 했지만, 학력과 관련된 부분은 정말 초고가 완성되고 나서야 알았어요. 일종의 레이더가 작동해서 저희 같은 사람들을 찾아낸 게 아닐까 싶어요. 이 사람들의 이야기를 전달하는 일이 사실은 저희의 이야기를 전달하는 일이기도 했나봐요. 그렇다 보니 자연스레 친밀함과 애정이 잘 드러난 것 같아요. 솔직히 한 편 한 편 쓸 때는 잘 몰랐는데, 각자 쓴 원고들을 쭉 배열한 조판을 받고 다시 읽을 때 새삼 느껴지더라고요. 우리 인터뷰이들이 정말 사랑스럽다는 게요. 역시, 글에는 글 쓴 사람의 시선이 드러나는구나 싶었죠.

세희: 저 같은 경우에는 인터뷰이들 중에 원래 아는 사람도 있고, 인터뷰 작업 이후에도 연락을 계속 이어가는 사람들이 있어요. 예를 들어 (김)소결씨는 이번 인터뷰를 통해 알게 된 사이인데 이제는 일상적인 대화를 더 많이 나누는 사이가 됐어요. (소)진희씨도 제가 '필요한 일 있으면 편하게 말해달라'고 했더니 정말 편하게 요청해주시더라고요(웃음). 그리고 우리 인터뷰이들이 기가 죽어 있는 경우가 많았는데, 저희가 지방에 있는 대학교를 졸업했다 보니 그 마음이 이해가 됐어요. 남일 같지 않았어요. 이 여자들이 정말 다 대단한 사람들인데 자기가 얼마나 대단한지 모르는게 속상하기도 했고요. 그래서 '기 살려주기 프로젝트'를 한다고 생각하고 글을 썼어요.

나현: 맞아요. 저희가 인터뷰이들이랑 친밀해 보이는 이유는 자주 만나서가 아니라, 정말 그 사람들을 존중하고 사랑하기 때문인 것 같아요. 녹취록을 꼼꼼히 읽고, 이 사람이 왜 이런 말을 했을까 계속 생각하면 그 사람한테 안 빠질 도리가 없어요. 그리고 세희 의견에도 공감하는데요, 제가 지금까지 인터뷰로 만난 또래 여성들은 대체로 앞에 나서본 경험이 있는 사람이었어요. 뭐 페미니스트 단체를 만든다든지, 미투운동에 참여해서 목소리를 내본 경험이 있다든지 하는 그런 사람들이요. 이런 사람들은 보통 자기가 하는 일이 얼마나 중요한지, 어떤 의미인지 잘 알아요. 그런데 이번에 만난 인터뷰이들은 그렇지 않더라고요. 대단한 일을 하고 있는데도 별것 아닌 것처럼 말할 때가 많았어요. 자기보다 더 왕성하게 활동하는 사람들과 스스로를 비교하는 경우도 많았고. 그런 걸 느낄 때마다 저도 세희처럼 글을 쓰면서 이 개개인이 한 크고 작은 일의 중요성을 분명하게 짚어주는 게 우리의 책임이구

백날 지워봐라, 우리가 사라지나

나, 생각하게 됐어요.

편집자: 인터뷰 작업을 진행하면서 어렵거나 힘들었던 부분도 있었을 것 같아요. 인터뷰이들 수가 꽤 됐고, 초고 작성까지 기간도 짧았잖아요. 정말 숨 가쁘게 달려오셨을 것 같은데, 어떠셨나요?

소영: 저는 작업 시작한 지 얼마 안 돼서 독감을 심하게 앓았어요. 일주일이 지나도 낫질 않아서 평생 안 나을 것 같은 기분이 들었어요. 저희가 초반 3주 동안 거의 25명을 인터뷰했는데, 그 많은 인터뷰가 이루어지고 있을 때 저는 아파서 거의 참여를 못하고 있었던 거예요. 너무 민폐라고 생각해서, 하루는 자기 전까지 엄청 고민하다가 다음 날 아침에 작업에서 빠지겠다고 선언했죠. 씁쓸하지만 그게 맞다고 생각했어요. 그런데 나현과 세희가 나가지 말라고 잡아줬어요. 어차피 팀으로 일할 때 n분의 1로 딱 나눠서 일을 분배할 수는 없다고요. 그때 이 친구들이 해줬던 이야기가 마음에 오래 남았어요. "우리는 반반 혼수 요구하는 남자들이랑은 달라"라고 말해줬거든요(웃음). 순간 '그래, 이게 우리의 공동체구나' 하는 생각이 들었죠. 정말 감동받아서 《슬램덩크》의 정대만처럼 저도 모르게 "나 사실 책이 너무 쓰고 싶었어"라고 대답했어요. 그렇게 몇 시간 동안의 방황을 마쳤죠.

세희: 저는 (소)진희씨 글을 제일 먼저 쓰기 시작했는데, 처음에 어떻게 써야 할지 감이 안 왔어요. 그래서 어려움을 겪고 있는데 나현이 이렇게 써보라면서 그 인터뷰 일부를 가지고 샘플 원고를 써줬어요. 그걸 보고 잔뜩 겁 먹어서 "언니, 나는 나를 잘 알아. 나 이런 글을 절대 못 써" 이런 말을 했어요. 그때 저도 소영이랑 비

숫하게 '민폐 끼치지 말고 나가야겠구나' 이런 생각을 했어요. 마침 제가 고민을 이야기하려고 할 때 두 사람이 인터뷰를 시작해서 저 혼자 세 시간 정도 고민했죠. 지금까지 제가 한 인터뷰들 녹취록이라도 넘겨주고 나가야겠다고 생각하고 녹취록을 풀고 있었어요. 두 사람이 인터뷰가 끝난 후에 저한테 답장을 해줬어요. 제 생각에는 제가 절대 못할 것 같은데 둘이서 저한테 진짜 별거 아니라고 계속 이렇게 해봐라 저렇게 해봐라 하는 거예요. 결국 글 쓰는 스타일의 차이였던 것 같아요. 둘은 사소한 이야기를 정말 좋아하는데 저는 굵직한 이야기를 좋아하거든요. 당연히 글의 배치가 다를 수밖에 없었어요. 그때 어떻게 쓰는지 많이 배웠죠.

나현: 이 친구들이 착하고 책임감이 강해서, 뭘 조금만 제대로 못해낼 것 같으면 혼자서 너무 힘들어하고 빠지겠단 말부터 하더라고요. 한편으론 워낙 빠르게 진행해야 했던 작업이라, 제 몫을 바로 못할 거라면 차라리 나가는 게 서로 돕는 거라고 생각했던 것 같기도 해요. 그런데 우리한텐 자책하고 슬퍼할 시간조차 없었어요. 극복도 빠르게 해야만 했어요. 저도 세희가 책 쓸 때 느낀 감정을 《오마이뉴스》 기사를 쓸 때 느꼈어요. 그때는 제가 세희한테 많이 배웠거든요. 제가 처음 쓴 기사를 세희가 보더니 "언니, 이건 기사가 아니야" 이러는 거예요. 제가 혼란스러워하니까 세희가 샘플을 만들어서 보여줬어요. 순간 제 글쓰기 방식이 전혀 통하지 않는 '기사'의 세계를 마주하고 벼랑 끝에 서 있는 기분이 들었죠(웃음). 그래서 세희가 못할 것 같다고 했을 때 "너한테도 이런 날이 올 줄 알았다"고 좀 놀렸어요.

편집자: 작업의 고충을 한껏 토로했으니, 이번에는 '재미'와 '행복'을 구해 볼 차례입니다. 인터뷰 작업을 진행하면서 즐거움이나 짜릿함을 느꼈던 순간, 혹은 오랜 시간이 지나서도 두고두고 기억에 남을 듯한 인상 깊은 순간이 있었나요?

소영: 저희가 《오마이뉴스》에 기사를 쓸 때 광주에 인터뷰를 하러 갔어요. 기획했던 기사 꼭지 중에 '집회 탐방기'도 있었거든요. 전국의 집회를 체험해보고 탐방기를 쓰는 거였는데, 기사 형식이 아니어서 그런지 결국 정식 기사로 채택되지는 않았어요. 광주에 간 김에 5·18민주화운동기록관도 가고, 전일빌딩도 가고, 맛집도 가고, 집회에도 참여했어요. 사실 저는 광주를 태어나서 처음 가본 거였거든요. 정말…… 처음부터 끝까지 감동이었지만 집회 이야기만 하자면, 시작부터 달랐어요. 광장에 장애인분들도 많이 보이고, '젠더노소' 누구나 광장에 나와 있었어요. 그리고 집회 시작 전에 환경 보호 차원에서 불필요하게 응원봉을 사거나 깃발을 만들지 말자는 안내 문구도 나왔고요.

5시 18분에는 〈임을 위한 행진곡〉을 틀어줬어요. 이 노래가 나오니까 다들 일제히 옛 전남도청 청사를 향해 묵념하시더라고요. 아주 미세한 소리조차 크게 들릴 정도로 주변이 조용했어요. 또 집회가 끝나고 행진을 하는데, 뭔가 문제가 있었는지 행진이 예정보다 훨씬 더 짧게 진행됐어요. 만일 부산이었으면 분명히 욕하면서 '저 경찰들이 우리 막으려고 저러는 거 아니야?' 이런 식으로 의심했을 텐데, 거기서는 전혀 그렇지 않고 '무슨 사정이 있나보다' 하는 생각만 들었어요. 행진에 참여하지 않고 구경하는 시민들도 다 우리 편같이 느껴져서 그분들한테 손을 흔들기도 했고요. 정말 부산에서는 경험해본 적 없는 안전함이었어요.

나현: 저는 인터뷰이들을 만나고 조금씩 관계가 형성되는 과정이 너무 좋았어요. 그러면서 제가 최근 2~3년간 해오던 인터뷰 방식에 좀 지쳐 있었다는 걸 자각했어요. 예를 들어 온라인이나 노동조합을 통해서 인터뷰이를 모집하고, 연구참여동의서에 사인을 받고, 두세 시간쯤 인터뷰를 하고, 사례비를 입금하면 그 관계가 끝나는 방식요. 보람 있는 연구를 했다는 만족감과 이 문제는 좀 별개예요. 상황마다 예외는 있지만 사실 그게 보통 질적연구가 이뤄지는 과정이기도 하고요.

그런데 이 프로젝트를 하면서 제 성향상 저는 사람들이랑 함께 호흡하면서 이야기를 듣고, 거기서 완전하게 힘을 얻는다는 걸 분명하게 알게 됐어요. (최)혜수씨나 (김)예지씨랑 인터뷰 딱 한 번 하고 그 뒤에 광장에서 만났는데, 서로 아주 자연스럽게 포옹을 하게 되더라고요. 그러다 보니 결국 내가 쓰고픈 글은 그런 관계에서 나오는 글이 아니었나 하는 생각도 많이 했어요. 같은 맥락에서, 구술 녹취록은 인터뷰이의 말과 메시지를 최대한 잘 전달하기 위해서 정리하는 일이라는 게 저한테 큰 해방감을 줬어요. 논문은 아무래도 제가 고정해둔 어떤 틀 안에서 사람들의 말과 행동을 분석하고 평가하는 일이니까.

세희: 저희 셋이 다 같이 인터뷰를 진행한 날이 있어요. 인터뷰가 끝나고 지하철역까지 같이 걸어갔는데, 사실 그때는 지금처럼 안 친했어요. 정말 딱 일만 했거든요. 그런데 그날 햇빛이 워낙 좋아서 걸어가면서 이런저런 일상 이야기를 나눴는데, 그때 서로 좀 가까워지는 느낌이 들었어요. 그동안 살아온 이야기도 하면서 서로에 대해 몰랐던 사실도 많이 알게 됐고요. 그리고 그날 산책하기 전에 밥을 먹으면서 정세랑 작가 얘기가 나왔어요. 그때 소영

이 정세랑 작가 책 중에서 자기 최애가 《지구에서 한아뿐》이라는 거예요. 제 최애도 그 책이거든요. 그런데 나현도 그 책을 제일 좋아한다는 거예요. 그게 정세랑 작가 책 중에서는 제일 덜 유명하잖아요. 순간 어떻게 이렇게 비슷한 세 사람이 모였나 싶었고, 그러면서 저희끼리 부쩍 가까워진 느낌이 들었어요. 그날이 지금까지 좋은 기억으로 남아 있어요.

편집자: 저희 책이 4월 3일 알라딘 북펀드로 처음 공개되었는데, 바로 다음 날인 4월 4일에 비로소 윤석열 탄핵 선고가 내려졌어요. 상황이 너무 다이내믹하게 흘러가서, 저는 이 책이 (윤석열 때문에) 참 고생한다는 생각이 들었거든요. 선생님들께서는 탄핵 선고 듣고 나서 기분이 어떠셨나요?

세희: 다른 것보다, 우선 윤석열한테 한마디하고 싶은데요. 자기만의 방에서 조용히 글만 쓰던 나를 꺼내줘서 고오맙다. 탄핵을 계기로 우리는 급속도로 조직했고, 정치에 참여했고, 새로운 세계를 열었다. 자, 이제 더 첨예하게, 더 구체적으로 논의하자.

소영: 길거리에 나앉아 있던 날들은 이제 안녕…… 광장에 선 우리들 정말 대단하고 멋져요. 우리에게 찾아온 행복이 전 세계의 시민들에게도 찾아가길 바랍니다. 이제는 우리끼리 싸울 일들만 있으면 좋겠네요. 이왕 수선하기 시작한 한국, 조금 더 고쳐봅시다. 노동자는 일터로, 선생님은 학교로, 내향인은 침대로, 덕후들은 콘서트장으로…… 모두 있어야 할 곳, 원하는 곳에 있을 수 있는 사회를 향해 계속 싸웁시다! 투쟁!

나현: 저는 '그래, 이제 진짜 시작이다'라는 생각을 했어요. 탄핵은 상식적인 사회를 위한 출발점이잖아요. 이제는 '사회대개혁'을 해야죠(웃음). 전 여성이 남성 손에 죽지 않고, 일상에 퀴어가 더 많이 보이고, 외국인을 포함한 모든 노동자가 정의로운 일터에서 일하고, 휠체어 사용자들이 대중교통을 편히 탈 수 있고, 빈곤한 노인이 극우 세력의 돈 몇 푼에 휘둘리지 않는 세상을 원해요. 그래서 싸움은 계속될 거고요, 저도 그 길에 보탬이 되는 삶을 살고 싶어요.

편집자: 마지막으로 이 작업이 선생님들께 어떤 의미인지 듣고 싶어요. 선생님들 개인의 삶의 맥락에서 이 책이 어떤 위치를 점하는지요. 이 책을 징검다리 삼아 앞으로 계획하고 있는 일 혹은 더 해보고 싶은 일이 있다면, 그런 이야기를 해주셔도 좋겠습니다.

나현: 탄핵 집회 경험과 관련된 '다양한 목소리'를 모을 방법을 계속 고민하게 되는 것 같아요. 특히 내란 정국이 길어지면서 퀴어들의 활동이 훨씬 도드라졌는데, 저희가 2월 중순쯤 인터뷰이를 확정한 터라 그 부분을 담지 못한 것에 대한 아쉬움이 좀 있거든요. 헌법재판소의 파면 선고가 있던 날 밤에 서면 탄핵 파티 집회에 갔는데, 열 개가 넘는 퀴어 깃발이 모여서 무지개존을 만들고 있는 걸 보고 정말 놀랐어요. 그 옆에 앉은 분들도 모두 작은 퀴어 깃발을 손에 들고 있었고, 초반엔 그렇지 않았거든요. 그래서 퀴어 정체성 혹은 퀴어운동이 가진 역사성이 어떻게 탄핵 정국과 만났는지를 알 수 있는 기록 작업을 누군가 해주시면 좋겠어요.

동시에 다양한 지역의 집회 경험을 더 나눌 기회도 생기면 좋겠어요. 얼마 전 인구 30만이 조금 넘는 소도시에 사는 분과 인터뷰를 했어요. 거긴 탄핵 집회가 열릴 때 100명 남짓한 인원이 모이는데, 대부분 운동단체에서 활동하시는 분들이라고 하더라고요. '일반 시민'이 희귀한 거죠. 그리고 서울에서는 당연하게 여겨지는 '성평등 수칙'이 수용되기 어려운 환경이에요. 말하자면 그 도시에서는 '일반 시민'인 청년이 집회에 참여하고, 자유발언에서 자신이 페미니스트나 퀴어라는 걸 밝히려면 대도시의 집회에서와는 질적으로 다른 '용기'가 필요한 거예요. 그런데 다른 한편으로는 그렇게 적은 수의 청년들이 탄핵 정국을 계기로 서로를 발견하면서, 함께 뭔가를 해보려고 시도하고 있다는 게 뜻깊게 느껴졌어요. 저는 그런 이야기들 속에 지역 혹은 지역 청년을 이해하는 단초가 있다고 생각해요. 그걸 통해 우리가 정말로 어떤 사회에서 살고 있는지 그릴 수 있게 될 거라서요.

소영: 저는 이 작업을 하면서 인터뷰이들이랑 제가 비슷하다는 생각을 많이 했어요. 인터뷰이들한테 늘 "왜 이렇게까지 하세요?"라고 묻지만, 정작 저도 제가 왜 이렇게까지 하는지 모르겠거든요. 제가 인터뷰하고 기사 쓰고 책을 쓴다고 하면 친구들은 대단하다고 해요. 그런데 저는 아직 잘 모르겠어요. '내가 대단한가? 인터뷰이들이 훨씬 대단한데?' 이런 생각을 매번 해요. 그래서 저 스스로한테도 '기 살려주기 프로젝트'가 필요하다고 느껴요. 그리고 몇몇 인터뷰이의 가족들처럼 저희 가족도 정치 성향이 우파예요. 이 프로젝트도 가족들한테 비밀로 하고 있어요. 그래서 다들 그냥 직장 다니는 애가 왜 그렇게까지 바쁜지 모르실 거예요.
인터뷰이들의 이야기를 전달한다고 하면서 사실은 제 이야기를 한 것 같은 기분이 들어요. 인터뷰이들한테서 제 모습을 발견하면 할수록 이 책이 잘됐으면 좋겠어요. 정말 많이 팔렸으면 좋겠

어요. '우리'의 이야기를 더 많은 사람들이 읽어주면 좋겠어요. 다른 사람의 입을 빌려서 하는 이야기가 아니라, 우리가 서로의 이야기를 하는 거니까요.

세희: 저는 이 작업을 한다는 것 자체가 너무 좋았어요. 실제로 한 인터뷰이는 저한테 '정말 행복해 보인다'고 얘기하기도 했어요.

저는 20대 내내 기자가 되려고 했었어요. 건강이 안 좋아지면서 꿈을 잠시 접었지만, 여전히 사회에 관심이 많고 읽고 쓰는 걸 좋아하다 보니 늘 답답함이 있었어요. 그래서 이 책을 쓰면서 내가 하고 싶은 이야기를 한다면 이제 여한이 없을 것 같다는 생각이 들었는데요. 여자라는 이유로 취업 시장에서 차별받고, 면접에서 결혼 언제 할 거냐는 질문이나 듣고, 사회 활동가적인 면모를 부정적으로 평가받는 그 억울함을 저도 많이 겪어왔기 때문에, 인터뷰이들이 이렇게 광장에 뛰쳐 나온 이유를 너무 알 것 같았거든요. 글을 쓰면서 저한테 있었던 그 상처들이 조금 봉합되는 느낌이었어요.

개인적으로 여러 변화가 생겼어요. 인터뷰이들은 각자의 자리에서 정말 치열하게 살아가고 있었는데, 회사에 가면 사람들이 상대적으로 평온해 보이더라고요. 물론 회사 사람들도 각자의 어려움이 있겠지만, 그 대비가 강하게 느껴졌어요. 왜 그런 차이가 보일까 생각해봤는데, 고용의 안정성이나 노동 환경 같은 구조적 조건이 일정 부분 영향을 주는 것 같았어요. 인터뷰이 중에도 정규직인 분들이 있었지만, 불안정한 조건에 놓인 사람들이 더 많았고, 그만큼 삶을 밀어붙이는 강도도 다르게 느껴졌거든요. 약자일수록 광장에 나온다는 말이 떠올랐어요. 결국에는 노동 환경이 좀 더 버팀목이 되어줄 수 있어야 하지 않을까, 그런 생각도 들었고요. 앞으로 내가 어떤 사람에게 가닿고 싶은지, 어떤 공부를 해서 이 긴 인생의 다음 스텝을 밟아나갈지를 고민하는 계기가 됐다고 할까요. 제가 만난 사람들이 더 안정적인 환경에서 일할 수 있게 힘쓰고 싶어서, 책 작업이 끝나면 노무사 공부를 시작하려고 해요.

기성 언론에서 여성 이야기가 늘 한 꼭지에 그치는 게 답답했어요. 전면적으로 다루고 싶었고, 그래서 서울에서 뉴미디어 교육을 들으며 '어떻게 더 직접적으로 전할 수 있을까'를 고민했어요. 그렇게 '지역 여성'에 대한 이야기를 하고 싶어서 확성기를 찾아 헤맸는데, 동료인 나현과 소영, 그리고 편집자님이 마이크를 쥐어주셨어요. 제 자리에서 하고 싶었던 얘기를 할 수 있게 된 거죠. 나현과 소영이 부산에서 연구해줘서 이런 제안도 받을 수 있었던 것 같아요. 가장 저다운 자리에서 저를 닮은 책을 내게 해줘서, 지역 여성으로서 자부심을 느끼게 해줘서 고맙다는 말을 전하고 싶어요.

《백날 지워봐라, 우리가 사라지나》
알라딘 독자 북펀드에 참여해주신 분들
(가나다순)

Bona	김선우	김혜숙	박소현
ckadall	김선희	내꿈은냥집사	박수정
OR	김성숙	노전요	박우영
SAPark	김세히최고야	누리	박은경
sunasis	김소연	다다	박은미
TK의 딸/한개	김송아	단단	박정오
강현선	김승은	도병현	박정원
강효정	김아란	듀선생	박채린
경미	김연영	라비엉신명	박태근
경희다겸	김유빈문준혁	라수	박혜진
고범철	김유진	류지원	배아영
곰힌	김이설	류지원	보란
공백	김재연	리프	보스
곽태진	김정연	막심	부산대폐미대모임
구랜선친구병	김정현	명윤	해쳐
권숙귀	김종숙	무도사곽영관	분홍
권순욱	김지연	문민기	붓다
권은채	김태우	미빈	사영
권현수	김태희가족	미야	사영
김가연	김현아	바보	산책
김경빈	김현욱	박상은	상
김나경	김혜민	박선영	상아

서한용	유지한	이해민	짱하지
선미진	유현미	이효빈	차준영
성예슬	윤봉호	이희연	차지윤
세희친구채경	윤소윤	임예슬	책먼지
소노	윤슬기	임지은	최명봉
소양	윤영혜	임혜진	최보윤
손	윤혜경	장문석	최석봉
송나현	의령	장성진	최선아
송예은	이경숙	전은성	최성용
수현	이광욱	전지송	최영미
신성은	이다원	전혜진	최정은
신원철	이민지	정경숙	최좌훈
신이서 동생 신서현	이서윤	정고은	최지현
신지은	이소창	정보경	최현민
심민경	이수진	정보근	최혜선
쑤 야링	이승렬	정아름	친구친구
안선희	이시성	정아빈	콩알네
안온	이심지	정지연	타파가이정운
안은정	이유림	정하루	파문전사
안지연	이은숙	정혜지	풀꽃낭구 원경연
야야선미	이재원	조계성	하동여자고등학교
어진	이정은	조승진	하태근
엄지현	이정은	조은혜	한실회
여행자모드	이종수	조해진	한정민
염현지	이주성	조현정	한준아
오혜민	이지연	조혜수	해인
우베	이지현	지나	황광석
우상희	이진주	지혜연	황선희
유로제다	이하나	진성희	

백날 지워봐라, 우리가 사라지나

초판 1쇄 펴낸날 2025년 5월 2일
지은이 최나현·양소영·김세희
펴낸이 박재영
편집 임세현·이다연
마케팅 신연경
디자인 조하늘
제작 제이오
펴낸곳 도서출판 오월의봄
주소 경기도 파주시 회동길 513 203호
등록 제406-2010-000111호
전화 070-7704-2131
팩스 0505-300-0518
이메일 maybook05@naver.com
X(트위터) @oohbom
블로그 blog.naver.com/maybook05
페이스북 facebook.com/maybook05
인스타그램 instagram.com/maybooks_05

ISBN 979-11-6873-147-9 03300

이 책은 저작권법에 따라 보호받는 저작물이므로 무단전재와 복제를 금합니다.
이 책 내용의 전부 또는 일부를 이용하려면 반드시 저작권자와 도서출판 오월의봄에
서면 동의를 받아야 합니다.

책값은 뒤표지에 있습니다. 잘못된 책은 바꾸어 드립니다.

만든 사람들
책임편집 임세현
디자인 조하늘